ESV

# Klassiker Lektüren

Band 5

# Das Nibelungenlied

von
Jan-Dirk Müller

2., überarbeitete und ergänzte Ausgabe

ERICH SCHMIDT VERLAG

Bibliografische Information der Deutschen Bibliothek:
Die Deutsche Bibliothek verzeichnet diese Publikation in der
Deutschen Nationalbibliografie; detaillierte bibliografische Daten
sind im Internet über http://dnb.ddb.de abrufbar.

1. Auflage 2002
2. Auflage 2005

ISBN-13: 978 3 503 07951 3
ISBN-10: 3 503 07951 3

Alle Rechte vorbehalten
© Erich Schmidt Verlag GmbH & Co., Berlin 2005
www.ESV.info

Dieses Papier erfüllt die Frankfurter Forderungen
der deutschen Bibliothek und der Gesellschaft für das Buch
bezüglich der Alterungsbeständigkeit
und entspricht sowohl den strengen Bestimmungen der US Norm
Ansi/Niso Z 39.48-1992 als auch der ISO-Norm 9706.

Druck und Bindung: Difo-Druck, Bamberg

# Inhaltsverzeichnis

Vorbemerkung .................................................................................... 7
Inhalt ................................................................................................ 11
Geschichte ....................................................................................... 17
    Spuren historischer Zusammenhänge ............................................ 17
    Heldensage als Geschichtsüberlieferung ...................................... 22

Sagenerinnerung .............................................................................. 28
    Varianten der Sage ....................................................................... 28
    Überlegungen zur Vorgeschichte der Sage ................................... 32
    Auseinandersetzung mit sagengeschichtlichem Vorwissen .......... 34
    Andere Spuren der Nibelungensage .............................................. 37

Entstehung und Überlieferung ......................................................... 40
    Die Entstehungsgeschichte nach Auskunft der *Klage* ................ 40
    Überlieferung und Editionen ........................................................ 43

Stil ................................................................................................... 51
    Formelhaftigkeit ........................................................................... 51
    Stilgesten ...................................................................................... 55

Aufbau ............................................................................................. 60
    Doppelung und Variation .............................................................. 60
    Störungen und kalkulierte Unbestimmtheit .................................. 63
    Erzähltempo ................................................................................. 67

Handlungsnexus ............................................................................... 75
    Gattungshybride und Schemabrüche ............................................ 75
    Minnediener und Drachentöter ..................................................... 77
    Zusammenbruch der Fassade ....................................................... 81
    *dissimulatio* und Verrat .............................................................. 83
    Entschädigung: *ergetzen* ............................................................. 85
    Rechtlicher Ausgleich: *suone* ..................................................... 87
    Recht vs. überlegene Gewalt ........................................................ 89

Nibelungische Gesellschaft: Einzelner und Kollektiv ........................... 94
    Rolle und Einzigartigkeit ................................................................ 94
    Personenverband ........................................................................... 97
    Treuekonflikte ............................................................................. 100
    Individualisierung von *triuwe*? ................................................. 103

Nibelungische 'Politik' ....................................................................... 108
    Rivalität um die Herrschaft ......................................................... 108
    'Held werden' .............................................................................. 113
    Eine Frau als Heldin? .................................................................. 117

Nibelungische 'Psychologie' .............................................................. 120
    Innen und Außen ......................................................................... 120
    *zorn* ........................................................................................... 122
    Heroischer *übermuot* ................................................................. 125
    *herze liebe – herzen jâmer* ........................................................ 129
    Die *arme künegîn* ...................................................................... 132

Öffentlichkeit und Heimlichkeit ........................................................ 136
    Handeln im Licht heroischer Erinnerung .................................... 136
    Trübung der Sichtbarkeit und Politik der Blicke ....................... 140
    Streit um Evidenz ........................................................................ 144

Mythische Dimensionen ..................................................................... 150
    Anderweltliches ........................................................................... 150
    Depotenzierung der mythischen Welt ......................................... 152
    Das Wuchern des Nibelungenlandes ........................................... 154
    Der Rausch der Vernichtung ....................................................... 156

Die Klage ............................................................................................ 162
    Die Irritation durch das Epos ...................................................... 162
    Anschluß an die gewöhnliche Ordnung ...................................... 164

Literaturverzeichnis ........................................................................... 171

# Vorbemerkung

Dieses Buch ist für Studierende bestimmt. Es versucht aufgrund älterer und jüngerer Forschung eine neue Lektüre des *Nibelungenliedes* vorzuschlagen und so auf die selbständige Beschäftigung mit ihm vorzubereiten. Das ist angesichts des Umfangs der fast zweihundertjährigen Nibelungenforschung nicht leicht. Sollen sich die Studierenden nicht im Dickicht eines Forschungsberichtes verirren, ist eine klare Beschränkung unumgänglich. Wer wie ich ein größeres Buch über das *Nibelungenlied* verfaßt hat,[1] hat sich eine Meinung in der Auseinandersetzung mit den wichtigsten Positionen der Forschung gebildet und seinen Standort zwischen den grundsätzlicheren Optionen – Sagengeschichte, Entstehungsgeschichte, Textkritik, Literatursoziologie usw. – bestimmt, hat plausibel zu machen versucht, welche Fragen er für sinnvoll hält und welche nicht, wo die Gefahr von Sackgassen droht und wo das Fortschreiten methodischer und theoretischer Reflexion in der Literaturwissenschaft neue Zugänge zum Text eröffnet. Gerade solche neueren Reflexionen machen die Begegnung mit dem alten Text wieder spannend und werfen auf alte Antworten ein neues Licht. In meinem Buch hatte ich deutlich zu machen versucht, was ich den älteren Arbeiten verdanke, aber ich habe – oft durch Nichtbefassung – auch angedeutet, wo ich ältere Kontroversen für nebensächlich oder verfehlt halte. Ich habe mich bemüht, das *Nibelungenlied* als Entwurf einer 'möglichen Welt' zu lesen und das kulturelle Gewebe dieser Welt – der Welt eines literarischen Textes – zu rekonstruieren. Insofern greift das Buch auch in die neuere Debatte um eine 'kulturwissenschaftliche' Neuorientierung der Literaturwissenschaft ein. Mir scheint diese dann produktiv zu sein, wenn disziplinäre Kompetenzen nicht beiseitegeschoben werden und, folgt man schon der Metapher von der 'Kultur als Text', der jeweilige Status von Textualität beachtet wird, der Status der unterschiedlichen Zeichenordnungen, aus denen eine Kultur 'gemacht' ist ('cultural poetics').

Das kleine Studienbuch will gleichfalls die Lektüre eines älteren Textes wieder an aktuelle literaturwissenschaftliche Diskussionen annähern, die durch kulturwissenschaftliche Perspektiven und den Versuch ethnologischer Verfremdung bestimmt sind und sich im Dreieck zwischen New historicism, Dekonstruktion und einer auf die Materialität der Texte und ihrer Überlieferung achtenden Philologie bewegen. In diesem Kontext scheint mir eine frische, allerdings streng textbezogene 'Klassiker-Lektüre' möglich. Sie soll nicht durch einen möglichst neutralen Forschungsbericht ersetzt werden, der sämtliche Positionen zur Gel-

---

[1] Müller (1998).

tung bringt und eigene Stellungnahmen allenfalls andeutet. Insofern ist das Buch 'einseitig'.

Es wird sich nicht vermeiden lassen, daß in diesem Studienbuch die in den *Spielregeln für den Untergang* angestellten Überlegungen in die Darstellung einfließen. Manchmal habe ich auch Formulierungen, die mir den Sachverhalt besonders prägnant zu treffen schienen, übernommen. Es hätte auch keinen Zweck, die in genauer Textanalyse gewonnenen Einsichten mit einigen kosmetischen Retuschen umzuformulieren (obwohl natürlich die detailliertere Argumentation in dem älteren Buch zu finden ist). Ich habe mich daher in vielen Fällen auf Kürzungen beschränkt, darüberhinaus manchmal auch dankbar von der Möglichkeit Gebrauch gemacht, meine seinerzeitigen Thesen genauer zu fassen und zu begründen, auf kritische Einwände zu antworten oder einige neuere Überlegungen einzubeziehen.

Natürlich mußten auch manche Themen behandelt werden, die in den *Spielregeln* am Rande standen, aber für das Verständnis des *Nibelungenliedes* von essentieller Bedeutung sind. Die Aufgabe war, möglichst umfassend in die Lektüre einzuführen und über aktuelle Fragen der Nibelungenforschung zu informieren, auch dort, wo ich selbst keine eigenen Überlegungen angestellt habe. So wird der Leser der *Spielregeln* vieles wiedererkennen, aber er soll auch genaueren Aufschluß darüber erhalten, wie es sich zur Forschungstradition verhält. Verändert werden mußte der Aufbau. Nach Inhaltsangabe, allgemeineren Vorbemerkungen über geschichtlichen Hintergrund, Sagenerinnerung und Überlieferung folgt die Darstellung von Stil, Aufbau und Handlungsnexus, woran sich einige Kapitel zu zentralen Problemkomplexen anschließen.

So ist dann zuletzt doch ein ganz neues Buch entstanden, selbst dort, wo Passagen aus der älteren Studie übernommen wurden, denn zumindest sind sie anders kontextualisiert. Außerdem habe ich den mhd. Zitaten in der Regel Übersetzungen beigefügt, wo der Sinn nicht aus der Paraphrase hervorgeht; sie sind gelegentlich bewußt pointiert, auf die Interpretation ausgerichtet. Anstelle der mhd. Namensformen des *Nibelungenliedes* wurden die heute gebräuchlichen Namen gewählt, also Siegfried statt Sivrit. Und ich habe trotz Bedenken eine Inhaltsangabe eingefügt, die es dem Leser erleichtert, den Bezug zum Gesamtzusammenhang herzustellen. Zitiert wird der Text nach der Ausgabe von Bartsch-de Boor, die sich im wesentlichen auf Hs. B stützt. Da die *C-Version[2] des *Nibelungenliedes*, die in einer kritischen Ausgabe von Hs. C durch Hennig (1979) vorliegt, meiner Auffassung nach gegenüber der *B-Version eine nachträgliche und schwächere Bearbeitung darstellt, gibt es unter den gegenwärtig leicht zugänglichen Ausgaben keine brauchbare Alternative. Dabei teile ich die

---

[2] Der Asterisk (*) bezeichnet eine erschlossene Textstufe, auf die eine Gruppe von Handschriften – bezeichnet mit Groß- bzw. Kleinbuchstaben (Pergament vs. Papier) – nach Ansicht der Forschung gemeinsam zurückgeht.

Bedenken[3] gegen die im einzelnen hybride Textgestalt in der zugrundegelegten Edition, die Lesarten der Hs. B nach konkurrierender Überlieferung bessert und ergänzt. Infolgedessen muß die Edition von Fall zu Fall an der Transkription von B in der monumentalen (allerdings kaum überall zugänglichen) Ausgabe von Batts (1971) überprüft werden. Hs. C wurde ergänzend nach der Ausgabe von Hennig (1979) herangezogen, weitere Varianten nach n oder dem Abdruck von A bzw. dem Variantenapparat bei Batts. Die *Nibelungenklage* ist nach der Ausgabe von Bartsch zitiert, die Lienert (2000) wieder zugänglich gemacht hat. Diese kommentierte Neuausgabe wurde der editionstechnisch maßstäblichen, allerdings auch schwerer benutzbaren Parallelausgabe der vier Klage-Fassungen durch Bumke (1999) mit Rücksicht auf die Adressaten der 'Klassiker-Lektüren' vorgezogen.

Mein Ziel wäre erreicht, wenn das kleine Buch künftige Studierende der Germanistik und andere interessierte Leser davon überzeugen könnte, daß das Mittelalter uns desto mehr angeht, je weniger wir es durch unsere modernen Vorstellungen kolonisieren und je mehr wir uns auf seine Fremdheit einlassen, die Nähe allererst erfahrbar macht.

Besonders danken für Gegenlektüre und Kritik möchte ich Susanne Brügel, Manuel Braun und Armin Schulz.

München, August 2001                                      Jan-Dirk Müller

## Vorbemerkung zur 2. Auflage

Recht schnell wurde eine 2. Auflage der Zusammenfassung meiner Lektüre des *Nibelungenliedes* notwendig. Nach so kurzer Zeit besteht für eine grundsätzliche, in jedes Detail gehende Neubearbeitung kein Anlaß. Wohl aber ist Gelegenheit, auf Ergänzungen der Forschung, auf neue Ansätze und vor allem auf Widerspruch einzugehen. Die wissenschaftliche Arbeit an *Nibelungenlied* und *Klage* ist mit unverminderter Intensität weitergegangen. Es ist selbst dem Spezialisten kaum noch möglich, alles zu übersehen und angemessen zu würdigen. Wie schon in der 1. Auflage muß ich mich auf eine strenge, möglicherweise sehr subjektive Auswahl beschränken. Dabei kam es mir darauf an, vor allem Arbeiten einzubeziehen, die die hier vorgetragenen Überlegungen – positiv oder negativ – betreffen. Es war Gelegenheit, begriffliche Unschärfen auszumerzen, Thesen zu präzisieren und Mißverständnisse auszuräumen. Am meisten in Bewegung gekommen

---

[3] Heinzle (2000).

ist die Diskussion über eine genuin mündliche oder genuin schriftsprachliche Konzeption des Epos durch einige Arbeiten von Harald Haferland. Auch wenn dabei vieles nach wie vor unsicher und offen ist, verdienen seine Überlegungen, die überraschenderweise zur alten Annahme eines 'festen Textes' zurückzukehren scheinen, nähere Prüfung. Für dieses Buch reicht es freilich aus, ihre Konsequenzen für eine Lektüre wie die hier vorgeschlagene zu bedenken. Wichtig für meinen Ansatz sind auch einige neuere textphilologische Arbeiten. Nach wie vor aber steht eine grundlegende Revision der Überlieferungsgeschichte aus, die insbesondere die Fragmente, aber auch die sog. kontaminierten Handschriften im Licht der neueren Editionswissenschaft untersuchen müßte. Eine Überprüfung bisheriger Forschung ist dringend erforderlich, weil damals nicht nur die Identifizierung, sondern auch die Rekonstruktion der Fragmente auf der Grundlage der sog. Lachmann-Philologie, d.h. von Vorstellungen vom 'festen Text' (in diesem Fall nicht des Werks, sondern seiner Fassungen) erfolgte.

Bevor dies geschehen ist, bleibt es legitim, sich auf den Text einer bestimmten Überlieferung zu beziehen, wie dies hier mit dem Text von Bartsch-de Boor nach der Handschrift B geschieht. Allerdings wird man konkurrierende Überlieferungen im Auge behalten, also die Tatsache berücksichtigen müssen, daß in B die Programmstrophe des *Nibelungenliedes* fehlt; man wird die Bearbeitungstendenzen der Handschrift C, die in der kritischen Ausgabe von Hennig vorliegt, als Zeichen für die Irritation mittelalterlicher Hörer durch das Epos zu werten haben; man wird die in der Ausgabe von Bartsch-de Boor zu beobachtende willkürliche Auswahl der Aventiure-Überschriften korrigieren müssen – und vieles andere mehr. Auch wird man nicht beanspruchen dürfen, daß alle Aussagen zum B-Text auf die gesamte Überlieferung oder auch nur das, was man konventionell zum B-Zweig rechnet, übertragbar sind.

Trotzdem sind Textphilologie, Überlieferungsgeschichte und Interpretation keine Alternativen, sondern haben sich gegenseitig zu ergänzen. Dies gilt um so mehr bei einem Text, der, wenn auch oft nur noch als Titel, aus dem Mittelalter ins kulturelle Gedächtnis der Moderne ragt. Es ist das Ziel des Bändchens, ihn nicht nur als ein antiquarisches Gebilde, Stoff für eine Handvoll Wissenschaftler vorzustellen oder ihn zum Gegenstand neuzeitlicher Common-sense-Psychologie zu machen, sondern einem Leser von heute den Zugang zu seiner historisch rekonstruierbaren Logik und seiner fremdartigen Faszination zu eröffnen.

München, Mai 2005                                                                      Jan-Dirk Müller

# Inhalt

Erzählen ist Sinn stiften. Wer den Inhalt des Nibelungenliedes nacherzählt, hat es immer schon interpretiert, stellt Zusammenhang her, wo ein Bruch vorzuliegen scheint, suggeriert kausale Abhängigkeiten, wo der Erzähler des Epos sie verweigert, und legt Deutungsperspektiven fest, wo das Epos alles offenläßt. Dies muß man stets bedenken, wenn man sich bemüht, so neutral wie möglich den Gang der Handlung nachzuzeichnen. Umso sinnvoller ist es, sich auf einige Grundlinien zu beschränken. Dabei läßt sich nicht vermeiden, daß später ausführlicher Kommentiertes schon hier zur Sprache kommt.

Das Epos ist in zwei Teile gegliedert, zentriert um zwei Stoffkreise, einen ersten um Siegfried und dessen Ermordung, um deren Voraussetzungen und Folgen, und einen zweiten um Kriemhilds Rache dafür. Zusammengehalten werden die Teile durch einige Figuren, an der Spitze Kriemhild und Hagen. Kriemhild ist zunächst umworbenes höfisches Mädchen (*magedîn*), dann die Frau Siegfrieds, schließlich seine unerbittliche Rächerin; Hagen ist der mächtigste Gefolgsmann der burgundischen Könige, loyal bis zur hinterlistigen Ermordung eines potentiellen Rivalen; im zweiten Teil erweist er sich als ihr aufopferungsvoller Helfer bis in den gemeinsamen Untergang. Hinzu treten die burgundischen Könige und einzelne ihrer Gefolgsleute. Obwohl das Personal z.T. dasselbe ist, ändert sich das Bild der Epenwelt radikal. Nichts gilt am Ende mehr, was am Anfang galt.

Die ersten beiden Aventiuren stellen Kriemhild und Siegfried als Exponenten einer vorbildlichen höfischen Welt vor. Kriemhild, das junge höfische Mädchen, steht unter dem Schutz ihrer drei Brüder Gunther, Gernot und Giselher, den Königen von Worms. Ein böser Traum verkündet ihr das künftige Schicksal ihres Geliebten, dem sie ausweichen zu können glaubt, indem sie ganz auf *minne* verzichtet. Gleichzeitig wächst der Königssohn Siegfried am Hof von Xanten heran, wo er zum Ritter geschlagen wird. In der 3. Aventiure werden beide Handlungen zusammengeführt: Aus der Ferne verliebt Siegfried sich in Kriemhild und zieht, um um sie zu werben, mit wenigen Gefährten nach Worms. Bei seiner Ankunft dort berichtet Hagen, Vasall der burgundischen Könige, plötzlich ganz anderes von ihm, als man bisher gehört hat: Einen riesigen Schatz habe er erobert und einen Drachen getötet, durch dessen Blut er unverwundbar geworden sei. Einen so berühmten Helden und Königssohn empfängt man freundlich, doch Siegfried bricht, statt seine Werbung um Kriemhild vorzubringen, sogleich aus dem friedlichen Grußritual aus, indem er König Gunther zum Zweikampf um sein und Siegfrieds Land herausfordert. Erst nach einem längeren Wortwechsel gelingt es, Siegfried, der sich an sein eigentliches Vorhaben erinnert, von seiner

Herausforderung abzubringen. Kriemhild zuliebe bleibt er als geehrter Gast am Hof Gunthers; freilich bekommt er sie nie zu Gesicht. Als Sachsen und Dänen Gunther den Krieg erklären, bietet Siegfried seine Hilfe an und erhält anstelle des Königs das Kommando über die burgundischen Truppen, mit denen er einen glänzenden Sieg erringt (4. Aventiure). Beim Siegesfest darf er zum ersten Mal Kriemhild sehen. Er wird vor dem ganzen Hof als Sieger ausgezeichnet; in der Hoffnung auf Kriemhilds Liebe bleibt er weiter in Worms (5. Aventiure).

Hier markiert der Erzähler einen größeren Einschnitt: Es verbreiten sich Nachrichten (*iteniuwe mære*) von Brünhild, einer amazonenhaften Königin, die nur vom stärksten Helden errungen werden kann: In drei Kampfspielen müsse er sie besiegen, sonst verliere er seinen Kopf. Gunther begehrt sie zur Frau, doch braucht er dafür die Hilfe Siegfrieds, der allein um Brünhild Bescheid weiß und in der Lage ist, sie im Kampfspiel zu besiegen. Als Gegenleistung verlangt er die Hand Kriemhilds zum Lohn (6. Aventiure). Die Hilfe muß verschleiert, Brünhild über die Person des Werbers getäuscht werden, damit sie Gunther zum Mann nimmt. So wird sie gleich mehrfach betrogen, indem Siegfried nicht nur im Schutz seiner *tarnhût* („Tarnmantel, -haut") an Gunthers Stelle gegen sie antritt, sondern auch seinen wahren Rang verleugnet und als bloßer Vasall und Helfer Gunthers auftritt. Während Gunther bloß markiert, siegt tatsächlich Siegfried im Wettkampf (7. Aventiure). Um den Sieg zu sichern, holt Siegfried aus dem Nibelungenland, wo er seinen unermeßlichen Schatz erworben hat, 1000 Krieger zur Verstärkung. Er ist es auch, der den glücklichen Ausgang nach Worms meldet (8. und 9. Aventiure).

Als Brünhild in Worms eintrifft, findet die Doppelhochzeit statt, nachdem Siegfried Gunther an sein Versprechen erinnert hat. Daß Siegfried und Kriemhild ranggleich mit den Königen auftreten und die Schwester des Königs durch eine Mesalliance mit dessen *man* entehrt wird, aus dem sie sogar einen *eigenholt* („Leibeigenen") macht, weckt Brünhilds Empörung. Mit Gunthers Ausflüchten gibt sie sich nicht zufrieden und verweigert sich in der Hochzeitsnacht seinen Annäherungsversuchen, überwältigt ihn und nimmt ihm das Versprechen ab, sie künftig nicht mehr zu berühren. Gunther gelingt es nur unvollkommen, seine Demütigung zu verbergen. So bietet ihm Siegfried nochmals seine Hilfe an: Er will Brünhild gefügig machen. Tatsächlich kann er wieder mit Hilfe der *tarnhût* Brünhild niederringen, bevor er das Bett Gunther überläßt, der ihr die Jungfrauschaft und damit ihre Riesenkräfte nimmt. Siegfried aber hat als Zeichen seines Sieges Ring und Gürtel Brünhilds mitgenommen, Zeichen, die suggerieren könnten, er habe Brünhild als erster besessen (10. Aventiure).

Nach dem Fest zieht Siegfried mit Kriemhild zurück in sein Land, wo er als starker und gerechter Fürst herrscht. Den beiden wird ein Sohn geboren, der den Namen Gunther erhält; Gunthers und Brünhilds Sohn soll dagegen Siegfried heißen (11. Aventiure). Doch Brünhild läßt die unbefriedigende Auskunft über Siegfrieds Stand keine Ruhe. Sie erreicht unter dem Vorwand verwandtschaftlicher

Liebe, daß Gunther Kriemhild und Siegfried zu einem Fest einlädt; sie kommen zusammen mit Siegfrieds Vater Siegmund nach Worms. Anfangs ruht der Konflikt (11.-13. Aventiure). Dann aber, beim Turnier, bricht der Streit aus. Die Rangprobe zwischen den beiden Königinnen entscheidet Kriemhild, von Brünhild als Frau eines Leibeigenen und deshalb selbst leibeigen (*eigen diu*) beschimpft, für sich, indem sie Ring und Gürtel vorzeigt und damit Brünhild vor aller Augen zur Nebenfrau Siegfrieds (*mannes kebse*) stempelt. Die Beleidigung der Königin ruft den König und sein Gefolge auf den Plan. Siegfried wird herbeigerufen und muß beschwören, daß er nie dergleichen Kriemhild gegenüber behauptet hat.

In Siegfrieds und Gunthers Augen ist die Sache beigelegt, doch die Kränkung der Königin ist nicht aus der Welt. Die burgundischen Gefolgsleute, an der Spitze Hagen, betreiben die Rache dafür. Gunther sträubt sich anfangs dagegen, Siegfried fallen zu lassen, doch schließlich gibt er nach (14. Aventiure). Hagen fädelt eine raffinierte Mordintrige ein: Man täuscht einen neuen Krieg gegen die Sachsen vor, und Siegfried erklärt sich sogleich zur Hilfe bereit. Angeblich um ihn bei dem gefährlichen Unternehmen besser schützen zu können, läßt sich Hagen von Kriemhild die Stelle an Siegfrieds Körper verraten, an der er trotz Drachenpanzer verwundbar ist. Dann wird der Krieg abgeblasen und eine Jagd statt dessen veranstaltet (15. Aventiure). Auf der Jagd hat Hagen dafür gesorgt, daß es nichts zu trinken gibt. Er schlägt vor, in einer nahen Quelle den Durst zu löschen; Gunther und Siegfried sollen dorthin um die Wette laufen. Natürlich gewinnt Siegfried, doch läßt er dem König den Vortritt. Als er selbst trinken will, trifft Hagen von hinten mit dem Speer die Stelle, die Kriemhild bezeichnet hatte, und tötet ihn (16. Aventiure).

Hagen läßt den Leichnam ins Dunkel vor Kriemhilds Kemenate legen. Kriemhild weiß gleich, was geschehen ist und wer die Mörder sind. Die Bahrprobe – Siegfrieds Wunden beginnen wieder zu bluten, als Hagen und Gunther zum Leichnam treten – bestätigt ihren Verdacht. Doch hält sie Siegmund und Siegfrieds Gefolge von der Rache an der vielfachen Übermacht der Burgunden zurück. Ihre Trauer ist unermeßlich. Siegfried wird unter Anteilnahme des ganzen Landes und der Stadt Worms begraben. Kriemhild lehnt es nach dem Begräbnis ab, mit Siegmund und Siegfrieds Leuten zurück nach Xanten zu ziehen; sie will in der Nähe des toten Siegfried und ihrer Verwandten bleiben (17. und 18. Aventiure). Viereinhalb Jahre lebt sie von allen abgeschieden, da denkt Hagen über die Vorteile einer Versöhnung (*suone*) zwischen Kriemhild und Gunther nach. Sie kommt zustande, doch bleibt Hagen ausgeschlossen. Jetzt kann Siegfrieds Hort nach Worms geholt werden. Doch Kriemhild beginnt, mit dem Hort sich fremde Krieger (*unkunde recken*) zu verpflichten, so daß Hagen Schlimmes befürchtet. Er schlägt vor, ihr den Schatz abzunehmen. Anfangs sträubt sich Gunther, doch Hagen übernimmt die Verantwortung, und die anderen hindern ihn nicht. Die Könige reiten fort und geben Hagen so freie Hand, den Schatz im Rhein zu versenken. Nach Rückkehr der Könige ruft Kriemhild das

Königsgericht an. Hagen wird schuldig gesprochen und muß eine Zeit außer Landes gehen. Kriemhild bleibt, noch tiefer verletzt, zurück, dreizehn Jahre lang (19. Aventiure).

Dann ein noch schärfer markierter Neueinsatz der Handlung: Dem Hunnenkönig Etzel ist seine Frau Helche gestorben, und im Rat seiner Leute beschließt er, durch seinen Markgrafen Rüdeger um Kriemhild, die Witwe des berühmten Siegfried, zu werben. Die Wormser Könige begünstigen trotz Hagens Widerstand die Werbung. Kriemhild sträubt sich lange, doch als Rüdeger ihr ein besonderes Treueversprechen leistet, stimmt sie zu. Ihre Reise zu den Hunnen ist eine Kette prächtiger Auftritte, bis sie Etzel trifft und in Wien Hochzeit feiert. An Etzels Hof füllt Kriemhild rasch die königliche Stellung ihrer Vorgängerin Helche aus (20.-22. Aventiure). Nachdem ihre Macht gefestigt ist, beginnt sie ihre Racheintrigen. Sie veranlaßt Etzel, ihre Verwandten einzuladen; Rücksichten auf die Verwandten schiebt sie beiseite; den Boten gibt sie die geheime Instruktion, dafür zu sorgen, daß auch Hagen, das Hauptziel ihrer Rache, mitkommt (23. Aventiure). Gegen Hagens Rat nehmen die Könige die Einladung an. Hagen fühlt sich durch den Vorschlag, er solle als einziger Gefährdeter doch besser zuhause bleiben, herausgefordert: wer sonst kann die Könige dorthin führen (24. Aventiure)?

Trotz unheilvollen Träumen brechen die Burgunden zu Etzel auf. Unheil verkünden Hagen, als er nach einem Übergang über die Donau sucht, auch zwei *merwîp* („Wasserfrauen"). Ihr Rat, wie das Heer die Donau überschreiten kann, führt zur ersten Gewalttat: der Fährmann wird erschlagen. Um die Wahrheit der Unglücksprophezeiung zu erproben, wirft Hagen den Kaplan in den Strom, denjenigen also, von dem die *merwîp* gesagt hatten, er werde als einziger überleben, und tatsächlich, obwohl er nicht schwimmen kann, kann sich der Kaplan retten und nach Worms zurückkehren (25. Aventiure). Überfälle unterwegs folgen. Nach einem freundlichen Zwischenspiel in Passau, bei Bischof Pilgrim, dem Verwandten der Könige, gelangen die Burgunden endlich an die Grenze von Etzels Reich. Dort treffen sie auf einen schlafenden Wächter, der sie warnt und sie dann nach Bechelaren zu Markgraf Rüdeger führt, dem sprichwörtlich freigebigen Gastgeber, der sie großzügig bewirtet und seine Tochter mit König Giselher verlobt: eine letzte Idylle vor der Katastrophe (26. und 27. Aventiure).

Dann kommen sie nach Etzelburg. Dietrich von Bern und Hildebrand, zwei der exilierten Helden, die sich um den freigebigen Etzel versammelt haben, warnen sie noch einmal. Bei der Begrüßung durch Kriemhild gibt es einen ersten Zusammenstoß. Kriemhilds Versuch, die Gäste zu entwaffnen, mißlingt. Kriemhild versucht, den Ausbruch der Feindseligkeiten zu provozieren, indem sie an der Spitze einer bewaffneten Schar Hagen zu einem Schuldeingeständnis nötigt, doch wagen die Hunnen den Angriff nicht. Beim Empfang durch den König wird scheinbar die Eintracht zwischen Gastgebern und Gästen noch einmal hergestellt (28. und 29. Aventiure). Doch dann inszeniert Kriemhild einen heimtückischen Überfall auf die Schlafenden, der aber, als die Angreifer bemerken, daß Hagen und Volker die Burgunden bewachen, gleich abgeblasen wird. Am anderen Morgen gehen die Burgunden auf Hagens Rat schwer bewaffnet zur Kirche. Beim anschließenden spielerischen Tummeln der Pferde (*bûhurt*) droht wieder ein Zusammenstoß, so daß Rüdeger von Bechelaren und Dietrich von Bern ihre Leute zurückziehen; Volker ärgert sich über einen höfisch gekleideten Hunnen und erschlägt ihn vor den Augen des Königspaars. Jetzt scheint ein Kampf mit den Verwandten des Hunnen unvermeidlich, doch Etzel verbietet ihn, indem er dekretiert, es handle sich um einen Unfall. Vergeblich fordert Kriemhild Dietrich von Bern auf, ihr bei der Rache zu helfen; mit Blödelin, Etzels Bruder, hat sie mehr Glück. Durch große Versprechungen überredet sie ihn, während die Könige tafeln, den Troß zu überfallen. Beim Festmahl fordert Hagen Etzel und seine Fürsten durch beleidigende Reden heraus. Doch noch einmal bleibt es ruhig (30. und 31. Aventiure).

Währenddessen überfällt Blödelin den Troß beim Essen. Ein wilder Kampf entbrennt; Hagens Bruder Dankwart überlebt als einziger. Als er blutverschmiert die Nachricht vom Verrat zur Festtafel des Königs bringt, schlägt Hagen dem Sohn Etzels und Kriemhilds den Kopf ab. Jetzt geht das Gemetzel los. Etzel und Kriemhild sind vom Tod bedroht und müssen im Schutz Dietrichs den Saal verlassen. Die übrigen Hunnen darin kommen alle um (32. und 33. Aventiure). Die Burgunden werfen die Leichen aus dem Saal und halten die Hunnen auf Distanz. Etzel kann nur mit Mühe daran gehindert werden, selbst in den Kampf einzugreifen. Er verspricht riesige Schätze, wenn jemand Hagen tötet. Verhandlungen über einen *vride* („Waffenstillstand") scheitern, denn Etzel ist unversöhnlich nach dem Tod des Sohnes, und Kriemhild fordert die Auslieferung Hagens, was für die Burgunden nicht in Frage kommt. So läßt Kriemhild die Burgunden in den Saal zurücktreiben und das Haus anzünden. Ihren Durst löschen die Burgunden mit dem Blut der Toten, und mit ihren Schilden schützen sie sich vor herabfallenden Bränden. So überleben sie die Nacht (34.-36. Aventiure).

Am Morgen kommt Rüdeger, der vergeblich versucht, mit Dietrichs Hilfe einen Frieden zu vermitteln. Kriemhild erinnert ihn an sein Treueversprechen, und Etzel fordert ihn auf, seine Pflichten als Vasall zu erfüllen. Trotz Gegenwehr – er beruft sich auf seine Verpflichtungen gegenüber den Gästen – kann Rüdeger sich zuletzt ihrer Aufforderung nicht entziehen. Die Burgunden müssen einsehen, daß Rüdeger gegen sie antritt. Den hitzigen Wortwechsel vor dem Kampf beendet Hagen, indem er Rüdeger um seinen Schild bittet. Rüdeger kann noch einmal seine grenzenlose *milte* (Freigebigkeit) beweisen, indem er dem Feind diese für ihn selbst gefährliche Bitte gewährt. Zum Dank hält sich Hagen dem Kampf fern. Rüdeger stürzt sich in den Kampf und fällt gegen Gernot, der gleichfalls umkommt, mit ihnen alle Leute Rüdegers (37. Aventiure). Die unerhörten Klagen, die Rüdegers Tod auslöst, veranlassen Dietrich von Bern, seine Leute, die Amelungen, zu schicken, um nach den Umständen zu fragen und um Rüdegers Leichnam zu bitten. Die Bitte wird nicht erfüllt, ein immer erregteres Wortgefecht zwischen Burgunden und Amelungen eskaliert zu offener Gewalt; alle Amelungen bis auf Hildebrand fallen; auf burgundischer Seite überleben nur Gunther und Hagen (38. Aventiure). Jetzt muß auch Dietrich in den Kampf. Er fordert von Gunther und Hagen Sühne für den Verlust seines ganzen Gefolges. Dafür bietet er sogar an, sie vor Kriemhilds Rache zu schützen. Doch die beiden lehnen es ab, sich kampflos zu ergeben. So kämpft Dietrich einen nach dem anderen nieder und übergibt sie Kriemhild. Diese sieht sich am Ziel. Ihre letzte Auseinandersetzung mit Hagen kostet zuerst Gunther das Leben, den sie hinrichten läßt, und dann Hagen selbst: Sie ergreift das einzige, was aus Siegfrieds Besitz noch erreichbar ist, sein Schwert, und schlägt damit Hagen den Kopf ab. Daß der beste Held von einer Frau erschlagen wird, sei unerträglich, sagt Hildebrand, und haut Kriemhild in Stücke; trauernd bleiben Etzel und Dietrich zurück (39. Aventiure).

In fast allen Handschriften des Mittelalters schließt sich dem Epos die Reimpaardichtung der *Klage* an. Sie erzählt, wie die Toten beweint und begraben werden, wie sich die Kunde verbreitet, wie der Bote Swemmel die in Worms gebliebene Königin Brünhild unterrichtet und als Augenzeuge dem Schreiber des Bischofs von Passau alles erzählt, damit der es aufschreiben kann; in Worms wird Gunthers Sohn als neuer König gekrönt; Dietrich verläßt den Hunnenhof; Etzel aber erstarrt im Leid.

# Geschichte

## Spuren historischer Zusammenhänge

Heldenepik gilt dem Mittelalter als historische Überlieferung. Häufig hat sie tatsächlich einen historischen Kern, so auch das *Nibelungenlied*.[1] Das Geschehen stimmt freilich nur in gröbsten Zügen mit dem überein, was die Geschichtswissenschaft ermitteln kann. Die historischen Ereignisse und Figuren, die im *Nibelungenlied* noch schemenhaft erkennbar sind, liegen zur Zeit seiner Entstehung z.T. mehr als 700 Jahre zurück, gehören teils in die Zeit der Völkerwanderung, (2. Teil), teils in verschiedene Epochen der jüngeren Vergangenheit. Doch sind sie, unabhängig von ihrer historischen Herkunft, wie das typisch für Heldenepik ist, in einen einzigen Handlungszusammenhang und eine einzige Generation zusammengezogen. Der Kernkomplex des Burgundenuntergangs, zentriert um die burgundischen Könige mit Gunther an der Spitze, um den Hunnenkönig Attila (Etzel) und um den Ostgotenkönig Theoderich d. Gr. (Dietrich von Bern), umfaßt knapp hundert Jahre. Dieser Komplex aus der Völkerwanderungszeit ist verbunden mit einem vermutlich jüngeren, historisch weit schlechter greifbaren Komplex um Siegfried und Brünhild, hinter denen man andere, meist spätere historische Zusammenhänge vermutet hat, ohne zu ähnlich konkreten Ergebnissen zu gelangen. Und an beide haben sich weitere historische Ereignisse, Figuren und politische Konstellationen aus jüngerer Zeit angelagert.

Zur ältesten Schicht gehört der Untergang eines burgundischen Königreichs, das seit Anfang des 5. Jahrhunderts am Rhein bestanden hatte und die römische Herrschaft in Gallien bedrohte. Es wurde 436/437 unter König Gundahari ('Gunther') von dem römischen Feldherrn Aëtius mit Hilfe verbündeter Hunnen vernichtend geschlagen. Der König und Tausende seines Volkes fanden den Tod. Die Burgunden, die der Katastrophe entgangen waren, wurden von Aëtius in der Westschweiz, nahe dem Genfer See, und auf dem Gebiet der späteren Freigrafschaft Burgund an Rhône und Saône angesiedelt. In der Überlieferung des neuen burgundischen Reichs haben sich Spuren der nibelungischen Sage vom Burgundenuntergang erhalten: König Gundobad ließ dort nämlich gegen Ende des 5. Jahrhunderts die Rechte seines Königreichs kodifizieren. In der – später erweiterten – Lex Burgundionum finden sich die Namen vier älterer burgundischer Könige: Gundaharius (Gunther), Gislaharius (Giselher), Gundomaris (wohl der Gothorm der nordischen Überlieferung, an dessen

---

[1] Vgl. die Zusammenfassungen bei Heinzle (1994), S. 20-27; Hoffmann (1982), S. 39-46.

Stelle im *Nibelungenlied* Gernot steht) und Gibica (Gibeche; so heißt der Vater der drei Könige in anderen – auch literarischen – Überlieferungen der Sage,[2] während er im *Nibelungenlied* Dancrat heißt). Die Namen der Königssippe und die Tatsache des Untergangs eines burgundischen Königreichs, dessen Regierungssitz am Rhein lag, sind also historisch bezeugt.

Das *Nibelungenlied* verlegt allerdings den Burgundenuntergang an den Hof des Königs der Hunnen, die in Wirklichkeit nur als Hilfstruppen daran beteiligt waren. Der Hunnenkönig Attila, mhd. Etzel, nahm an der Schlacht, in der das Reich unterging, nicht teil. Er war wenig später einer der hunnischen Führer und – nach dem Tod seines Bruders Bleda (der als Blödelin im *Nibelungenlied* auftritt, dabei aber unter Etzel rangiert) – seit 445 Alleinherrscher. Als 'Geißel Gottes' verbreitete er Schrecken im südöstlichen und mittleren Europa. Er machte sich viele andere Völker, darunter germanische Stämme und sogar den oströmischen Kaiser, tributpflichtig. Erst 451 wurde der hunnische Vorstoß nach Frankreich durch die Niederlage auf den Katalaunischen Feldern gestoppt. Die Furcht vor Attila, sein Ausgreifen nach Mittel- und Westeuropa und die Beteiligung hunnischer Verbündeter am Sieg des Aëtius über die Burgunden legte eine Verknüpfung der beiden Handlungen nahe. Ein weiterer Umstand kam hinzu. Attila starb 453 in der Hochzeitsnacht mit einer germanischen Frau namens Hildico. Dieser Name könnte eine Koseform des Namensbestandteils -*hild* sein. Todesursache war ein Blutsturz. Doch schien ein natürlicher Tod des Gewaltherrschers unwahrscheinlich, und so verbreitete sich früh das Gerücht, er sei von seiner Frau ermordet worden. Es fand sogar Eingang in die lateinische (d.h. als zuverlässig geltende) Historiographie.[3] Die Verbindung mit einer Germanin, der plötzliche Tod und der Zusammenbruch des Hunnenreichs danach scheinen die Ausgangspunkte der Sagenbildung um den blutigen Kampf an Etzels Hof gewesen zu sein. Die Sage wirkte auf die Geschichtsschreibung zurück: Noch der ungarische Chronist Simon Kéza (13. Jahrhundert) erzählt, wie Attila durch die Hand seiner Frau Kremhild starb. Doch sind die Elemente im *Nibelungenlied* anders verknüpft: Etzels Frau stürzt zwar auch das Hunnenreich samt seinem König ins Verderben, doch indem sie die Ermordung ihrer burgundischen Verwandten an seinem Hof betreibt.

Die Regierung des Ostgotenkönigs Theoderich d. Gr. (454-526) liegt noch einmal zwei Generationen später, an der Wende zum 6. Jahrhundert. Theoderichs Vater Theodemar stand in hunnischen Diensten, er selbst wurde am byzantinischen Kaiserhof erzogen; 474 folgte er seinem Vater als König der Ostgoten. Er stand in der Gunst des oströmischen Kaisers Zeno und eroberte in dessen Auftrag ab 488 Italien, das von den germanischen Westgoten unter Odoaker besetzt war,

---

[2] So im *Wormser Rosengarten*, im Lied vom *Hürnen Seifried*, aber auch in der in einen Zyklus von Heldenepen (ein *Heldenbuch*) integrierten Fassung k des *Nibelungenliedes*.

[3] So bei Marcellinus Comes (6. Jh.).

für Ostrom zurück. Nach seinem Sieg und der skrupellosen Liquidierung Odoakers errichtete er in Ravenna eine de facto von Ostrom unabhängige Königsherrschaft. Als erfolgreicher Heerführer und Herrscher bot er sich zur Heroisierung an, weniger allerdings durch seine Gewalttaten gegen die römische Aristokratie und den Bischof von Rom. Möglicherweise konnte die Geschichtsüberlieferung der Goten sich weder mit seiner Brutalität bei der Eroberung Italiens noch mit seinem Vorgehen gegen die Kirche zufriedengeben.[4] So ist sein Bild in der Überlieferung gespalten: Auf der einen Seite, der gelehrten Historiographie, steht Theoderich, der arianische Ketzer, Verfolger der Kirche und Gewaltherrscher, auf der anderen, der volkssprachigen Heldensage, Dietrich von Bern, der von dunklen Gegnern verfolgte Heros, Bezwinger von Riesen und Zwergen.

Die Sage setzt eine Umformung der politischen Geschehnisse voraus. Die Eroberung Italiens durch Theoderich scheint früh schon durch eine Rück-Eroberung ersetzt worden zu sein, die Usurpation fremder Herrschaft also durch die Wiederherstellung der ererbten eigenen, aus der ihn angeblich Odoaker oder – nach einer anderen heldenepischen Tradition – Kaiser Ermanrich vertrieben hatte. Statt vom hunnischen Machtbereich aus sich ein Reich zu erobern, sucht Dietrich dort Zuflucht im Exil, um von dort aus in sein Erbe zurückzukehren – so erzählt es schon das ahd. *Hildebrandslied* (9. Jahrhundert). Der Hunnenhof wird mit dem Hof Attilas, der damals längst nicht mehr lebte, identifiziert. Das ist die Konstellation im *Nibelungenlied* wie in der historischen Dietrichepik. Indem er unermüdlich um das kämpfen muß, was ihm gehört, stilisiert die Sage Theoderich zum *armen Dietrich*,[5] der kein brutaler Eroberer mehr ist, sondern ein vom Schicksal verfolgter vorbildlicher Gefolgschaftsherr. Möglicherweise hat diese Umdeutung Theoderich-Dietrichs auch eine Aufwertung Attila-Etzels nach sich gezogen (Ausdruck eines positiven Hunnenbildes bei den Goten?). Etzel ist nicht mehr der Tribut fordernde Feind germanischer Stämme, ein goldgieriger Gewaltherrscher, sondern er bietet Helden im Exil großzügig Zuflucht und ist dank seiner Freigebigkeit (*milte*) ein idealer Herrscher wie König Artus.[6]

Diese Sage scheint jahrhundertelang nur mündlich weitergegeben worden zu sein, neben der schriftsprachlichen lateinischen Historiographie. Wo beide Traditionen interferierten wie in der frühen volkssprachigen Geschichtsschreibung, bemühte man sich um Kompromisse: Der Prolog der *Kaiserchronik* (12. Jahrhundert) setzt sich ausdrücklich von der kunstvoll-lügnerischen Rhetorik (den *scophelîchen worten*) mündlich-volkssprachiger Geschichtsfälschungen ab (V. 31). Der Verfasser kritisiert, daß Dietrich und Attila keine Zeitgenossen waren. Doch ist ein solcher Einwand zu schwach, um die Sage ganz außer Kraft zu setzen. So erfindet die

---

[4] Heinzle (1999a), S. 6.
[5] Haug (1979/1989), S. 372; Wagner (1980); Heinzle (1999a), S. 12f.
[6] Zum Verhältnis von Attila-Sage, Burgunden-Sage und Theoderich-Sage Heusler (1920), S. 29-31; Heinzle (1994), S. 35; (1999a), S. 5f.

*Kaiserchronik* einen gleichnamigen Großvater Dietrichs, der aus seiner Herrschaft Meran vertrieben worden sei, diesmal freilich von Etzel. Dietmar, der Sohn des älteren Dietrich, habe sich dann gegen die Hunnen erhoben, gegen Etzels Söhne gesiegt und so die Herrschaft wiedergewonnen. An die Geschichte Dietmars schließt dann die Geschichte Dietrichs von Bern an: Die „Exil- und Rückkehrfabel"[7] der Sage bleibt also das Grundgerüst auch einer scheinbar auf historische Genauigkeit gerichteten Darstellung; notfalls werden Daten und Figuren dem vorgängigen 'Sinn' des Geschichtsverlaufs angepaßt. Ähnliche Umdeutungsprozesse setzt die Nibelungensage voraus.

Die Ereignisse um Siegfried sind mit den Geschichten aus der Völkerwanderungszeit ebensowenig wie mit anderen historischen Ereignissen sicher in Verbindung zu bringen.[8] Für die lange favorisierte These, sie erinnerten an Vorgänge im merowingischen Königshaus des 6. Jahrhunderts, wurde geltend gemacht, daß dort Namen mit dem Bestandteil *Sigi-* verbreitet waren, daß es auch eine gewalttätige Königin Brunichildis gab und daß Verrat und Verwandtenmord zum politischen Alltag der merowingischen Geschichte gehörten; doch blieben konkrete Anknüpfungen unsicher.[9] Mittels Überlegungen zur Namengebung im Königshaus der jüngeren Burgunden (auf dem Gebiet der Freigrafschaft) suchte man eine dynastische Verbindung zwischen einem fränkisch-ripuarischen Siegfried und dem älteren burgundischen Königshaus des 5. Jahrhunderts plausibel zu machen, für die es allerdings keine historische Bezeugung gibt. Die Suche nach einem 'historischen' Siegfried wird noch durch einen anderen Umstand erschwert: Namengeschichtlich ist Sieg-fried eine jüngere, ins Ende des 7. Jahrhunderts verweisende Bildung, was die Frage aufwirft, ob der Name überhaupt ursprünglich ist oder nicht eher eine Namensform angesetzt werden muß, die dem im Norden bezeugten Sigurd entspricht.[10]

Da die Siegfried-Geschichte mit der Drachentöter-Sage verbunden ist, wurden auch mythische Vorbilder erwogen. Der Sieg über einen Drachen kennzeichnet den Heros als Heilsbringer und Stifter kultureller Ordnung. Höfler hat – mittels einer höchst spekulativen Indizienkette – diese Seite der Siegfried-Gestalt als Mythisierung des Sieges Hermanns des Cheruskers über die Römer unter Varus im Jahre 9 n. Chr. gedeutet.[11] Zum Verständnis des *Nibelungenliedes* tragen allerdings die historischen und mythologischen Überlegungen wenig bei. Die geschichtlichen Vorgänge sind, sofern überhaupt identifizierbar, bis zur Unkenntlichkeit umgedeutet, und mythische Elemente wie der Drachenkampf sind ganz

---

[7] Bleumer (2000), S. 133; grundlegend zur Dietrichsage Hellgardt (1995).
[8] Überblick über die Diskussion: Haubrichs (2000), S. 204f.; vgl. Heinzle (1994), S. 23-25.
[9] de Boor (1939); bei Siegfried variieren die ethnischen Zuweisungen; vgl. auch Peeters (1986).
[10] Haubrichs (2000).
[11] Höfler (1961); kritisch Beck (1985); vgl. Heinzle (1994), S. 23-25.

an den Rand gedrängt. Allenfalls zeigt das spätmittelalterliche Lied vom *Hürnen Seifried*, dessen Held Kriemhild aus der Gewalt eines Drachen befreit, daß eine mythische Variante der Siegfried-Gestalt neben der politisch-historischen präsent war.

Spuren anderer historischer Vorgänge haben sich möglicherweise an diese beiden Hauptkomplexe angelagert: Der Markgraf Rüdeger des *Nibelungenliedes* könnte ein Vorbild in einem Markgrafen Rogerius des 10. Jahrhunderts haben; Rüdeger als der westliche Vorposten des Hunnenkönigs – des Herrschers über den Osten – wäre somit an die Stelle eines östlichen Vorpostens der westlichen Königreiche gegen die Ungarn getreten, vielleicht auch eines deutschen Markgrafen, der unter ungarischer Oberherrschaft stand.[12] Im Helden Iring an Etzels Hof dürften Reminiszenzen an den Protagonisten beim Untergang der Thüringer bewahrt sein.[13] In den rabiaten Bayernherzögen glaubt man eine Anspielung auf zwei gewalttätige Fürsten des 11. Jahrhunderts zu erkennen.[14] All dies zeigt, daß Heldensage nicht nur häufig auf einen geschichtlichen Kern zurückgeht, sondern auch offen ist für Anlagerungen weiterer historischer Komplexe.

Am konkretesten, da mit der Entstehungsgeschichte des Epos verknüpft, ist die Anbindung an die Gestalt des Passauer Bischofs Pilgrim, der dem Epos zufolge der Onkel der burgundischen Könige ist. Der historische Pilgrim (971-991) lebte gut 400 Jahre nach dem Untergang der burgundischen Könige. Er war verwandt mit bayrischen Adelsfamilien, in denen damals 'nibelungische' Namen häufig auftraten, darunter derjenige des Namengebers für den Hort, Nibelunc. So hat man vermutet, in diesen Familien sei ein 'nibelungisches' Hausbewußtsein lebendig gewesen, so daß die Nibelungensage dort als Kunde von der Vorgeschichte des eigenen Geschlechts aufgefaßt wurde.[15] Man spricht hier von 'Ansippung': Herstellung dynastischer Verbindung eines gegenwärtigen Adelsgeschlechtes mit einem heroischen 'Spitzenahn'. Im *Nibelungenlied* wäre dann aus der nachträglichen Ansippung der Verwandtschaft Pilgrims an die berühmte Sage im Frühmittelalter später eine nahe Verwandtschaft von Zeitgenossen – Pilgrim als Onkel der burgundischen Könige – geworden.

---

[12] Zusammenfassend Splett (1968); zur historischen Diskussion: Meves (1980), S. 124ff.
[13] Weddige (1989), S. 106-112.
[14] Zu denken ist auch an die Gegnerschaft des Stiftes Passau zu den benachbarten bayrischen Dynastengeschlechtern. Zusammenfassend zu den – stark hypothetischen – historischen Reminiszenzen Meves (1980); am meisten Aufmerksamkeit fand der Markgraf Eckewart (Panzer [1945], S. 392-395); vgl. Voorwinden (1987) zu möglicherweise jüngeren Einschüben.
[15] Störmer (1974 u. 1987); Meves (1980 u. 1981).

## Heldensage als Geschichtsüberlieferung

Ist das noch Geschichtsüberlieferung? Heusler (1920) sah in der Heldendichtung eine Tendenz zur 'Enthistorisierung'. Dieser These ist vielfach widersprochen worden. Dabei mußte der Begriff historischer Überlieferung selbst historisiert und von seinen modernen wissenschaftlichen Konnotationen befreit werden. Gewiß entfernt sich Heldenepik weit von der Geschichte, um deren Rekonstruktion sich die Geschichtswissenschaft bemüht, aber sie tut dies als besondere Form der Aneignung historischen Wissens.[16] Jede – auch die wissenschaftliche – Darstellung von Geschichte wählt aus einer unabsehbaren Menge von Ereignissen aus und unterwirft sie diskursiven Ordnungen: narrativen Verlaufsmustern, Kausalitätsschemata, systematischen Hierarchien, Wertungen und Perspektivierungen. Die Vergangenheit ist immer schon in bestimmter Weise angeeignet und diskursiv vermittelt. Heldenepisches und historiographisches Erzählen sind nur graduell, aber nicht absolut unterscheidbar, in einer oralen Kultur noch weniger als in einer Schriftkultur, die die Möglichkeiten des Vergleichs und der Kritik von Überlieferung ausbildet. Das Heldenepos verfährt freilich in besonders hohem Maße selektiv und stilisiert das Ausgewählte besonders energisch nach einigen wenigen Erzählschemata.[17] In solchen Erzählschemata sind für das Bewußtsein einer Gesellschaft Annahmen darüber sedimentiert, wie es in der Welt zugeht. Auch wenn diese Schemata uns oft nur in der Literatur greifbar sind, darf man sie nicht als ausschließlich literarische verstehen: Es handelt sich ganz allgemein um Modelle alltäglicher Welterfahrung.

Es wäre also falsch, wegen der Verunklärung faktengeschichtlicher Zusammenhänge und der Entfernung von genealogischen Überlieferungen das Epos als 'Dichtung' einem vagen Komplex 'Geschichte' entgegenzusetzen. Die Sage wie ihre poetischen Formungen beziehen sich auf historische Geschehenszusammenhänge, punktuelle Anknüpfungspunkte der Gegenwart in der Vergangenheit, maßstäbliche, in Vergangenheit wie Gegenwart gleichermaßen verbindliche Verhaltensmuster und herausragende, Vergangenheit wie Gegenwart faszinierende Ereignisse. Die Aneignung erfolgt mittels „Reduktion und Assimilation"[18]: Historische Ereignisfolgen unterschiedlicher Provenienz werden zu einer einzigen Ereigniskette verdichtet. Komplexe Geschehenszusammenhänge werden auf einfache personale Konstellationen und elementare persönliche Konflikte reduziert und zu einprägsamen Geschichten strukturiert. Allein die Taten einzelner Helden (und der ihnen verbundenen Frauen) sind erzählenswert, die herausragenden Höhepunkte im Leben einer kriegerischen Herrenschicht, d.h. im wesentlichen Kämpfe und Feste. Das übrige Personal, wo überhaupt erwähnt, tritt dahinter in

---

[16] Haug (1975/1989; 1981/1989); Heinzle (1994), S. 25-27.
[17] Haug (1975/1989) zu den Mechanismen solcher Aneignung in der Swanhild-Sage.
[18] Zusammenfassend Heinzle (1994), S. 25; vgl. (2004), S. 186f.: hinzutritt „Koordination".

eine anonyme Masse zurück. Motiviert ist heroisches Handeln durch individuelle Antriebe, durch Haß, Liebe, Zorn, Neid, Ehrsucht, Besitzgier usw. Auch das Schicksal ganzer Völker wird an sie geknüpft. Diese 'Personalisierung' impliziert jedoch keine 'Entpolitisierung', denn persönliche Auseinandersetzungen sind für diese Gesellschaft die gewöhnliche Erscheinungsform des Politischen. Indem politisches Handeln wenigen vorbehalten ist, können komplexe politische Zusammenhänge (wie z.b. das Schicksal von Reichen) als Ergebnisse persönlicher Auseinandersetzungen dargestellt werden.

Die Zahl der einfachen, stereotyp wiederkehrenden Schemata ist begrenzt; für das *Nibelungenlied* besonders produktiv ist das Muster der Brautwerbung (um Kriemhild, um Brünhild) und der verräterischen Einladung (durch Brünhild, durch Kriemhild, in der nordischen Dichtung durch Atli).[19] Derartige Schemata kristallisieren sich dann wieder um bestimmte Situationsmuster (z.B. Kampf in der Halle) und sind mit bestimmten Stereotypen verbunden (z.B. der Sieger, der in Wahrheit alles verliert). Damit ist gewährleistet, daß sich die Vergangenheit dem Bekannten einfügt, die geschichtlichen Verläufe mit dem, was man seit je schon weiß, erklärt werden können. Eine auf diese Weise organisierte Geschichte kann später veränderten Interessenlagen und gewandelten Verstehensbedingungen, anspruchsvolleren Erwartungen von zureichender Motivation, neuen Gesellschaftsbildern und Wertordnungen angepaßt werden und sich damit im Laufe der Jahrhunderte immer weiter von ihrem Ausgangspunkt entfernen. Die Ereignisse der Völkerwanderungszeit und die archaischen Lebensverhältnisse des frühen Mittelalters erscheinen schließlich im Gewand einer Dichtung, die sie den neuen Standards einer höfischen Gesellschaft anpaßt, ohne daß sie deshalb als Fiktion und nicht als glaubwürdige Kunde von der Vergangenheit aufgefaßt würde.[20]

Allerdings stellt sich die Frage, was um 1200 an dieser Vergangenheit noch interessieren mochte, denn Vergangenheit wird noch nicht um ihrer selbst willen betrachtet. Die inzwischen ermittelten historischen Anknüpfungsmöglichkeiten verstellen den Blick darauf, daß der historische Stoff des *Nibelungenliedes* um 1200 einem unbefangenen Hörer sehr fremd vorkommen mußte. Ruh hat darauf hingewiesen, daß das *Nibelungenlied* in keine der damaligen großen legitimatorischen Geschichtserzählungen paßt.[21] Die katastrophische Geschichte fällt aus geschichtstheologischen Modellen der Zeit – den Weltalterlehren – heraus; sie ist historisch nicht genau situierbar. Sie trägt nichts bei zum *translatio*-Gedanken, der Übertragung des römischen Kaisertums auf das deutsche Reich, aber auch nichts zur Vor- und Frühgeschichte eines deutschen Königtums, nichts zu irgendeiner Stammessage, nicht einmal zur Geschlechtermythologie eines der im 12. Jahrhundert einfluß-

---

[19] Heinzle (1994), S. 25; Hennig (1987); zum Brautwerbungsschema Schmid-Cadalbert (1985).
[20] Höfler (1955/1961), S. 387.
[21] Ruh (1979), S. 20f.

reichen Fürstenhäuser. Das unterscheidet die Situation um 1200 von jener Frühzeit, in der – etwa im Umkreis der burgundischen Monarchie – ein aktuelles Interesse an der Sagenbildung bestand.[22] So ist es wenig erstaunlich, daß die Nibelungensage anders als die Dietrichsage in den Geschichtskonstruktionen des Spätmittelalters bis hin zu Kaiser Maximilian I. keine nennenswerte Rolle spielt.

Dabei will das Epos, wie dies schon der erste Vers der ersten Strophe ankündigt, historische Kunde verbreiten, etwas, das in *alten maeren* mündlich überliefert ist (*geseit*), und zwar *uns*, das also Relevanz für eine Gegenwart hat. Was ist das für eine Geschichtskunde? Es lassen sich vier Komplexe historischen Wissens ausmachen, die natürlich eng miteinander verzahnt sind, die aber alle, jeder für sich, im Mittelalter das Interesse an Vergangenheit begründen können.[23]

Der erste, oben genauer dargestellte, umfaßt die 'Fakten' im weitesten Sinne, die Daten, die historischen Ereignisse, die Reiche und ihre Herrscher, von denen die Rede ist. Sie entstammen vermutlich einem Zeitraum von etwa 700 Jahren zwischen dem Untergang des Burgunderreichs und den kaum 100 Jahre zurückliegenden Auseinandersetzungen im Umkreis des Herzogtums Bayern. Den zweiten Komplex bilden genealogische Zusammenhänge, geknüpft an Namen, die die Helden der Sage tragen. Solche Namen stiften historische Erinnerung an diese Helden selbst wie an jene, die sie von ihnen übernehmen. Bis ins Spätmittelalter ist die Verherrlichung der eigenen *stirps* und ihres Spitzenahns Anlaß zur Aufzeichnung historiographischer und epischer Texte.[24]

Den dritten Komplex historischen Wissens bilden exemplarische Handlungen und Haltungen, glänzende Feste, heroische Kämpfe, Freude und Leid usw. Auf deren Exemplarität wie auf die Exemplarität der Protagonisten hebt das Epos immer wieder ab, indem es die erzählten Vorgänge damals mit denen heute vergleicht, die Vorbildlichkeit oder Verwerflichkeit einer Tat herausstellt und an ein Weltwissen über den gewöhnlichen Gang der Dinge appelliert. Die Vergangenheit ordnet sich zu einer kaum übersehbaren Fülle von Präzedenzfällen und nachahmenswerten oder zu vermeidenden Handlungen. In der rühmenden Darstellung der Großtaten der Vergangenheit erhält die Gegenwart Orientierung, zumal das Epos sie ins Großartige steigert. Was eine Geschichte viertens im Bewußtsein der Vergangenheit verankert, ist die Exorbitanz der erzählten Geschehnisse, die die Norm und alles Erwartbare sprengt.[25] Das Exorbitante ist nicht unbedingt exemplarisch; es zielt weniger auf Nachahmung als auf Bewunderung und Staunen, bis hin zu Schrecken und Abwehr. Es steht jenseits ethischer Maßstäbe, kann sogar destruktiv wirken. Es ist im ursprünglichen Wortsinn 'monströs'. Es ragt heraus, drängt sich der Wahrnehmung

---

[22] Ein Beispiel bei Heinzle (1999b), S. 208.
[23] Müller (2001a).
[24] Heinzle (1999b), S. 209; Graf (1993).
[25] von See (1978/1981), S. 187f. u. (1993).

und Erinnerung auf. Schon die Programmstrophe kündigt *wunder* an, Außergewöhnliches, d.h. Dinge, an die man sich noch nach Jahrhunderten erinnert.
Diese vier Komplexe machen den historischen Gehalt des Epos aus. Allerdings sind die Gewichte im *Nibelungenlied* nicht gleichmäßig verteilt: Ein historischer Tatsachenzusammenhang ist zwar für den Philologen hinter dem Gewebe heroischer Handlungen zu erahnen, doch thematisiert wird er nicht, und dem Publikum dürfte er nicht erkennbar gewesen sein. Eine Chronologie der Daten, geschweige eine historisch zuverlässige Verknüpfung der Figuren und ihrer Handlungen ist dem Epos unmittelbar nicht zu entnehmen. So verweist es zwar im allgemeinen auf ein historisches Substrat, doch ist dieses in nebelhafte Ferne gerückt und steht in keinem erkennbaren Zusammenhang mit der zeitgenössischen Geschichte. Die politischen Interessen, deretwegen das Geschehen um Theoderich, Attila und das Burgunderreich uminterpretiert wurde, so daß aus Tätern Opfer wurden und aus Opfern Täter, waren mit den Reichen der Völkerwanderungszeit untergegangen. Es bedurfte besonderer politischer Konstellationen, wie etwa im Königreich Ungarn, um der alten Sage neue Aktualität zu verschaffen, was mit einer geeigneten Umstilisierung des Handlungsverlaufs verbunden war.[26]

'Ansippungen' beuten eine bekannte Geschichte für ein dynastisches oder lokalgeschichtliches Interesse aus, indem sie an einer berühmten Sage zu partizipieren suchen, doch können sie nicht ihrerseits die Existenz der Sage, geschweige ihre Faszination erklären. Um plausibel zu scheinen, setzen sie häufig an Peripherem an, dort, wo der Anschluß ohne Schaden für das Sagengeschehen möglich ist, an einzelnen Personen- oder Ortsnamen. Im *Nibelungenlied* sind das etwa das (um 1200 bereits bedeutungslose) Kloster Lorsch als Grablege Siegfrieds (nur in der Fassung \*C des *Nibelungenliedes*) oder Orte in Österreich, die Kriemhild und ihre Brüder auf der Reise zu Etzel berühren. Die Verankerung der Handlung in einer bekannten Umgebung unterstützt den Eindruck historischer Authentizität, doch setzt sie die Sage immer schon voraus. Beim Wormser Siegfriedkult, der erst spät bezeugt ist, scheint es sich um eine lokale städtische Veranstaltung gehandelt zu haben, der das entscheidende Moment personengeschichtlicher Kontinuität zum Epos fehlt und die vermutlich die Dichtung – das *Nibelungenlied* oder eher noch den *Wormser Rosengarten* – bereits voraussetzt.

Aber auch die produktive Kraft der Ansippung zeitgenössischer Adelsgeschlechter an die nibelungischen Helden scheint im 12. Jahrhundert erschöpft gewesen zu sein; relevante genealogische Beziehungen zur Gegenwart sind nicht erkennbar. Ein 'nibelungisches' Geschichtsbewußtsein wie im 10. Jahrhundert in Bayern ist zur Entstehungszeit des Epos kaum noch gegeben. Das Passauer Bischofsamt stellt zwar über Pilgrim eine dynastische Verbindung zur Epenwelt her; Wolfger von Erla, der

---

[26] So in Kézas *Ungarischer Chronik*: Die Ungarn wurden mit den Hunnen identifiziert; Attila kann deshalb als Vorläufer der ungarischen Könige interpretiert werden (vgl. Grimm [1889/1957], S. 181-184).

Amtsinhaber um 1200, der mögliche Mäzen der Dichtung, könnte sich über den Vorgänger Pilgrim im 10. Jahrhundert im Pilgrim des *Nibelungenliedes* und der *Klage* gespiegelt haben, dem man angeblich die Aufzeichnung der Geschichte verdankt. Gespiegelt würde dann eine literarische Situation: Der zeitgenössische Mäzen projiziert seine Mäzenatenrolle auf einen Amtsvorgänger, für den angeblich die *causa scribendi* in dynastischem Gedenken an seine burgundischen Verwandten liegt, die einem längst untergegangenen Volk angehören. Zum 'Herkommen' des Passauer Stifts oder seines Bischofs dagegen trägt das *Nibelungenlied* nichts bei, außer daß ein Abglanz des Sagenruhms sekundär auch auf die Station Passau auf der Reise in den Untergang fällt.[27]

So bleiben Exemplarität und Exorbitanz der vergangenen Geschehnisse, die beide nicht auf einen chronologisch verifizierbaren Ereigniszusammenhang oder auf dynastische Hausüberlieferung angewiesen sind. Wenn der Epiker Wert darauf legt, seine Figuren und Handlungen immer wieder an dem, was 'jetzt' gilt, zu messen, dann muß er nicht von einer personellen oder faktengeschichtlichen Kontinuität zwischen damals und heute ausgehen. Mit seinem Entwurf maßstäblicher Verhaltensmuster für eine Kriegergesellschaft steht das Epos in Konkurrenz zum etwa zeitgleich entstehenden höfischen Roman, der andere Verhaltensmodelle entwirft, wie sie möglicherweise von einem konservativen Feudaladel abgelehnt wurden.[28]

Vor allem aber hakt es sich am außergewöhnlichen Ereignis fest. Eine Katastrophe prägt sich besser ein als irgendein Alltagsereignis[29] und selbst als das verbindlich Exemplarische, und so ist das *Nibelungenlied* als ein unerhörter Fall, als Herausforderung von allem, was man für richtig und wert hält, im Gedächtnis geblieben. Die *Nibelungenklage* spricht von der 'größten Geschichte', die sich seit Beginn der Welt abgespielt hat (Kl 3480f.). Die Geschichte ist schlechthin außergewöhnlich: der Untergang eines ganzen Reiches durch den Untergang seiner wehrfähigen Führungsschicht, und zwar durch den Verrat einer Frau. Und nicht nur das: die Verräterin ist die Schwester der Könige dieses Reiches; ihr Verrat ist die Rache für die Ermordung ihres ersten Mannes durch die Königssippe. Dieser Siegfried wird beseitigt, obwohl er den Königen immer wieder geholfen hatte; er war von unermeßlicher Stärke, Besitzer eines sagenhaften Schatzes, Sieger über einen Drachen, später über eine amazonenhafte Königin. Das alles sind nicht alltägliche Ereignisse, es sind Ereignisse, von denen man spricht, die lange die Phantasie beschäftigen und immer neue Erzählungen generieren, neue Erklärungsversuche herausfordern. Das spektakuläre Ereignis setzt sich in der Erinnerung fest und sichert der ganzen Handlung, in der es auftaucht, seine zeitüberdauernde Geltung.

---

[27] Anders Heinzle (1999b); vgl. Müller (2001a); zu Wolfger: Heinzle (1994), S. 48f.; zur Entstehungsfiktion: Müller (1998), S. 62-68 sowie unten S. 48.

[28] Jaeger (1983).

[29] Die mittelalterliche Mnemotechnik arbeitet u.a. mit Bildern des Schreckens; vgl. Carruthers (1990), S. 134-137; 140-142 u.ö.

Interesse an der vergangenen Sensation besteht selbst dort, wo sie kaum eine Verbindung zur eigenen Welt hat – wie z.B. im skandinavischen Norden, wo der Untergang der Nibelungen ebenfalls in Vers und Prosa weitererzählt wurde.[30]

Als eine Geschichte, die *uns* in diesem Sinn noch anging, scheint man das *Nibelungenlied* für authentische Geschichtsüberlieferung gehalten zu haben.

---

[30] vgl. von See (Anm. 25); anders Heinzle (1999b), S. 204-207; dagegen Müller (2001a).

# Sagenerinnerung

## Varianten der Sage

Vor seiner Verschriftlichung muß der Stoff des Nibelungenliedes mündlich verbreitet gewesen sein, und zwar vermutlich nicht nur in poetischer Form, also als Heldenlied oder Kurzepos, sondern möglicherweise auch als literarisch anspruchslose, von Mal zu Mal abgewandelte Prosaerzählung.[1] Auch konnte sich eine unbestimmte Erinnerung an einzelne Orte, Personen oder Personengruppen, Grabstätten, Bilder oder sonstige Memorialzeichen knüpfen. Das kulturelle Gedächtnis[2] bedient sich vielfältiger Medien; es ist Inbegriff vielfältiger, inhomogener, oft sogar einander widerstreitender Überlieferungen. In vielen vorschriftlichen Gesellschaften wird es durch bestimmte Institutionen und Gruppen gestützt (es wird z.B. von einer Priesterkaste gepflegt, wird in Bildungseinrichtungen weitergegeben usw.). Für die Überlieferung von Heldensagen in Europa kennt man derartige Institutionen und Gruppen, die planmäßig Erinnerung pflegen, nicht. Wo es nicht – wie im Norden – ausgearbeitete Dichtungen gibt, beschränkt sich unsere Kenntnis des Sagengedächtnisses und einer mündlichen Sagenüberlieferung auf wenige Spuren und indirekte Zeugnisse: Anspielungen in anderen Dichtungen, knappe Hinweise in spätantiker und mittelalterlicher Historiographie, Namen, Bilder. Die schriftlich überlieferten und ausgeformten Texte – die *Lieder-Edda*, die *Thidrekssaga*, einige spätere nordische Dichtungen, das gedruckte *Heldenbuch*, der *Hürnen Seifrid* – sind schon literarische Auseinandersetzungen mit der Sage und daher nicht ohne weiteres für deren 'eigentliche' Gestalt zu reklamieren. Auch wo partienweise Übereinstimmungen vorliegen, läßt sich zwischen divergierenden Texten nicht nach 'richtig' oder 'falsch' sondern.

Im *Nibelungenlied* erhält die Sage eine besonders komplizierte und voraussetzungsreiche Gestalt. Um diese Gestalt auch dort, wo sie dunkel und widersprüchlich scheint, zu verstehen, griffen Interpreten immer wieder auf andere Repräsentanten der Sage zurück, insbesondere die im Norden überlieferten nibelungischen Geschichten. Das ist methodisch bedenklich, denn es setzt voraus, daß es so etwas wie eine 'richtige', und zwar die 'ursprüngliche' Version gibt, deren Spuren man in allen möglichen Quellen findet und die man aus ihnen rekonstruieren kann. Dabei sind die kulturgeschichtlichen Verhältnisse im Norden von denen in Mitteleuropa sehr

---

[1] Gegen Heuslers (1920) Reduktion der Sage auf die Abfolge von Dichtungen Curschmann (1984), S. 143.
[2] Assmann (1992).

verschieden, so daß auch verschiedene umgestaltende Adaptationen wahrscheinlich sind. Komplizierter wird die Lage noch, wenn man zwar theoretisch zwischen poetisch geformter und ungeformter Sage trennt, bei der letzteren aber ganz überwiegend auf Vermutungen angewiesen ist. Während epische Formungen ganzer Abschnitte oder gar des Geschehens insgesamt auf Kohärenz und Stimmigkeit achten müssen und in der Regel wohl die Sage einer schlüssigen Konzeption unterwerfen, muß dies die eine verstreute Anspielung, der eine anzitierte Name oder das eine konnotierte Ereignis nicht. Es dürfte dies der unausgesprochene Grund dafür sein, daß Heusler (1920) nur mit poetisch geformten Texten, mit Dichtungen der Nibelungensage rechnet. Nur dann besteht nämlich Aussicht auf einigermaßen kohärente und voneinander abhebbare Gestalten der Sage. Dagegen ist ein Text wie die späte *Heldenbuchprosa* aus dem 15. Jahrhundert Zeugnis für die Zersetzung der Sage, ihren Zerfall in unzusammenhängende Traditionsbrocken. Was sie aus dem Nibelungen-Umkreis berichtet, ist dunkel und widersprüchlich, weil der Text offenbar Informationen aus unterschiedlicher literarischer und wohl auch außerliterarischer Überlieferung bezog.[3] Für eine Rekonstruktion der ursprünglichen Sagengestalt bietet er kaum eine brauchbare Basis.

Es ist ein durchaus problematischer „Grundsatz" der älteren Forschung zum *Nibelungenlied*, „daß dem Urlied angehört hat, was den besten Zeugen der beiden Überlieferungsstränge, des nordischen und des deutschen, gemeinsam ist".[4] Warum muß die Sagenüberlieferung eine Verfallsgeschichte sein? Wie läßt sich methodisch kontrolliert begründen, was 'besser', was 'schlechter' ist? Mit welchem Recht löst man einzelne Motive aus komplexen poetischen Gebilden? Die poetisch geformten Nibelungentexte spiegeln nicht einfach das, was von der Sage in einer bestimmten Zeit im Umlauf war, sondern sie haben es ihrem besonderen Gestaltungswillen unterworfen. Sie können daher nicht ohne weiteres als 'Quelle' für die eigentliche Sage und insofern als Vergleichsfolie für andere poetisch geformte Texte benutzt werden. Vor allem nordische Dichtungen haben zur Rekonstruktion des 'ursprünglichen', vom Verfasser des *Nibelungenliedes* angeblich verfälschten Sagenverlaufs gedient. Die ältesten poetischen Formungen der Nibelungensage sind in der Tat in der *Lieder-Edda* erhalten. Wenn die Niederschrift des Codex Regius im 13. Jahrhundert auch später liegt als die Entstehung des *Nibelungenliedes*, so hat man doch glaubhaft machen können, daß er auf Jahrhunderte älteren Dichtungen beruht. Daher vermutete man, daß sich in ihnen Spuren einer älteren Sagengestalt erhalten haben, zumal der Norden gegenüber Mitteleuropa insgesamt konservativer, 'archaischer', war.

---

[3] Vgl. Grimm (1889/1957), S. 325-338. In die *Heldenbuchprosa* fließen unterschiedliche, teils sonst nicht bezeugte Überlieferungen. Die Nibelungensage steht in einem völlig anderen sagengeschichtlichen Kontext, geht auf verschiedene Quellen (*Wormser Rosengarten*!) zurück und weicht in wichtigen Details vom Epos ab (vgl. die Provokation durch Ortlieb, ebd. S. 335-337).

[4] de Boor (1939), S. 251.

Wenn die *Edda*-Lieder mit den kontinentalen Dichtungen in keinem genetischen Zusammenhang stehen und die mittelhochdeutschen Dichter sie kaum gekannt haben dürften, dann spricht das grundsätzlich nicht gegen ihren Zeugniswert für eine ältere Tradition, denn solch eine Tradition ist verpflichtend. Mittelalterliche Dichter verfügen allgemein nur in eingeschränktem Maße über den Stoff, und Heldenepik ist umso mehr an tradierte Vorgaben gebunden, als man in ihr historische Wahrheit sieht. Aus der Vielstimmigkeit des Überlieferten geht allerdings hervor, daß der Spielraum der Aneignung relativ groß gewesen sein muß. Noch als die Sage schriftlich gefaßt war, gab es in Deutschland ein Nebeneinander unterschiedlicher Versionen: im *Nibelungenlied* und der *Klage*, beide in konkurrierenden Fassungen, daneben in anderen Dichtungen und sonstigen Zeugnissen außerhalb der Nibelungen-Überlieferung, die noch viel weiter von den dort berichteten Geschehnissen und ihrer Bewertung abweichen.[5] So ist schwer einzusehen, warum das einige hundert Jahre vorher anders gewesen sein soll. Vielfältige Aneignungsmöglichkeiten eröffnet schon die Auswahl und narrative Verknüpfung vorgefundener Sagenelemente, ihre Integration in eine übergeordnete Fabel. Vielfältig sind die poetischen Mittel der sprachlichen Einkleidung und nicht zuletzt das 'Weltwissen' über soziale Verhältnisse, Leitbilder, Handlungsmotive, Werte, Normen usw., in dessen Horizont die Geschichte angeeignet und ausgelegt wird. Mindestens hierin dürfte der Abstand nordischer und mitteleuropäischer Versionen erheblich sein.

Differenzen sollten daher als Zeugnisse produktiver Auseinandersetzung gelesen werden. Ein Beispiel ist die Motivation des Burgundenuntergangs und die Rolle Atli-Etzels dabei. Das nordische *Atlilied* erzählt, Atli habe die Brüder seiner Frau Gudrun heimtückisch an seinen Hof gelockt, um an ihren Schatz zu kommen, und habe sie dort töten lassen, ohne daß er sein Ziel erreicht habe. Gudrun habe daraufhin ihre Brüder an ihrem Mann gerächt, indem sie seine Halle anzündete und mit ihm verbrannte. Diese Konfliktkonstellation, hat man festgestellt, steht frühmittelalterlichen Verhältnissen näher als die im *Nibelungenlied*: Sippenrache statt Rache für den Ehemann ist vor dem Horizont frühmittelalterlicher Verwandtschaftsverbände die 'archaischere' Version. Was ist daraus zu schließen? Natürlich könnte es diese Version auch auf dem Kontinent einmal gegeben haben, bezeugt ist sie allerdings nicht. Im Gegenteil ist sie mit anderen früh bezeugten Umständen der Sage, vor allem mit der Aufwertung des Hunnenkönigs, schwer zu vereinbaren. Auch kommt sie den historisch belegten Vorgängen um Attilas Tod kaum näher als die Version des *Nibelungenliedes*, denn von Rache für die ermordeten Verwandten wissen die Quellen bei Attilas Tod nichts. Die Hochzeitsnacht (mit Hildico), in der er starb, liegt in beiden Dichtungen lange zurück, und die Umstände seines Todes sind jedesmal andere.

---

[5] Brackert (1963), S. 168f.; vgl. die Vielstimmigkeit der Nibelungenzeugnisse in Grimm (1889/1957).

Daß mit Attilas Tod das Ende der burgundischen Königsherrschaft verknüpft ist, unterscheidet beide Sagenversionen von der historischen Überlieferung. Wenn man also annehmen kann, daß sich sehr früh die Sage der dubiosen Umstände beim Tod des gefürchteten Hunnenfürsten bemächtigte, so muß die Richtung der Aneignung offen gewesen sein, manche Fakten konnten aufgenommen, andere weggelassen werden. So gab man den dramatischen Höhepunkt eines Todes in der Hochzeitsnacht auf und führte als Gegner germanische Heroen ein. Die Erzählung von Attilas Tod existiert jedenfalls schon im *Atlilied*, auf der ältesten uns noch faßbaren Stufe, nur in einer pointiert umgedeuteten Aneignung. Dafür, daß die Geschichte, die man sich im Norden erzählte, das Bindeglied zwischen historischem Geschehen und dem *Nibelungenlied* ist, gibt es keine Anhaltspunkte. Im Gegenteil konkurriert auf dem Kontinent mit dem Atli des *Atliliedes* das insgesamt positive, indirekt schon im *Hildebrandslied* bezeugte Etzelbild der deutschen Heldensage, das auch aufs Frühmittelalter zurückgeht. Eine Rachefabel, wie sie das *Atlilied* bewahrt, war damit nicht mehr akzeptabel.[6] Die einzelnen Adaptationen dürften deshalb nicht in einer konsequent linear verlaufenden Sagengeschichte auseinander hervorgegangen sein, und das *Atlilied* erlaubt keineswegs sichere Aussagen über „die Grundgestalt der Sage"[7]: Es repräsentiert eine mögliche, vermutlich besonders alte Gestalt unter anderen. Welche weiteren Deutungen im Umlauf gewesen sein mögen, wissen wir nicht.

Es muß jedenfalls eine Überlieferung über Jahrhunderte hinweg gegeben haben, ohne die man von der Geschichte der Nibelungen im 12. Jahrhundert nichts gewußt hätte. Das Epos sitzt auf einem breiten Sockel einer uns nur noch in Teilen zugänglichen Sagenüberlieferung auf, und der Erzähler macht an vielen Stellen deutlich, daß er sich der Wahrheit dieser Überlieferung verpflichtet fühlt und nicht willkürlich an ihr herumändern darf. Diese Haltung teilt er mit den meisten mittelalterlichen Autoren, bei denen man deshalb stets von einer eingeschränkten Autorschaft sprechen muß.[8] Doch macht sich der Epiker die tradierten Elemente zunutze, um das eigene Gebäude zu errichten. Er bemüht sich um eine nach seinem Verständnis schlüssige Aneignung der Sage, die bei aller Traditionsgebundenheit Varianten, Korrekturen oder auch Ausschmückungen zuläßt. Diese Aneignung muß trotz punktueller Widersprüche, Motivationslücken und sichtbarer Nahtstellen zunächst einmal für sich betrachtet und darf nicht als Flickenteppich aus anderwärts bezeugten Sagenelementen in seine Bestandteile aufgelöst werden.

---

[6] Noch die *Thidrekssaga* zeigt die Differenz zwischen nordischer und kontinentaler Auffassung. Sie hängt dem Burgundenuntergang, der wohl überwiegend nach kontinentalen Überlieferungen erzählt wird, eine Fortsetzung an, in der Etzel wegen seiner Goldgier Opfer der Rache von Hagens Sohn Aldrian wird (*Geschichte Thidreks*, S. 443-446): ein Kompromiß zwischen konkurrierenden Sagentraditionen?

[7] Heinzle (1994), S. 34; vgl. Heusler (1920), S. 23.

[8] Worstbrock (1999), S. 138f.; vgl. S. 123.

## Überlegungen zur Vorgeschichte der Sage

Tatsächlich gehörten jedoch Mutmaßungen über die sagengeschichtlichen Voraussetzungen des *Nibelungenliedes* lange Zeit zu den Hauptanliegen der Forschung. Am einflußreichsten war Andreas Heuslers Modell[9] der Entstehungsgeschichte, das mit relativ wenigen, und zwar stets poetisch ausgeformten Vorläufern des Epos rechnet. Es hat zwar den Vorzug der Einfachheit, wird aber der Vielfalt denkbarer Überlieferungsprozesse von geformtem wie ungeformtem Sagenwissen in einer vorschriftlichen Kultur nicht gerecht. Trotzdem haben Heuslers Überlegungen heuristischen Wert. Er will durchsichtig machen, welche grundlegenden Veränderungen an der Sage (und, wo vorhanden, an ihrem historischen Kern) vorgenommen werden mußten, damit sie die im Epos überlieferte Gestalt annahm, und in welchem kulturellen Kontext derartige Veränderungen erfolgt sein könnten. Aus dem Modellcharakter seiner Überlegungen ergibt sich insofern nicht notwendig die Behauptung, es habe tatsächlich nur so wenige poetische Adaptationen gegeben; auch Heusler rechnet, wie an einigen Stellen deutlich, mit komplexeren, mehrfach ansetzenden Prozessen des Neu- und Umdichtens.[10]

Heusler nahm für die Geschichten um Brünhild und Siegfrieds Tod (Brünhildsage) und den Untergang der Burgunden (Burgundensage) zwei selbständige Stofftraditionen an. Sie seien zuerst nebeneinander in einem fränkischen *Brünhildlied* und einem fränkischen *Burgundenlied* (aus dem 5./6. bzw. 5. Jahrhundert) gefaßt worden. Eine nächste Überlieferungsstufe sei dann mit einem baiwarischen *Burgundenlied* aus dem 8. Jahrhundert erreicht worden, das kein Pendant in einem Heldenlied aus dem ersten Stoffkreis gehabt habe. Erst im 12. Jahrhundert setzt er das jüngere *Brünhildlied* an sowie ein in Österreich entstandenes knapperes Epos vom Burgundenuntergang, die sog. *Ältere Not*. Die beiden Stofftraditionen seien dann im *Nibelungenlied* zu einem Großepos vereint worden. Knapper als das *Nibelungenlied*, das er um 1200 datiert, habe die *Ältere Not* schon einen Teil des

---

[9] Als Schema Heusler (1920), S. 49. Heuslers Thesen sind in der Folgezeit vielfältig differenziert und modifiziert worden. Sie werden hier herausgehoben, weil sich an ihnen besonders klar die theoretischen Grundannahmen diskutieren lassen, denen auch viele seiner Kritiker noch verpflichtet sind; vgl. dagegen den Neuansatz bei Haug (1975/1989 u. 1981/1989).

[10] Allgemein Heusler (1920). S. 109f.; zu 'Mischformen' S. 35; er spricht im Plural von „baiwarischen Dichter[n]" S. 30 oder von einem zweiten *Brünhildlied* S. 91 (vgl. S. 111); doch: „überflüssige Posten stellen wir nicht in Rechnung" (S. 111); auch un-terstellt er immer Anstöße durch einzelne (S. 33), „kein mähliches Umbiegen durch ganze Geschlechter", sondern „bewußte Tat eines schauenden und denkenden Dichters" (S. 34). „Langsame Entwicklung" gebe es nur bei Einzelzügen wie z.B. dem Zurückdrängen von Kriemhilds Hortgier. Für eine Rückkehr zu Heuslers Annahme einer begrenzten – „überschaubaren" – Zahl von älteren poetischen Fassungen des Sagenstoffes plädiert Ebenbauer (2001), S. 21.

Strophenbestandes des späteren Epos enthalten. Das *Nibelungenlied* habe besonders im ersten Teil die Geschichte weiter ausgeformt und um die inzwischen modischen höfischen Elemente erweitert. Wie die ältere Version aussah, könne man z.T. aus der (jüngeren) *Thidrekssaga* entnehmen, die mit dem *Nibelungenlied* auf eine gemeinsame Quelle zurückgehe.[11]

Heusler unterscheidet gattungsmäßig also zwischen Lied und Epos. In der Tat dürften bei mündlicher Tradierung eher kürzere epische Formen überwogen haben. Zwingend ist das freilich nicht, nachdem Forschungen zur 'Oral formulaic epic' in traditionalen Gesellschaften gezeigt haben, daß auch ausgedehntere Epen rein mündlich überliefert werden können.[12] Hinzukommt, daß die Termini *liet* und *carmen*, mit denen mündliche heroische Überlieferung bezeichnet wird, durchaus auch längere Versepen meinen können.[13] Schließlich kann Heusler für nibelungische Lieder auf dem Kontinent keine Beispiele zitieren. Dem *Nibelungenlied* als der ältesten überlieferten Nibelungendichtung gehen in Deutschland nur das Bruchstück des weitläufig im Stoff verwandten ahd. *Hildebrandsliedes* (9. Jahrhundert) voraus, einige 'Lieder' anderen Inhalts und Typs (*Ludwigslied*, *Georgslied*) sowie verstreute Hinweise auf weitere mündlich vorgetragene epische Texte. Der Nordist Heusler behalf sich mit *Edda*-Liedern, mit den erwähnten problematischen Konsequenzen. Vor diesem hypothetischen Hintergrund erschien vielen seitdem das *Nibelungenlied* als unvorteilhafte Umformung. Dasselbe gilt im Verhältnis zur *Älteren Not*. Auf sie wurden Erwartungen an Stimmigkeit und Schlüssigkeit projiziert, die das Epos enttäuscht, besonders was die Motivation des Handlungsverlaufs betrifft. Daß es eine derartige Dichtung je gegeben hat, ist bloße Vermutung, die nicht als Lizenz für die Rekonstruktion ihres Inhalts – zuungunsten des *Nibelungenliedes* – genutzt werden darf.[14] Nicht auszuschließen ist, daß den schriftlichen Aufzeichnungen ein mündlich tradiertes Großepos mit relativ festem Textbestand vorausging.[15] Man muß zwar eine länger andauernde Entstehungsphase des Epos vermuten und damit rechnen, daß sie bis in Einzelheiten der Textgestalt ihre Spuren hinterlassen hat, doch gibt es keinerlei sichere Anhaltspunkte dafür, was im überlieferten Text alt ist und was hinzukam.

Das gilt auch im Verhältnis des *Nibelungenliedes* zur *Thidrekssaga*. Was diese erzählt, muß gar nicht Inhalt einer bestimmten älteren Dichtung gewesen sein. Der Erzähler beruft sich nämlich auf das, 'was man sich so erzählt', möglicherweise also ungeformte Sage.[16] Auf derartige allgemein bekannte Erzählungen gehen auch die

---

[11] Heusler (1920), S. 144; vgl. 116: wo beide parallel gehen, verhält sich die *Thidrekssaga* zum *Nibelungenlied* „wie ein Gipsabdruck zum Marmor".
[12] Lord (1965).
[13] *Rolandslied, Alexanderlied, Herzog Ernst* (V. 4476) usw.
[14] Fromm (1990), S. 6.
[15] Vgl. Haferland (2004), S. 239
[16] Vgl. den Prolog der *Geschichte Thidreks*, S. 61f. sowie die Nachrichten über die Quellen der Nibelungensage S. 413f.; hierzu Curschmann (1984).

Anspielungen auf Motive, Figuren, Geschehnisse der Sage zurück, die Wilhelm Grimm und seine Nachfolger aus verschiedenen mittelalterlichen Texten zusammengetragen haben.[17] Sie weichen z.T. erheblich von dem ab, was man aus der überlieferten Heldenepik, zumal dem *Nibelungenlied*, erfährt. Man muß also bei einem mehr oder minder festen Sagenkern mit vielerlei Varianten rechnen. Daß im Norden einzelne Episoden in der Form selbständiger Erzählungen auftreten,[18] bestätigt die Vermutung, daß ihre Verknüpfung auf dem Kontinent sekundär sein dürfte, wobei einige Motive die Verknüpfung gefördert haben könnten (der Riesenschatz, den Siegfried erstreitet, ist derselbe, um den es auch im blutigen Streit am Etzelhof geht), und dem Ganzen ein Ursache-Folge-Schema unterlegt wurde (die Ermordung Siegfrieds zieht die Rache des Burgundenuntergangs nach sich). Solche Verknüpfung konnte Nahtstellen und Unstimmigkeiten nach sich ziehen, die spätere Bearbeiter zu heilen versuchten. In der Überlieferung des *Nibelungenliedes* scheint die Verknüpfung (und erst recht das Gleichgewicht) der beiden Teile nicht überall als zwingend angesehen worden zu sein; Hs. a hat anstelle der 1.-5. Aventiure (der Geschichte Siegfrieds vor dem Aufbruch zu Brünhild) eine Prosa-Einleitung, n faßt sogar alles, was der 25. Aventiure vorausgeht, in 19 Strophen zusammen; dafür hat b einen längeren Einschub (nach 1718).[19] Auch das fertige Epos ließ noch Wahlmöglichkeiten.

**Auseinandersetzung mit sagengeschichtlichem Vorwissen**

Als Beispiel für die Verderbnis eines ursprünglich einmal schlüssigen Handlungszusammenhangs wird immer wieder die Str. 1912 nach der B-Fassung (B 1909) und ihre handlungslogische Fortsetzung in 1960f. (B 1957f.) angeführt:[20]

> *Dô der strît niht anders kunde sîn erhaben*
> *(Kriemhilt ir leit daz alte in ir herzen was begraben),*
> *dô hiez si tragen ze tische den Etzelen sun.*
> *wie kunde ein wîp durch râche immer vreislîcher tuon?*

("Weil der Kampf auf andere Weise nicht angefangen werden konnte (Kriemhilds alter Schmerz war in ihrem Herzen verschlossen), ließ sie Etzels Sohn an die Tafel tragen. Wie konnte je eine Frau aus Rache schrecklicher handeln?")

Die Strophe bereitet vor, daß später tatsächlich Etzels und Kriemhilds Sohn Ortlieb das erste prominente Opfer des Kampfes zwischen Burgunden und Hunnen

---

[17] Grimm (1889/1957); vgl. Dinkelacker (1990).
[18] Heinzle (1994), S. 33f.
[19] Genaue Übersicht bei Batts (*Das Nibelungenlied*, 1971), S. 795-821; vgl. n 159-176.
[20] Heinzle (1994), S. 39-42; Müller (1998), S. 74-80; ausführlicher zu Überlieferungsvarianten Müller (2001b).

wird. Hagen erschlägt ihn beim Mahl und löst damit ein allgemeines Gemetzel aus. Hier ist ein Wissen davon am Werk, daß Kriemhild den eigenen Sohn der Rache opfert. Aber paßt die Strophe damit in den Handlungszusammenhang, wie ihn das *Nibelungenlied* erzählt, oder ist sie „ein irrtümlich stehen gebliebenes Überbleibsel"?[21] Muß ein „Kenner der Sage" gar das Erzählte um das ergänzen, was er von anderswoher weiß, was aber der Text nicht ausspricht?[22]

In der *Thidrekssaga* reizt Kriemhild den Sohn, Hagen so zu provozieren, daß dieser schließlich den Knaben erschlägt; das ist das Signal für den Ausbruch des Kampfes. Dagegen war zuvor der Versuch gescheitert, durch einen Überfall auf den Troß endlich die Burgunden zum Losschlagen anzustacheln.[23] Denselben Grund für Hagens Gewalttat gibt auch die *Heldenbuchprosa* aus dem 15. Jahrhundert. Dort fehlt aber das andere Motiv, der Überfall auf den Troß.[24] Im *Nibelungenlied* ist von keiner Provokation Hagens die Rede, zu der Kriemhild ihren Sohn anstiftet. Hängt damit der Satz über ihre Skrupellosigkeit in der Luft?

Die drei Texte repräsentieren verwandte, doch selbständige Adaptationen der Sage, die den Ausbruch von Gewalt unterschiedlich motivieren. Im *Heldenbuch* steht die Provokation Hagens allein; in der *Thidrekssaga* ist sie Höhepunkt einer Serie von Provokationen, deren vorletzte der Überfall ist; im *Nibelungenlied* fehlt sie und ist als Auslöser für den Kampf durch das Motiv des Überfalls ersetzt. Damit wird dort die Motivation am komplexesten: Während alles noch friedlich beim Mahl sitzt, wird der Troß abgeschlachtet. Wenn Dankwart mit der Nachricht davon beim Bankett des Königs erscheint, beantwortet Hagen den Anschlag damit, daß er dem Hunnenprinzen den Kopf abschlägt. Da die Gewalt schon im Gange ist, braucht es keine zusätzliche Provokation. Damit reißt Hagen das Gesetz des Handelns an sich (nachdem er zuvor schon über das kurze Leben Ortliebs orakelt hat), denn jetzt ist der Kampf auch für Etzel unvermeidbar. Indem Kriemhild weiß, daß der Frieden längst gebrochen ist – schließlich hat sie ja Bloedelin zum Überfall verleitet –, ist es ein zynisch kalkuliertes Risiko, den Sohn an den Ort zu schaffen, wo der Ausbruch zu erwarten ist. Erzählt wird also eine Kettenhandlung, in der der Verrat am Troß die Gewalttat Hagens nach sich zieht und diese das blutige Gemetzel. Alles zusammen rechtfertigt den Vers *Dô der strît niht anders kunde sîn erhaben*.

Das Ergebnis – Etzel wird in die tödliche Auseinandersetzung hineingezogen – ist dasselbe in allen drei Texten, gleich ist auch, daß Etzels Sohn eines der ersten Opfer und damit Ursache für die Erbitterung des Kampfes ist, doch die genaue Motivation ist jedes Mal eine andere. Das möglicherweise traditionelle Sagenelement eröffnet also dem Erzähler unterschiedliche Optionen. Die

---

[21] Heinzle (1994), S. 42.
[22] Heinzle (2003), S. 26.
[23] *Geschichte Thidreks*, S. 402f.; *Thidrekssaga*, Bd. 2, S. 308f.
[24] *Heldenbuch* I, Bl. 5$^{vb}$; zu Inkonsistenzen dort in der Erzählung insgesamt Müller (2001a).

Strophe, die erzählt, daß der Hunnenprinz zum Mahl gebracht wird, ist im Motivationsgefüge des *Nibelungenliedes* mit einem anderen Motiv für das Gemetzel (dem Überfall auf den Troß) auf raffinierte Weise verschränkt, während die *Thidrekssaga* die beiden Motive einfach hintereinanderschaltet und die *Heldenbuchprosa* sich auf das eine Motiv beschränkt.

Betrachtet man die Episode in der Überlieferung des *Nibelungenliedes*, ergeben sich weitere Optionen. Der Bearbeiter der Fassung *C hat (1) die komplizierte Verknüpfung der Anwesenheit Ortliebs mit dem Ausbruch des Kampfes getilgt; vor allem aber sucht er Kriemhild zu entlasten. In Hs. C ist es daher (2) nicht sie, sondern irgend jemand, der Ortlieb an die Tafel des Königs bringt; sie trifft daher keine Schuld an seinem Tod. Deshalb ist (3) auch der Schlußvers der Strophe geändert:

> *Dô die fürsten gesezzen wâren überal*
> *und nu begunden ezzen, dô wart in den sal*
> *getragen zuo den fürsten daz Ezelen kint.*
> *dâ von der künec rîche gewan vil starken jâmer sint.* (C 1963)

(„Als die Fürsten alle an ihrem Platz saßen und zu essen anfingen, wurde der Sohn Etzels zu den Fürsten in den Saal getragen. Dadurch erfuhr der mächtige König später großen Schmerz.")

Doch müssen die Änderungen nicht zusammen auftreten, so daß der Vorgang wieder in einem anderen Licht erscheint. Einige Handschriften tilgen den ersten Vers (*Dô der strît niht anders kunde sîn erhaben*) und ersetzen ihn (mit C und a) durch die unverfänglichere Nachricht, daß die Fürsten sich bei Tisch versammeln. Damit wird eine Schwierigkeit beseitigt, die voraussetzt, daß dieser Vers sich auf die Intrige insgesamt und nicht nur auf den unmittelbar folgenden Vorgang bezieht. Danach aber geben jene Handschriften – wie B – Kriemhild die Verantwortung dafür, daß Ortlieb an die Tafel getragen wird (2) und übernehmen deshalb auch (3) das Fazit *Wie kunde ein wîp...* Kriemhilds Täterschaft wird jeweils also ganz unterschiedlich akzentuiert: Einmal ist sie es, der von Anfang an ein rücksichtsloses Zusteuern auf den offenen Konflikt unterstellt wird, das andere Mal ist sie ganz entlastet; dazwischen liegen weniger deutliche Grade von Mittäterschaft.[25]

Man muß also nicht notwendig eine bestimmte 'richtige' Gestalt der Sage unterstellen, sondern nur mit einem – relativ offenen – Horizont einer Situation rechnen, in der die zur Rache entschlossene Kriemhild, das unschuldige Opfer Ortlieb und die jeden Augenblick mit einer Eskalation rechnenden Burgunden beim Essen versammelt sind, wo der Streit dann auch tatsächlich ausbrechen wird. Wie die Handlungselemente im einzelnen dann ineinandergreifen, konnte, nach Ausweis der handschriftlichen Überlieferung, unterschiedlich begründet werden.[26] Es geschah einmal besser,

---

[25] Vgl. Müller (2001b); dort auch zur noch einmal abweichenden Hs. n.
[26] Vgl. die unterschiedlichen Lösungen bei Müller (2001b), S. 65-71.

einmal schlechter, einmal mit weniger, einmal mit mehr Retuschen. An der skandalösen Stelle wurde offenbar immer weiter gearbeitet. Am entschiedensten bekämpft die in Hs. C überlieferte Fassung das in der Sagentradition vorherrschende negative Bild von Kriemhild. Das Nebeneinander unterschiedlicher Deutungen beweist, daß die Erzähler alternative Erklärungen erprobten und sich auf Vorgaben der Sagenüberlieferung einen Reim zu machen suchten.

## Andere Spuren der Nibelungensage

Im Einzelfall ist schwer zu entscheiden, was von den Anspielungen auf die Nibelungensage in anderen mittelalterlichen Texten bereits unter dem Einfluß des *Nibelungenliedes* oder der ihm unmittelbar vorausgehenden Texte steht. Aufs Ganze gesehen hat sich aber die Perspektivierung und Wertung der Sage, wie sie das *Nibelungenlied* bietet, nicht durchgesetzt, vor allem nicht das relativ günstige Bild von Kriemhild, das die Handschrift C und die *Klage* noch verstärken.[27] Im Epos wird der Verrat der burgundischen Könige durch die Schwester zwar nicht gerechtfertigt, aber durch Kontextualisierung als Rache erklärt und deren Unerbittlichkeit mit dem *jâmer* Kriemhilds über den Mord an Siegfried verständlich gemacht.[28] Auf das geläufige Kriemhildbild hat das offenbar keinen Einfluß gehabt: Kriemhild ist durchweg Negativ-Exempel, die mutwillig und rücksichtslos Männer in den Tod treibende Frau. Ein ganzes Heldenepos – der *Wormser Rosengarten* – beruht auf dieser Wertung, obwohl die dort erzählte Handlung zu diesem Kriemhildbild nur schlecht paßt.

Die Sage scheint zum Repertoire von Vortragskünstlern gehört zu haben; so spricht etwa der Spruchdichter Marner vom Wunsch seiner Hörer, etwas von Kriemhilds Verrat, Siegfrieds Tod oder dem Nibelungenhort zu erfahren.[29] Dichtungen, die sich auf die genannten Sujets beschränken, sind nicht erhalten, so daß anzunehmen ist, daß es sich um Themen kollektiver Erinnerung handelte, die in wechselnden Kontexten auch bloß anspielungshaft aufgerufen werden konnten. Außerhalb des *Nibelungenliedes* kreist sie vor allem um zwei Komplexe: den Nibelungen-Hort und Kriemhilds Verrat. Beide scheinen sprichwörtlich gewesen zu sein, wobei sich an den Verrat sowohl Redensarten zum Typus der Protagonistin ('böse Kriemhild') wie zu den Umständen des Verrats ('Kriemhilds Hochzeit') knüpfen konnten.[30]

Die Wirkungsmacht gerade dieser Phantasmen ist leicht zu erklären. Der Hort – der freilich im *Nibelungenlied* nur die zweite Rolle spielt – ist ein unerschöpflicher

---

[27] Curschmann (1989).
[28] *Der herzen jâmer* ist Schlüssel der Interpretation bei Wolf (1995), z.B. S. 400; 422 u.ö.
[29] Der Marner, hg. v. Philipp Strauch, Straßburg 1876 (QuF 14), XV,14; vgl. Grimm (1889/1957), S. 179.
[30] Zur 'bösen' Kriemhild und ihrem blutigen Fest vgl. Grimm (1889/1957), etwa S. 158; 176; 179; 180; 187; 189; 191; 227; 314; 322; 467; 477;

Schatz aus Gold und Edelsteinen, der seinem Besitzer unermeßliche Macht verschafft, denn er macht ihn unabhängig von den üblichen feudalen Ressourcen und sichert ihm trotzdem ein starkes Gefolge, das er mit seiner Hilfe unterhalten und belohnen kann. Wirtschaftliche Macht hat, anders als in der politischen Realität um 1200, die archaische Erscheinungsform des Schatzes, nicht der Einkünfte aus Grundherrschaft und dergleichen. Das Phantasma des Nibelungenhortes grenzt die Nachteile des Feudalsystems aus: daß der Herr, um seine Herrschaft durchzusetzen, sich dauernd eigener Mittel entäußern muß, so daß er zuletzt schlimmstenfalls nicht mehr über sie verfügt. Der Besitzer des Hortes kann nämlich geben, ohne jemals die eigenen Machtmittel zu verringern, da der Hort nie aufgebraucht werden kann. Mit Siegfried ist also eine unbeschränkte politische wie ökonomische Macht verbunden. Das wird durch einige mythische Eigenschaften des Schatzes (die Zauberrute, die Weltherrschaft verheißt; der Tarnmantel, der seinen Träger den Gegnern entzieht) noch verstärkt. Das Faszinosum des sagenhaften Hortes dient häufig als Vergleich, wo von riesiger Macht und Reichtum die Rede ist.[31] Umso mehr fällt auf, daß diese Bedeutung im *Nibelungenlied* nur am Rande aktualisiert wird, am ehesten noch, wenn Kriemhild sich mit seiner Hilfe ein militärisches Gefolge zu verschaffen sucht; dem Wunsch, den Hort zu besitzen, wird auch bei Hagen eine gewisse – untergeordnete – Kausalität eingeräumt. Vor allem aber dient er der Auszeichnung Siegfrieds, unterstreicht dessen Stärke. Doch von seinen Möglichkeiten macht Siegfried, sieht man von der *tarnhût* ab, keinen Gebrauch. Außerdem ist er nicht einmal mit Siegfrieds anderer Heldentat, dem Drachenkampf, handlungslogisch verknüpft, etwa indem der Drache der Schatzhüter wäre. Übrigens ist auch die mythische Qualität dieses Kampfes verwischt, indem er in die Vorgeschichte abgedrängt und nicht – wie im *Hürnen Seifried* – mit Siegfrieds Brautwerbung verbunden ist. An der sprichwörtlich überragenden Größe des Schatzes kam der Erzähler offenbar nicht vorbei, doch spielte sie in seiner Deutung der Sage eine untergeordnete Rolle.

Auch Kriemhilds Verrat war sprichwörtlich. Saxo Grammaticus berichtet, ein sächsischer Sänger habe 1131 Herzog Knut von Dänemark vor einer verräterischen Einladung warnen wollen, indem er ihm in einem Lied (*speciosissimi carminis contextu*) von der *notissima[] Grimildae erga fratres perfidia[]* – der allbekannten Hinterlist der Grimild gegen ihre Brüder – erzählte. Der Sänger konnte offenbar erwarten, daß die Warnung verstanden wurde: Sie entsprach dem gängigen Kriemhild-Bild. Der Herzog freilich verstand sie nicht und lief in sein Verderben.[32] Zwar schreibt Saxo ungefähr zu der Zeit, zu der das *Nibelungenlied* entstand. Er könnte theoretisch also von der Geschichte, die dort erzählt wird, beeinflußt sein. Doch gibt es kein Indiz, daß er das Epos schon kannte, und es ist eher unwahrscheinlich, daß er eine eben erst episch gefaßte Erzählung auf eine historische Anekdote aus dem ersten

---

[31] Zu Anspielungen auf den Hort vgl. Grimm (1889/1957), S. 173; 191; 309; 314; 315; 348; zu seiner Bedeutung: Müller (2001a; 2001c).

[32] Saxonis Gesta Danorum, hg. v. J. Olrik u. H. Raeder, Kopenhagen 1931, I, S. 355; vgl. Grimm (1889/1957), S. 53.

Drittel des 12. Jahrhunderts zurückprojizierte; auch könnte er dann kaum ihren Inhalt als so bekannt voraussetzen, daß der Mißerfolg der poetischen Warnung auffiel. Vor allem aber wäre der Begriff der *perfidia* eine Verkürzung dessen, was das *Nibelungenlied* erzählt, solange die Erklärung für die *perfidia* dort, die Rache nämlich, nicht genannt wird. Schließlich behauptet Saxo, daß der Sänger sein Lied zur Warnung vorgetragen habe. Die Absicht wäre bei einer ausgefalteten Epenhandlung und der bei weitem uneindeutigeren Folgerung daraus kaum realisierbar gewesen. So spricht alles dafür, daß er auf eine umlaufende Sage anspielte.

Andere Zeugnisse bestätigen solch eine Sage. Die sprichwortartigen Reden von Kriemhilds *hôchgezît* und von der *übelen* Kriemhild lassen die moralisch eindeutige Wertung der *perfidia* erkennen, die Saxo unterstellt, die aber das *Nibelungenlied* gerade nicht kennt. Eine solche Wertung schließt überdies für die mitteleuropäische Nibelungenüberlieferung eine Rechtfertigung der Rache wie in der nordischen Sage aus. Gudrun-Kriemhilds Rache an Atli für den Mord an ihren Sippenangehörigen hätte das übliche harte Urteil über die *üble* Kriemhild nicht verdient. In literarischen wie historiographischen Anspielungen ist Kriemhild jedoch eine schlimme Verräterin, die den Anlaß eines Festes benutzt, um die Eingeladenen – noch dazu ihre Brüder – zu vernichten. Für die weit überwiegende Zahl der Zeugnisse steht die Ungeheuerlichkeit des Verrats im Zentrum. Auch in diesem Punkt mußte der Epiker gegen eine herrschende Meinung anerzählen.

Die präzise Verknüpfung des Verrats der Brüder an Siegfried mit dem Verrat Kriemhilds an den Brüdern liegt in ausgearbeiteter Form nur im *Nibelungenlied* vor. In anderen Gestalten der Sage (etwa im *Wormser Rosengarten*) ist Kriemhilds Treulosigkeit voraussetzungslos und deshalb umso verabscheuungswürdiger. Hier hat sich das Klischee von der 'bösen Kriemhild' einen viel harmloseren Handlungszusammenhang unterworfen. Warum soll eigentlich eine Einladung zum Turnier – wie im *Wormser Rosengarten* – ein so schrecklicher Treubruch sein?[33] Die Applikation des Stereotyps der 'bösen Kriemhild' aufs falsche Sujet läßt vermuten, daß die entlastenden Gründe für Kriemhilds Rache im *Nibelungenlied* nicht selbstverständlich sind. Im Epos ist das misogyne Klischee, wie es im Mittelalter öfter begegnet, mindestens im ersten Drittel durch ein höfisches Frauenbild überformt. Außerhalb des Epos dominiert dagegen Kriemhilds Macht- und Besitzgier. Über die Vorstellung von der verräterischen *hôchzît* und ihrer hinterlistigen Veranstalterin konnte das *Nibelungenlied* aber auch nicht hinweggehen; der Versuch, sie in den Hintergrund zu drängen, ist der stärkste Impuls verschiedener Bearbeitungsversuche, zumal der Fassung \*C und der *Klage*. Doch geht die Entlastung Kriemhilds nie so weit, daß die fundamentale Bedrohung durch den Verrat beim Fest nicht mehr erkennbar wäre. So bleibt die Sagengeschichte im Hintergrund präsent. Ihr gewinnt das *Nibelungenlied* seine voraussetzungsreiche, jeder eindeutigen didaktischen Vereinnahmung sich entziehende, Widersprüche nicht glättende, sondern ausstellende Interpretation ab.

---

[33] Müller (1998), S. 396f.

# Entstehung und Überlieferung

## Die Entstehungsgeschichte nach Auskunft der *Klage*

Die Entstehung des *Nibelungenliedes* weist nach Südosten. Die von der Handlung her nicht zwingende Herausstellung Passaus und seines Bischofs Pilgrim läßt es als wahrscheinlich erscheinen, daß es im Umkreis des Passauer Hofs konzipiert, jedenfalls aber im Überlieferungsverbund mit der *Klage* niedergeschrieben wurde. In der *Klage* ist der Passauer Bischof Pilgrim – im Epos auf die kleine Rolle des Verwandten und freundlichen Gastgebers Kriemhilds, dann ihrer Brüder auf der Fahrt zu Etzel eingeschränkt – eine Zentralfigur, indem er sich von dem Spielmann Swemmel, dem Augenzeugen des Nibelungenuntergangs und Boten der Katastrophe, alles haargenau erzählen läßt und dafür sorgt, daß Swemmels Bericht durch seinen Schreiber, *meister Kuonrât*, aufgeschrieben wird, und zwar in lateinischer Sprache. Auf Konrads Text gehen, der *Klage* zufolge, die Dichtungen zurück, die von dem Ereignis überall verbreitet wurden.[1]

Dieser Bericht ist kaum eine zuverlässige Quelle für die Entstehung des *Nibelungenliedes*, zeigt aber, wie man sie sich denken konnte, als Ineinandergreifen von mündlich verbreiteter Kunde und kunstgerechter schriftlicher Ausarbeitung, prototypisch für den Übergang von der Volkssprache ins Latein und wieder in die Volkssprache, für das Zusammenwirken von Spielmann, gelehrtem Kleriker (*meister*) und anonymen *tihtæren*, für das Verhältnis von bloßer Fama, zuverlässiger Historiographie und epischer Dichtung. In seinem Kern basiert das Epos demzufolge auf einem Augenzeugenbericht, ist also glaubwürdige *historia*. Durch die Autorität der lateinischen Sprache ist seine Wahrheit verbürgt. Die *causa scribendi* ist die übliche: das adlige Interesse an der *memoria* des eigenen Geschlechts; die Nibelungensage gibt sich als 'haus- und sippengebundene' Überlieferung.[2] Pilgrim sorgt als Onkel der burgundischen Herrscher dafür, daß ihr ruhmvoller Untergang nicht vergessen wird. Das ist vom Standpunkt des späten 12. Jahrhunderts aus eine den Wahrheits- und Geltungsanspruch des Epos legitimierende Fiktion.

Die Stifternotiz macht einen Zusammenhang des Epos mit dem geistlichen Hof von Passau wahrscheinlich. Bischof ist um 1200 Wolfger von Erla (1191-1204), einer der bedeutendsten geistlichen Fürsten im Reich. Wolfger stand damals auf der ersten Stufe einer großen kirchenpolitischen Karriere, die ihn auf

---

[1] Müller (1998), S. 62-68.
[2] Zum Begriff: Hauck (1954/1961); Graf (1993); Heinzle (1999b), S. 206; 217.

den Stuhl des Patriarchen von Aquileia führen sollte. Er war bemüht, die Bedeutung des Passauer Sitzes zu steigern, zu dessen Sprengel die Territorien des aufstrebenden Herzogtums Österreich gehörten. In Passau gab es nach dem Brand des Domes 1181 einen Kult des Bischof Pilgrim, der im 10. Jahrhundert in den Auseinandersetzungen im Südosten des Reichs ein erfolgreicher Kirchenfürst gewesen war und mit dem sagenhaften Verwandten der burgundischen Königssippe im *Nibelungenlied* identifiziert wurde. Von dessen angeblicher Mäzenatenrolle für eine erste Aufzeichnung des Burgundenuntergangs scheint ein gerader Weg zum mutmaßlichen Gönner der Aufzeichnung um 1200 zu führen. Wolfger ist auch sonst als Mäzen bezeugt: In den Reiseabrechnungen seines Hofes findet sich unter dem 12. November 1203 das einzige Lebenszeugnis Walthers von der Vogelweide, dem Geld für einen kostbaren Pelz angewiesen wurde, und später war er Gönner des italienischen Rhetorikers Boncampagno da Signa.[3]

Auch Ortskenntnisse in Passau stützen die Vermutung, daß der Dichter dort, wahrscheinlich unter dem Patronat Wolfgers, wirkte. Im Namen *Kuonrât*, dem *schrîber* (Schreiber, doch auch: Notar, Kanzler) des Bischofs (Kl 4315) in der *Klage* setzte sich möglicherweise ein mit der Nibelungensage befaßter Kleriker ein Denkmal. Doch sind alle Versuche, in Wolfgers Umgebung einen bestimmten Konrad zu identifizieren, erfolglos geblieben. Er wird freilich in der *Klage* nicht Verfasser des Epos genannt (und schon gar nicht als der einer lateinischen *Nibelungias*), sondern Redaktor des mündlichen Augenzeugenberichts in lateinischer Schriftsprache. Angeblich wurde nach dieser Redaktion das Epos *getihet* (Kl 4316), von wem, sagt die *Klage* nicht.[4] Es gibt nicht einmal eine fiktive Verfasserangabe: Das *Nibelungenlied* ist, auch der Entstehungsnotiz der *Klage* zufolge, wie Heldenepik meist, anonym.[5] Als Grund wurde vermutet, daß sich der Dichter nur als vorläufig letztes Glied in einer Traditionskette sieht, indem er Vorzeitkunde, die er von anderen erfahren hat, nur weitergibt.[6]

Wenn das *Nibelungenlied* in der Gestalt, in der wir es kennen, im Passauer Raum entstand, dann verbindet die *Klage* es mit der Kanzlei eines geistlichen Hofs, d.h. der relativ am weitesten fortgeschrittenen Institution von Schriftlichkeit um 1200. Ohne die Unterstützung durch eine größere Institution und einen Gönner wie Wolfger war ein Buchepos dieser Dimension damals nicht möglich.[7] Ob es neben dem Glanz höfischen Mäzenatentums weitergehende, eventuell politische Interessen Wolfgers gab, ist nicht mehr zu ermitteln. Die Gegnerschaft

---

[3] Heinzle (1994), S. 49.
[4] Zu den Quellenfiktionen Bumke (1996a), S. 461-468 und Müller (1998), S. 62-68; Bumke bezieht die Aussagen der Klage über ihre eigene Vorlage (*tihten*, das *buoch*, *der rede* oder *des buoches meister*, den *schrîbære* usw.) durchweg auf jenen bischöflichen Amtsträger (S. 464-466); zwingend ist das nicht.
[5] Curschmann (1985/1987), Sp. 935.
[6] Höfler (1955/1961).
[7] Bumke (1979).

des Passauer Stifts zu den hochadeligen Dynasten der Umgebung könnte das negative Bild der Bayern beeinflußt haben. Sollten Konzentrations- und Mediatisierungsprozesse im ostbayrischen Adel und in der Ministerialität Resonanzraum für die Auseinandersetzungen um den Stand des *kunic* Siegfried gewesen sein?[8] Auch ist ein geistlicher Hof als Ort einer Opposition konservativer Kleriker, vielleicht von Ordensleuten, gegen eine neue höfische Adelskultur vermutet worden, wie sie im Epos geradezu lustvoll zerschlagen wird.[9]

Entstanden ist das *Nibelungenlied* vermutlich im letzten Jahrzehnt des 12. Jahrhunderts. Da das Epos überwiegend 'reine' Reime – im Gegensatz zur älteren Assonanztechnik – verwendet, ist ein früherer Zeitpunkt der Entstehung unwahrscheinlich. Relikte älterer Reim- und Verstechnik könnten aus einer älteren Vorstufe übernommen sein, von der freilich nichts erhalten ist. Sie wäre jenes früheste nibelungische Buchepos, das Heusler um die Mitte des 12. Jahrhunderts ansetzte.[10] *Terminus ad quem* könnte ein Passus aus dem *Parzival* sein, in dem Wolfram von Eschenbach auf den Rat des burgundischen Küchenmeisters Rumold anspielt, der die Könige davor warnt, zu Etzel zu ziehen. Diesen Passus hat man auf etwa 1204/1205 datiert.[11] Sollte er sich tatsächlich auf das *Nibelungenlied* beziehen (und nicht auf eine mit der Nibelungensage verbundene, allbekannte Episode[12]), dann hätte Wolfram das Epos schon gekannt, und zwar am wahrscheinlichsten in der an dieser Stelle ausführlicheren Fassung *C.[13] Freilich ist die wolframnahe Formulierung in den gängigen Ausgaben der Handschrift C das Ergebnis einer Konjektur und insofern die genaue Entsprechung zum Wortlaut Wolframs unsicher.[14] So wird es bei der ungefähren Datierung 'kurz vor 1200' bleiben müssen.

Umstritten ist die Entstehungszeit der Nibelungen-*Klage*, die vor allem die Verbindung mit Passau herstellt. In einigen Details weicht, was die *Klage* erzählt, vom Epos ab; eine besonders spektakuläre Abweichung, die eine andere Deutung der Sage voraussetzt, ist die Begründung von Siegfrieds Ermordung mit seinem *übermuot* (Kl 39);[15] hinzukommt eine Reihe von Namen.[16] Die Darstellung des Geschehens steht insgesamt näher an der Fassung *C des Epos, so daß man ihre

---

[8] Zur Diskussion Müller (1974); kritisch hierzu Hennig (1981); Knapp (1985); vgl. Schulze (1997b).
[9] Jaeger (1983).
[10] Heusler (1920), S. 37f.; 52; 63-65.
[11] Parzival, 420,27-30; vgl. Heinzle (1994), S. 47.
[12] Wachinger (1981), S. 96.
[13] Heinzle (1994), S. 62.
[14] Konjektur nach der Hs. a; vgl. Bumke (1996a), S. 574-576.
[15] In Fassung *C der *Klage* abgeändert in den *übermuot* seiner burgundischen Verwandten (Kl C 49); zur unterschiedlichen Bewertung der Siegfriedfigur: Bumke (1996a), S. 384-388.
[16] Bumke (1996a), S. 475-479; vgl. S. 473f. zu „Widersprüchen"; S. 479-484 zu weiteren „Sagenkenntnissen".

Entstehung im Zusammenhang mit dieser Redaktion vermutete.[17] In jedem Fall war auch der *Klage*-Text noch einmal Gegenstand weiterer Bearbeitung. Auf Grund ihrer poetischen Form – als Reimpaardichtung im Gegensatz zum strophischen Epos – ebenso wie aus inhaltlichen Gründen – der eindeutigen Perspektivierung und Bewertung des Geschehens, weit über die Fassung *C hinaus – muß die *Klage* als relativ selbständige Dichtung entstanden sein. Gelegentlich wird sogar vermutet, sie sei älter als das Epos.[18] Doch ist sie erzähltypologisch der jüngere Text, indem sie dem Ethos des höfischen Romans nähersteht. Als *planctus* zitiert sie lateinische Dichtungstraditionen.[19] Sie scheint als Versuch einer literarischen Bewältigung des katastrophalen Geschehens (*verklagen*) für die mittelalterlichen Rezipienten unverzichtbar gewesen zu sein. Solche Bewältigung ist freilich nur um den Preis einer Liquidierung vieler Züge zu haben, der die Epenwelt ihre Eigenart verdankt.[20] Wenn der geistliche Hof von Passau Entstehungsort von Epos und *Klage* ist, dann erfüllt die *Klage* am weitestgehenden den Anspruch, aus der Perspektive einer christlichen Ritterwelt das aus ferner Vergangenheit datierende heroische Geschehen neu zu deuten.

## Überlieferung und Editionen

*Nibelungenlied* und *Klage* sind verhältnismäßig breit – in über dreißig mehr oder minder vollständigen Handschriften bzw. Fragmenten – überliefert, und zwar bis ins 15. Jahrhundert hinein. Das Epos wurde, soweit die vollständigen Handschriften erkennen lassen, fast immer zusammen mit der Nibelungen-*Klage* abgeschrieben. Nur aus der Spätzeit sind zwei Nibelungenhandschriften ohne *Klage* bekannt, die stark bearbeitende Fassung k und die erst kürzlich edierte, den ersten Teil und den Beginn des zweiten (bis zur 25. Aventiure) in wenigen Strophen zusammenfassende Darmstädter Fassung n.[21] Andere späte Handschriften wie d (*Ambraser Heldenbuch*) und a enthalten die *Klage* durchaus, so daß man über die Gründe für das Fehlen nur spekulieren kann.

Zu den im Verfasserlexikon erwähnten 11 vollständigen Handschriften und 23 Fragmenten bzw. Fragmentkomplexen kommen noch die kürzlich entdeckten Melker Fragmente (W) sowie Neufunde zum Fragmentkomplex L.[22] Hs. m be-

---

[17] Zur Forschungsdiskussion Bumke (1996a), S. 112-114.
[18] Zur Diskussion Curschmann (1985/1987), Sp. 933; vgl. Curschmann (1979); die Forschungsgeschichte bei Bumke (1996a), S. 106-111.
[19] Knapp (1987).
[20] Wehrli (1972).
[21] Hg. v. Adelbert von Keller (1879) bzw. v. Goehler (1999).
[22] Curschmann (1985/1987), Sp. 927; Heinzle (1998); zu W Glaßner (1998); zu L Heinzle/Staub (1993); die Funde zum Fragmentkomplex Q sind bei Curschmann schon erwähnt; vgl. dazu Rosenfeld (1987); durch die im zweiten Teil vollständige

steht nur aus dem Aventiurenverzeichnis einer Handschrift, die offenbar Sagenüberlieferung außerhalb des *Nibelungenliedes*, wie sie der *Hürnen Seifried* bezeugt, einbezog.[23] *Nibelungenlied*-Zitate in einem Frühdruck bezeugen eine verlorene Handschrift (c).[24] In einem Fragment (T) ist eine mittelniederländische Übersetzung bezeugt. Zu den vollständigen Handschriften zählt man auch die das Epos sehr einschneidend umgestaltende Bearbeitung k und die den ersten und den Beginn des zweiten Teils auf eine knappe Zusammenfassung reduzierende Darmstädter Fassung n. Nur sieben- (sechs-[25]) mal sind beide Teile des Epos von Anfang bis Ende überliefert. Der Strophenbestand variiert auch zwischen den vollständigen Überlieferungszeugen, häufig wegen konzeptioneller Alternativen, manchmal auch auf Grund von mechanischem Verlust.[26] Besonders unfest im Strophenbestand ist der Anfang des Epos.[27]

Die Bevorzugung des zweiten Teils schon durch mittelalterliche Rezipienten zeigt, daß das *Nibelungenlied* vor allem als Geschichte vom Untergang der Burgunden und vom Verrat Kriemhilds an ihren Verwandten gelesen und Siegfrieds Taten für den Wormser Hof, seine Verstrickung in die Geschichte Gunthers und Brünhilds und seine Ermordung wie in der *Klage* als knapp referierte Vorgeschichte verstanden wurden. Auch die *Klage* ist in der Überlieferung von unterschiedlichem Umfang, in einigen Fällen wohl aus konzeptionellen Gründen; eine Sonderstellung nimmt die Kurzfassung in Hs. J ein, die alle Redundanzen gegenüber dem Epos getilgt hat.[28] Hs. D schließt mit dem Verklagen der Toten, wenn die Nachricht vom Untergang der Burgunden in Bechelaren angekommen ist, und läßt „bewußt" den Schluß weg.[29] In Hs. d bricht der Text vor den letzten Nachrichten zum weiteren Schicksal Dietrichs, Hildebrands und Gotlinds ab.[30]

---

[23] Hs. n und die Fragmentfunde ist der bei Krogmann/Pretzel (1966), S. 11-21 verzeichnete Überlieferungsbestand erheblich erweitert.

[24] Nämlich die Rettung Kriemhilds durch Siegfried vor einem Drachen, vgl. de Boor (1959).

Wolfgang Lazius: Commentariorum Reipublicae Romanae illius in exteris porovinciis acquisitis constitutae libri XII (1551) bzw. De gentium aliquot migrationibus (1557); vgl. Krogmann/Pretzel (1966), S. 19.

[25] In b fehlt die erste Aventiure.

[26] Hs. C hat zwischen C 1529,2 bis 1631,3 eine größere Lücke, die mit dem Text der eng verwandten Hs. a geschlossen werden kann; in d war offenbar die Vorlage defekt; der Schreiber ließ Raum für fehlende Aventiuren frei.

[27] Müller (1998), S. 99f.

[28] Bumke (1996a), S. 282-284.

[29] Curschmann (1979), S. 381; vgl. Bumke (1996a), S. 170f.

[30] Bumke (1996a), S. 189: an einer Stelle, an der alle Hss. einen Einschnitt haben und in J die Klage-Handlung endet; in b dagegen fehlt der Schluß wohl durch mechanischen Verlust (S. 185).

Neben größeren Abweichungen im Gesamtplan des Epos gibt es eine erhebliche Varianz in Anzahl und Reihenfolge der Strophen sowie in deren genauem Wortlaut. Dieser Umstand führte im 19. Jahrhundert zu einem erbitterten Streit über die beste, weil dem mutmaßlichen Archetypus nächste Nibelungen-Handschrift. Die Diskussion konzentrierte sich auf die Hohenems-Münchner Handschrift A[31], die St. Galler Handschrift B[32] und die Hohenems-Donaueschinger (auch Laßbergsche) Handschrift C[33]. Dabei geht der St. Galler Handschrift (B) die Hohenems-Münchner (A), die Karl Lachmann als älteste und knappste Version des Epos 1826 ediert hatte, – bei Varianzen des Wortlauts im einzelnen – im ganzen weithin parallel. Kürzungen betreffen vor allem die Brünhildfabel im ersten Teil.[34] Beide Handschriften wurden deshalb zu einer Gruppe *AB zusammengefaßt. Ihr gehören unter den späteren Handschriften D (mit Ausnahme des Beginns) und b zu. Mit dieser Version konkurriert vor allem die *C-Version, die durch die vollständigen Handschriften C und a sowie eine Anzahl von Fragmenten bezeugt ist. Zu dieser Gruppe gehören die ältesten Textzeugen überhaupt, das Fragment Z und die Handschrift C, die das ganze Epos enthält.[35] Hinzu kommen Handschriften, die Merkmale beider Fassungen aufweisen (Jdhn) und daher als 'kontaminiert', d.h. aus zwei unterschiedlichen Handschriftenfamilien zusammengesetzt gelten.

Karl Bartsch hatte sich für die Hs. B als archetyp-, und das heißt für ihn autornächste entschieden.[36] Diese Entscheidung wurde durch Wilhelm Braunes Untersuchung (1900) zur mutmaßlichen Entstehungsgeschichte des *Nibelungenliedes* gestützt. Braune begründete auf der Basis eines Stemmas der gesamten Überlieferung den Vorrang von B und der Lesarten des *B-Zweiges vor der *C-Gruppe, die er als nachträgliche Bearbeitung auffaßte. Er hielt am Modell eines von einem einzigen Autor verantworteten Textes fest, dem man möglichst nahe zu kommen habe. Dieser Text sei in B am besten bewahrt, doch sei auch B keineswegs fehlerfrei, man müsse auch dort mit einigen Abweichungen rechnen und daher den Text der St. Galler Handschrift nach anderen Handschriften des *AB-Zweiges korrigieren. Bartschs Edition, revidiert u.a. von de Boor, galt seitdem als der bestmögliche erreichbare Text des Epos, obwohl sie in Einzelheiten, und zwar nicht nur in der Verbesserung offenkundiger Versehen, von der Hs. B ab-

---

[31] SB München, Cgm 34, 2.H. 13. Jh.; benannt nach dem Fundort 1779 in Schloß Hohenems; 1810 nach München.
[32] Stiftsbibliothek St. Gallen, Ms. 857, Mitte 13. Jh.; benannt nach dem Aufbewahrungsort, vgl. Sankt Galler Nibelungenhandschrift (2003).
[33] Zuerst im Besitz Josef von Laßbergs, seit 1855 Fürstenbergische Hofbibliothek Donaueschingen, Ms. 63, jetzt in der Badischen Landesbibliothek Karlsruhe, 1. H. 13. Jh.
[34] Curschmann (1979).
[35] Zur Verteilung der Textzeugen Heinzle (2000).
[36] Der Nibelunge nôt (1870/1880).

weicht; zu den wichtigsten Eingriffen gehört die Aufnahme von anderwärts in der *AB-Gruppe bezeugten, doch in B fehlenden Strophen, darunter vor allem der Programmstrophe *Uns ist in alten mæren wunders vil geseit* („In alten Geschichten wird uns viel Wunderbares erzählt"). Die gängigste Ausgabe des *Nibelungenliedes* ist insofern eine Hybride, die in genau dieser Form nirgends überliefert ist.[37] In der Interpretationspraxis erhielt Bartsch-de Boors Edition (die mit marginalen Modifikationen von Wisniewski fortgeführt wurde) trotzdem kanonischen Rang.

Für lange Zeit schien mit Braunes überlieferungsgeschichtlichen Untersuchungen der Streit – trotz Einsprüchen der Anhänger von A und C – entschieden. Erst 1963 unterzog Brackert das von Braune erstellte Stemma einer Prüfung, kritisierte seine verhältnismäßig schmale Textbasis und wies nach, daß die Überlieferungsvorgänge viel komplizierter gewesen sein müssen und an der Entstehung der überlieferten Fassungen mehr als nur ein einziger Autor beteiligt gewesen sein dürfte.[38] Brackert hielt zwar einerseits an der *B-Version auch in seinen eigenen Ausgaben fest, und er bestätigte sogar das in der Nibelungenforschung vorherrschende Autorprinzip, indem er das Epos in seinem Kern einem einzelnen Verfasser – einem, „der größer war als alle anderen" – zuschrieb, doch wertete er andererseits auch die Arbeit anderer Redaktoren als selbständige Auseinandersetzung mit einem jahrhundertealten Stoff auf.[39] Insbesondere war er um den Nachweis bemüht, daß ungeformte Sagenüberlieferung auf den Text des Epos auch nach seiner Niederschrift noch einwirkte.[40] Diese Annahme konnte freilich an den älteren Handschriften nicht belegt werden. Der Austausch mit 'Nebenquellen', d.h. das Einwirken von Traditionen, die die Handlung im *Nibelungenlied* in *B gerade ausschloß, ist erst in den 'summen'bildenden Handschriften des späteren Mittelalters zu beobachten,[41] etwa in n oder im sog. Darmstädter Aventiurenverzeichnis (m).

Brackerts Kritik an Braunes Stemma und damit an der Grundlage eines 'kritischen' Nibelungentextes rief erhebliche Unruhe hervor, doch wurden aus ihr noch kaum textphilologische Konsequenzen gezogen. Im Vordergrund stand zunächst die Frage nach 'dem' oder 'den' Nibelungen-Dichter(n).[42] Die Annahme völlig gleichberechtigter, in ihrer Arbeit gleichwertiger Redaktoren läßt sich angesichts der Konsequenz in der Verknüpfung von Siegfried-Brünhild- und Burgundenhandlung schwer durchhalten. Auch spricht die über weite Strecken recht feste Textgestalt für eine Basisredaktion (so wenig diese rekonstruierbar sein mag); es läßt sich durchaus auch ein Konzept erkennen, das von einzelnen Re-

---

[37] Zur Kritik Heinzle (2000).
[38] Brackert (1963); vgl. die Zusammenfassung S. 160-173.
[39] Brackert (1963), S. 170; vgl. Anm. 27 zur „Passauer Redaktion".
[40] Brackert (1963), S. 169.
[41] Zur Diskussion Heinzle (1994), S. 54-58.
[42] Fromm (1974).

daktoren (wie dem der Handschrift C oder erst recht dem von k) verworfen und abgewandelt, manchmal auch in seinen Akzenten modifiziert wurde, das aber, unabhängig von Varianz im einzelnen, den überwiegenden Teil der Überlieferung prägt.

Die textkritischen Forschungen werfen die Frage auf, inwieweit man das *Nibelungenlied* als ein geschlossenes, gebildehaftes 'Werk' betrachten darf und ob man nicht mit einem offeneren Textbegriff operieren muß. Textkritisch hatten Brackerts Untersuchungen allerdings zunächst kaum Auswirkungen. Man beschäftigte sich weiter mit der auf B basierenden Edition als der 'Vulgatfassung', die den besten Text biete.[43] Ihr gegenüber ist die *C-Redaktion eindeutig eine Bearbeitung. Allerdings wies Heinzle darauf hin, daß diese Bearbeitung auf offenkundige Mängel der *B-Version reagiere, deshalb das 'modernere' und konsequentere Ergebnis der epischen Auseinandersetzung mit der alten Sage sei und überdies mit Handschrift C übereinstimmende Lesarten (allerdings unter Einbeziehung der 'kontaminierten' Handschriften) sich im größeren Teil der Überlieferung des *Nibelungenliedes* finden. Da das Fragment Z (UB Klagenfurt, Perg. Hs. 46), vermutlich der älteste überlieferte Nibelungentext überhaupt, zur *C-Gruppe gehört, tritt er, wenn auch nicht für den genetischen, wohl aber für den interpretatorischen und rezeptionsgeschichtlichen Vorrang von *C ein.[44]

In der Tat, aus der komplexen Überlieferungslage mit mehreren Fassungen, deren Abgrenzung voneinander schwierig ist, ergibt sich, daß es 'das' kanonische *Nibelungenlied* nicht geben kann. Nachdem durch neuere textphilologische Überlegungen Möglichkeit und Angemessenheit der Rekonstruktion 'autornaher' Texte zunehmend bezweifelt wird und sich die Einsicht durchsetzt, daß Texte und Textreproduktion in der literarischen Praxis des 13. Jahrhunderts 'unfest' sind,[45] sollte die 'kritische' Ausgabe von Bartsch-de Boor durch einen überlieferungsnahen Abdruck der Hs. B ersetzt werden – so wie er von Hs. C mit der Ausgabe von Hennig seit 1979 vorliegt. Allerdings ist durch die neueren editionstheoretischen Überlegungen auch die Geltung von C als archetypnaher Bezugstext einer Handschriftenfamilie erschüttert, an dem alle spätere Überlieferung zu messen ist. So sind die Varianten der zur *C-Gruppe gerechneten Fragmente gleichfalls zu berücksichtigen; Lücken in ihnen dürfen nicht ohne weiteres nach dem 'Normaltext' der Handschrift C ergänzt werden. Eine neue Bedeutung erhalten auch die sog. 'kontaminierten' Handschriften. Es ist zweifelhaft, ob man bei der Herstellung volkssprachiger (also nicht-gelehrter) Texte, von wenigen Ausnahmen abgesehen, mit Kontaminationen auf Grund eines durchgängigen Textvergleichs mehrerer Vorlagen rechnen darf.[46] Im Hintergrund der Kontaminationsthese stand die Vor-

---

[43] So auch überwiegend (freilich unter Heranziehung von Varianten) Müller (1998); zur Kritik des Begriffs Heinzle (2000).
[44] Heinzle (2000); zur Datierung von Z Curschmann (1985/1987), Sp. 928.
[45] Bumke (1987), (1991), (1996a), S. 53-60; (1996b).
[46] Bumke (1996a), S. 11-30; (1996b), S. 120.

stellung des festen Textes, in diesem Fall fester, miteinander konkurrierender Fassungen des *Nibelungenliedes*, zwischen denen der Abschreiber einmal so, einmal so auswählte. Aber müssen ihm solche Fassungen überhaupt vorgelegen haben? Was 'Mischfassung' scheint, könnte auch eine eigene Stufe in einem längeren Prozeß variierender Auseinandersetzung mit dem Text darstellen, dem sich weitere Stufen (etwa auf dem Weg von Fassung *B zu Fassung *C) anschlossen. Sie muß nicht nur in bezug auf zwei angeblich kanonische Fassungen als 'Abweichung' vom 'richtigen' Text betrachtet werden.[47]

Eine solche Annahme hätte interpretatorische Konsequenzen. Die Varianz der Überlieferung müßte eine ebenso variante Interpretationspraxis anregen. Bisher sind fast nur die spektakuläreren Bearbeitungen untersucht worden, wie sie das Darmstädter Aventiurenverzeichnis skizziert oder die Versionen in *Lienhard Scheubls Heldenbuch* (k) und in der späten Darmstädter Handschrift (n) enthalten.[48] Größere literaturgeschichtliche Würdigung fanden vor allem die Eingriffe der Hs. C.[49] In der älteren Überlieferung markieren sie schon einen Extrempunkt; nur die *Klage* ist in ihrer Bearbeitungstendenz konsequenter. Eingriffe finden sich in C zum einen dort, wo in der *AB-Version eine Frage offenbleibt, ein Handlungsmotiv unklar ist oder ein Verbindungsglied fehlt; zum anderen betreffen sie die Bewertung von Figuren und Ereignissen. Die Bearbeitungsrichtung ist dabei eindeutig, Texteingriffe in umgekehrter Richtung undenkbar. In der Regel bleiben sie punktuell, ohne durchgreifende Auswirkung auf das Geschehen insgesamt und geben sich damit als nachträgliche Besserungen zu erkennen. Durchgängig bemühen sie sich, latente Konflikte zu entschärfen, besonders aber Kriemhild zu entlasten und alle Schuld auf Hagen zu lenken. Damit verstärken sie eine Tendenz, die in der Adaptation der Sage im *Nibelungenlied* angelegt ist, geraten aber in weit krasseren Gegensatz zum Gesamtverlauf der überlieferten Fabel als die weniger festgelegten konkurrierenden Fassungen, auch die dieser Tendenz schon vorarbeitenden 'kontaminierten'. Die überlieferten Handschriften lassen sich also insgesamt als Zeugnisse wechselnder Aneignungsversuche verstehen.

Wenn man einen längeren Adaptationsprozeß annimmt, für den mehr als zwei Fassungen stehen, gewinnt die Hypothese einer Nibelungen-Werkstatt[50] Wahrscheinlichkeit: Es wäre nicht einmal, sondern immer wieder am Epentext weitergearbeitet worden. Der Übergang von kürzeren Heldenliedern zum Großepos und die Zusammenfügung einzelner Liedkomplexe zu einem größeren Ganzen dürfte zwar – wie dies die Forschung seit Heusler annimmt – als ein einmaliger Akt erfolgt sein, wenn auch an ihm durchaus mehrere Personen beteiligt sein konnten. Das Ergebnis lag dann als gemeinsamer Ausgangspunkt ('Passauer

---

[47] In Auseinandersetzung mit den Fassungen von Str. 1912 Müller (2001b).
[48] de Boor (1959); Ertzdorff (1972); Müller (1997); Göhler (1995); Haymes (2000).
[49] Grundlegend Hoffmann (1967); vgl. Müller (1998), S. 55-102, insbes. S. 93-98.
[50] Curschmann (1979), S. 117f.; (1985/1987), Sp. 933; Bumke (1996a), S. 590-594; zum Verhältnis von Epos und *Klage* vgl. unten S. 162f.

Rezension'?) neuen Aneignungen zugrunde. Es scheint immerhin so auskristallisiert gewesen zu sein, daß weitere Redaktoren nur an verhältnismäßig wenigen, doch meist für den Handlungsverlauf besonders wichtigen Stellen eingriffen. Ob man den Begriff 'Nibelungen-Werkstatt' wörtlich nehmen darf, indem man unterstellt, solche Eingriffe seien in einem und demselben lokalen Produktionszusammenhang erfolgt, muß offen bleiben. 'Werkstatt' ist immer noch sehr linear gedacht, indem man mit einem kontinuierlichen Prozeß rechnet, in dem ein Arbeitsschritt auf dem vorausgehenden aufbaut. Sollte man nicht die Möglichkeit diffuser und ungerichteter Vervielfältigung des schriftlichen Textes mit in Betracht ziehen, in deren Verlauf sich unterschiedliche, unterschiedlich wirksame Typen ausbildeten? Der Gedanke einer kollektiven Weiterarbeit an einem großen literarischen Werk war dem Mittelalter jedenfalls nicht fremd.[51]

Das gilt auch, wenn man, wie jüngst Haferland,[52] plausibel zu machen versucht, daß das Großepos zuerst mündlich konzipiert und verbreitet war, als auswendig gelernter Text, den ein Sänger vortrug. Aus dieser These folgt nämlich keineswegs, daß es sich bei diesem Text um einen – abgesehen von semantisch neutralen Varianten auf der Textoberfläche – durchweg festen Text handelte, dessen in den handschriftlichen Aufzeichnungen bezeugte Varianz, wie Haferland suggeriert, überwiegend auf Fehlern, Gedächtnislücken und ad hoc unternommenen Reparaturversuchen (meist mit Hilfe erinnerten Textmaterials) beruht.[53] Wäre das so, dann würde nur der nachlässige Abschreiber der älteren Philologie durch den vergeßlichen Erinnerungskünstler ersetzt. Natürlich konnte aber auch ein memorierender Sänger, wo ihm dies notwendig schien, in den erinnerten Text eingreifen und ihn in seinem Sinne zu bessern suchen. Die mangelnde Konsequenz vieler interpretierender Eingriffe der Fassung *C ließe sich im Rahmen einer mündlichen Überlieferungspraxis sogar leichter erklären: Der memorierende Sänger fühlte sich im ganzen an den erlernten Text gebunden, wich aber, wo ihm das notwendig schien, davon ab. Dabei konnte er die Auswirkungen seines Eingriffs nicht wie in einem schriftlichen Werk über den ganzen Text hin kontrollieren. So kehrte er so bald wie möglich zum erinnerten Text zurück. Die Eingriffe blieben deshalb meist punktuell, beschränkten sich im wesentlichen auf wenige Zusatz-

---

[51] Bumke (1996a), S. 593; vgl. unter Berufung auf das Verfasserfragment des *Jüngeren Titurel* Müller (1998), S. 69f.

[52] Haferland (2002), (2003), (2004). Haferland belastet seine Überlegungen mit einigen schwer verifizierbaren Spekulationen (z.B. Diktat der Handschriften aus dem Gedächtnis des Sängers, Datierung der Ablösung ‚improvisierender' durch ‚memorierende' Mündlichkeit, Erklärung der Anlage früher Epenhandschriften, der Divergenzen des Wortlauts usw.), die für seine grundlegende These durchaus entbehrlich sind (kritisch zu diesen Spekulationen Heinzle [2003], S. 16f.). Deren Diskussion sollte diese zusätzlichen Voraussetzungen ausklammern.

[53] Vgl. Haferland (2003), S. 100, 112f., 121-126, 168f. u.a.; (2004), S. 117-121, 304, 308, 327f. u.ö.

strophen oder die Ersetzung einzelner Verse oder Versgruppen. So würde sich der Mangel an Konsequenz erklären, den man z.B. an *C konstatiert und kritisiert hat.[54] Auf die beschriebene Weise konnte der Text allmählich über mehrere Stufen verändert werden. Das ist natürlich nur eine Hypothese. Was genau den handschriftlich überlieferten Texten, auf die wir uns alleine stützen können, an Tradierungsvorgängen vorausging, bleibt mehr oder weniger wahrscheinliche Vermutung.

---

[54] Hoffmann (1967).

# Stil

**Formelhaftigkeit**

Die Entdeckung rein mündlich produzierter und tradierter Großepik in den ersten Jahrzehnten des 20. Jahrhunderts und die darauf bezogene Theorie der 'Oral formulaic poetry'[1] wurde von Mediävisten auf die Auseinandersetzung mit dem heroischen Epos der europäischen Frühzeit übertragen. Man glaubte dessen Poetik mit ihren Wurzeln in der Mündlichkeit, indem man sie mit der fast noch zeitgenössischen mündlichen Epik verglich, besser zu verstehen. Insbesondere Formelhaftigkeit und Varianz schienen die ältere Heldenepik mit den mündlichen serbokroatischen Epen des frühen 20. Jahrhunderts zu verbinden. Diese wurden nicht als ganze memoriert, sondern mit Hilfe eines memorierten Repertoires von 'Formeln' (Erzähl- und Formulierungsschemata) vom Sänger bei Gelegenheit des Vortrags immer wieder neu 'erfunden'. Mit Hilfe der Formeln kann jeder geeignete Stoff quasi improvisierend zum Epos geformt werden. Dabei kann der Sänger Rücksicht auf Ort, Umstände, Publikum, aber auch den zeitlichen Spielraum für seinen Vortrag nehmen. Dies erklärt die konzeptionelle Gleichförmigkeit und stilistische Monotonie solcher Epen (man benutzt und variiert ein vorgefundenes poetisches Inventar) ebenso wie die Einmaligkeit des einzelnen Vortrags; das Inventar läßt begrenzt Formulierungs- und Deutungsalternativen zu; über Dauer, Publikumsappelle, aktuelle Anspielungen usw. entscheidet die Situation; der Epenvortrag stimmt also mit keinem vorher und nachher in allem überein und ist doch allen ähnlich.

Die Orientierung an den serbo-kroatischen Epen hatte freilich zur Folge, daß sich das Interesse einseitig auf die ‚improvisierende' Mündlichkeit konzentrierte, die für vorschriftliche Kulturen dagegen ungleich wichtigere ‚memorierende' Mündlichkeit eher an den Rand geriet.[2] Durch Memorieren sichern illiterate Gesellschaften relevante Wissensbestände gegen Vergessen, Veränderung und Verschleiß. Hier ist für Textvarianz wenig Raum, denn das Erinnerte muß zuverlässig sein. Daher sind memorierte Texte relativ – angesichts von Struktur und Leistung des menschlichen Gedächtnisses allerdings auch nur relativ[3] – fest, fester jedenfalls, als immer neu nach bestimmten Schemata und

---

[1] Vgl. die Zusammenfassung bei Lord (1965).
[2] Vgl. Haferland (2002), S. 259-266; (2004), S. 97-100, 134-172; vgl. auch Ebenbauer (2001), S. 8. 15-23.
[3] Fried (2004).

Vorgaben improvisierte Texte. Dies gilt auch, wenn Erinnerung nicht durch besondere Institutionen abgesichert ist, die das Tradierungswürdige planmäßig bewahren und kontrollieren, denn auch ohne solche Institutionen muß der Fortbestand des kulturellen Wissens gewährleistet sein.[4] Es sind vielerlei Übergangsformen zwischen informeller Weitergabe und institutionalisierter Traditionspflege denkbar, und sie dürften auf den unterschiedlichen Feldern des kulturellen Wissens unterschiedlich ausgebildet sein, anders in der Rechtspraxis, anders bei epischer Überlieferung. Die von den serbo-kroatischen Epen des frühen 20. Jahrhunderts her naheliegende Konzentration der Oral formulaic theory auf Improvisation führte also zu einer Verzerrung des Frageansatzes. Seine unmittelbare Übertragung auf das *Nibelungenlied* mußte, indem sie andere Formen der Oralität ausschloß, notwendig scheitern; das Verhältnis des Großepos zur mündlichen Überlieferung mußte deshalb komplexer, als die anfänglichen Adaptationen der theory wollten, bestimmt werden.[5]

Die als Kennzeichen des mündlichen Stils geltende 'Formelhaftigkeit', die eine Voraussetzung für immer neue Generierung von Epen über immer neue Stoffe ist, glaubte man im *Nibelungenlied* wiederzufinden. Im Vergleich mit den zeitgenössischen Artusepen greift das Epos in der Tat stärker auf vorgeprägte Formulierungen zurück, die Ähnlichkeit mit den rekurrenten 'Formeln' mündlicher Epik aufweisen. Formeln sind weniger identische Formulierungen als flexible Bausätze, die erlauben, den jeweiligen neuen Inhalt dem bekannten Modell einzupassen.[6] Solche Bausätze sind durch gemeinsame Strukturen bestimmt, die aber von Fall zu Fall unterschiedlich besetzt werden. Formeln sind also durch starke Varianz innerhalb eines festen Rahmens gekennzeichnet. Dabei kann der Rahmen – die gemeinsame Basisstruktur – gleichfalls wieder in bezug auf einige Parameter verändert werden, solange die anderen festbleiben.

Je stereotyper die 'Formeln' sind, desto leichter fällt der Verzicht auf die Stütze der Schrift und desto besser dienen sie spontaner Improvisation, guter Memorierbarkeit und sicherer Wiedererkennbarkeit. Doch können sie auch, in die Schrift übernommen, als Rahmen poetischer Erfindung genutzt werden, die auf Varianz des Bekannten statt auf Wiederholung setzt. Der Spielraum für Veränderung ist also unterschiedlich groß, und er kann umso größer werden, je weiter die primären Funktionen (Improvisationsmöglichkeiten, Memorierbarkeit und Wiedererkennbarkeit) zurücktreten, indem zunehmend literarische Produktion und Rezeption durch Schrift gestützt werden. Im *Nibelungenlied* ist die Amplitude verhältnismäßig groß. So wurde überlegt, ob hier formelhafte Wendungen weniger Überbleibsel einer älteren mündlichen Epenschicht als

---

[4] Ebenbauer (2001), S. 6 in Antwort auf Haug (1994), S. 386.
[5] Vgl. im Rückblick auf die Diskussion Bäuml (1978), (1984/ 1985) u. (1986); Haymes (1999), S. 35-51; Müller (1998), S. 25-32.
[6] Zum Formelbegriff Curschmann (1977); vgl. Christian Schmid-Cadalbert im Reallexikon der deutschen Literaturwissenschaft, Bd. 1, Berlin/New York 1997, Sp. 619f.

Nachahmungen eines mündlichen Erzählstils unter den Bedingungen von Schriftlichkeit sind; die Formeln dienten dann als Mittel poetischer Erfindung. Das Buchepos würde durch eine fingierte Mündlichkeit an ältere epische Traditionen zurückgebunden.[7]

Diese These antwortet auf die Schwierigkeit, die Entstehung des Epos nach den Prämissen der vorherrschenden Oral formulaic theory zu erklären: Improvisation scheidet angesichts der Komplexität des Epos, der relativen Festigkeit des Textes in der gesamten handschriftlichen Überlieferung sowie der anspruchsvollen Vertextungsregeln (Metrum, Reim, Strophenform) aus. Anders stünde es jedoch mit 'memorierender' Mündlichkeit. Die komplexe poetische Gestalt, die eine Improvisation erheblich erschweren würde, ist als Gedächtnisstütze hilfreich, da sie das Memorieren auch großer Textmengen erleichtert.[8] Ob dies für einen Text vom Umfang des *Nibelungenlieds* ausreicht, kann dahingestellt bleiben, wenn man Memorieren mit Hilfe der von der oralen Kultur ausgebildeten mnemonischen Hilfsmittel (d.h. genuine Mündlichkeit) und produktive Aneignung dieser Mittel in der Schrift (d.h. fingierte Mündlichkeit) nicht als Alternativen, sondern als ineinandergreifende Verfahren betrachtet, deren genaues Verhältnis uns nicht mehr rekonstruierbar ist.[9] Die poetische Form schloß punktuelle Korrekturen auch an einem auswendig gelernten Text nicht aus, da man rekurrente „Hörmuster"[10] so verinnerlichen kann, daß man sie produktiv zu nutzen in der Lage ist. Eine produktive Auseinandersetzung mit der Überlieferung ist also in beiden Medien möglich. Korrekturen sind dann nicht spontan extemporiert, sondern können mit Bedacht eingeführt werden. Gründe sind viele denkbar, von der Glättung des Metrums[11] bis zur Veränderung der Konzeption. Konsequenz ist eher unwahrscheinlich. Das Ergebnis solcher Produktion erscheint im Horizont der Schriftkultur jedenfalls ‚archaisch'.

Zum archaisierenden Erzählstil gehört auch die Nibelungenstrophe, die sich aus zwei paarreimenden Langzeilern zusammensetzt. Diese Strophenform ist gleichfalls schon spätzeitliche Umbildung älterer Formen mündlichen Erzählens. Sie gilt als Errungenschaft des 12. Jahrhunderts. Ältere Heldendichtung war, soweit wir das nach den überlieferten Resten beurteilen können, stichisch, d.h. sie war in Langversen verfaßt, die aus zwei dreihebigen Vershälften bestanden und durch Stabreim ('Anlautreim': zwei 'Stäbe' in der ersten, einer in der zweiten Hälfte) verbunden waren. Diese Form ist noch im *Hildebrandslied* des 9. Jahrhunderts erkennbar. Mit dem Verfall der Stabreimtechnik wurden die Stabreime im Innern jedes einzelnen Verses durch Assonanz oder Reim am Ende je zweier,

---

[7] Curschmann (1977), (1979).
[8] Haferland (2002), besonders S. 256-259; (2003), S. 97, 120f; (2004), S. 331-339 u.ö.
[9] Heinzle (2003), S. 18 spricht davon, daß „Mischformen aller Art" möglich sind, die natürlich auch Momente des Improvisierens einschließen können; ähnlich Ebenbauer (2001).
[10] Haferland (2003), S. 97.
[11] Hoffmann (1967), S. 111f.

paarweise verbundener Langverse abgelöst. Die Nibelungenstrophe faßt vier solcher, jeweils paarweise gereimter Verse zusammen, wobei die zweite Hälfte des vierten Langverses um einen Takt verlängert ist, so daß der Strophenschluß markiert ist. In manchen Strophen des *Nibelungenliedes* glaubte Heusler im Schlußvers noch Spuren einer nachträglichen Erweiterung des ursprünglich gleichgebauten, aus zwei dreihebigen Hälften bestehenden vierten Verses entdecken zu können.[12]

Die Nibelungenstrophe wurde vermutlich 'gesungen' vorgetragen. Sie stimmt metrisch mit einer lyrischen Strophe überein, in der in der zweiten Hälfte des 12. Jahrhunderts Minnelieder verfaßt wurden, die die Manessische Handschrift einem Dichter namens Der Kürenberger zuschreibt.[13] Auch die Kürenbergerstrophe enthält dreimal je dreihebige An- und Abverse mit einer Zäsur in der Mitte, sowie einen längeren vierten Vers, in dem einem dreihebigen Anvers ein vierhebiger Abvers folgt.

Viele Strophen des *Nibelungenliedes* weisen noch die Füllungsfreiheit frühmittelalterlicher Verse auf, d.h. Hebungen und Senkungen alternieren nicht regelmäßig; zwei Hebungen können aufeinander treffen ('beschwerte Hebung'), Hebungen wie Senkungen können mehrsilbig sein ('gespalten'); der Auftakt ist fakultativ. Die Anverse haben eine zweisilbige ('weiblich klingende') Kadenz, die Abverse eine einsilbige ('männlich-stumpfe'). Die Abverse sind in der Regel paarweise gereimt, doch gibt es wie im frühen Minnesang noch Strophen mit bloßer Assonanz. Eine große Zahl von Strophen entspricht allerdings schon dem glatteren Versbau der höfischen Epik, mit einer Tendenz zum Alternieren von Hebungen und Senkungen, und hat reine Reime. An besonders herausgehobenen Stellen können auch die Anverse reimen; dies sieht man als Zeichen für das geringere Alter dieser Strophen an.

An der Schlußstrophe der sog. *Not*-Fassung (nach B) läßt sich die metrische Struktur verdeutlichen;

*Ine kan iu niht bescheiden, waz sider dâ geschach.:*
*wan ritter unde vrouwen weinen man dâ sach,*
*dar zuo die edeln knehte ir lieben friunde tôt.*
*hie hât daz mære ein ende: daz ist der Nibelunge nôt.* (2379)

Diese Strophenform mit dem herausgehobenen und beschwerten Schlußvers begünstigt ein blockhaftes Erzählen, das nach drei Versen sich immer wieder

---

[12] Heusler (1920), S. 84.
[13] Da wir die Melodie nicht kennen, ist allerdings nicht sicher, daß das Strophenmodell tatsächlich dasselbe war; vgl. Mertens (1996).

staut. Der vierte Vers enthält häufig ein zusammenfassendes Urteil, zieht kommentierend ein Fazit oder deutet auf spätere Folgen des eben Erzählten voraus. Hier sind formelhafte Wendungen, aber auch stereotype Flickverse besonders häufig. Indem die Rede am Ende jeder Strophe ins Stocken kommt, wird ein linear-gleichmäßiges Fortschreiten der Erzählung und eine der Chronologie der Ereignisse angepaßte Verknüpfung eines Handlungselements mit dem nächsten schon vom Versbau erschwert. Die Erzählung schreitet ruckhaft mit Vor- und Rückblenden, Vorausdeutungen und Wiederholungen fort. Wichtiger als die 'syntagmatische' Verknüpfung, d.h. die lückenlose Darstellung der Progression der Handlung, sind 'paradigmatische' Verflechtungen, Parallelisierungen, Spiegelungen zwischen Handlungselementen, Situationen, Räumen, Themen, Bildern usw., durch die auch handlungslogisch Disparates zusammengefügt wird.

Metrische und stilistische Ungleichmäßigkeiten regten immer wieder Versuche an, im Epos des 13. Jahrhundert nach älterem 'Urgestein' zu forschen.[14] Heusler suchte Strophen zu ermitteln, „die aus dem Brünhildliede stammen". Einzelne archaische Formen und unreine Reime, die im Kontext entwickelter Reimkunst um 1200 schon als altertümlich erscheinen könnten, faßte er als Überbleibsel des älteren Textes auf.[15] Häufig war dies mit einer Abwertung der jüngeren Dichtung gegenüber hypothetischen Vorläufern verbunden, denen ein ungebrochen heroischer Stil zugeschrieben wird. Die Kritik erstreckt sich auch auf bestimmte Motive und Motivationen. Das *Nibelungenlied*, aber auch schon seine rohere Vorform, die *Ältere Not*, erscheint dann als „Niedersteig", Folge eines „niedrigere[n] Geschmack[s]", der gelegentlich literatursoziologisch mit dem Übergang auf Spielleute niederer Herkunft erklärt wurde.[16] Dabei läßt sich für keine einzige Strophe, keinen einzigen Vers des *Nibelungenliedes* mit Sicherheit sagen, er habe bereits einer älteren Dichtung angehört und sei versehentlich stehengeblieben, obwohl es durchaus mittelalterlicher Praxis entspricht, 'Spolien' aus älteren Texten dem eigenen Text einzufügen, zumal in einer anonymen Dichtungstradition, in der jeder nur der Fortsetzer, nicht aber der Erfinder uralter Geschichten ist.[17] Der Einzelnachweis ist freilich schwer zu führen, und es ist kaum möglich zu entscheiden, wo Älteres stehengeblieben ist oder wo der Erzähler sich nur um archaische Patina bemüht.

---

[14] Die 'Urgestein'-Metapher bestimmt vor allem die ältere Forschung; vgl. etwa die 'Schichten der Ethik' bei Neumann (1967); sie findet sich aber bis in jüngere Publikationen, etwa Wolf (1995), S. 270.
[15] Heusler (1920), S. 83-87.
[16] Heusler (1920), S. 19: Die „pöbelhaftere Sinnesart" (S. 21) erklärt sich aus dem Abstieg vom „Skop" zum „Spielmann" (vgl. aber die Zusammenfassung S. 114-119).
[17] Müller (1998), S. 74.

**Stilgesten**

Das Epos bewahrt also sowohl Elemente wie Stilgesten älteren, mündlichen Erzählens. Zeugnis einer gewissen Fremdheit des Stoffes wie seiner Darbietung zu Beginn des 13. Jahrhunderts ist die Programmstrophe, die den meisten Handschriften vorangeht:

*Uns ist in alten mæren wunders vil geseit* (1,1).[18]

Während eine mündliche Erzählung mit der Stimme dessen, der erzählt, einfach einsetzen kann, muß in der Schrift der Ort dessen, was gesagt wird – *alte mæren* –, eigens bestimmt werden. Angekündigt wird eine uralte Geschichte, wobei der Sprecher von einer Position der Distanz aus zu sprechen scheint. „'Alt' ist ein Adelstitel in der schriftlichen Überlieferung. Da die mündliche Überlieferung die Bedingungen solcher Lagerung nicht kennt, ist ihr auch das Alter als Wertbegriff fremd".[19] Die Programmstrophe setzt also Schriftlichkeit schon voraus, auch wenn sie einsetzt, als sei sie mündliche Rede in einer Gemeinschaft von Anwesenden, die Sprecher und Hörer umgreift (*uns*).

Die Geschichte vom Burgundenuntergang wird damit historisch perspektiviert. Man hat als eine Eigenschaft oraler und teils noch semi-oraler Gesellschaften herausgearbeitet, daß sie kein historisches Bewußtsein im Sinne fixer zeitlicher Relationierungen ausbilden.[20] Die Vergangenheit erscheint in derselben Gestalt wie die Gegenwart; was als erinnerungswürdige Vergangenheit gilt, verschiebt sich deshalb unmerklich mit dem Fortschreiten des Gegenwartspunktes. In der Programmstrophe scheint demgegenüber schon ein Bewußtsein der historischen Ferne angedeutet,[21] was freilich nicht hindert, daß die Vergangenheit weiter durch ihre Exemplarität in die Gegenwart hineinragt.

Die Programmstrophe besagt, daß, was das Epos zu erzählen hat, von alters her erzählt wird. Erzählen heißt *sagen*, mündliche Rede, die sich seit je an 'uns' richtet. Der Erzähler will keinen Neubeginn markieren, sondern behauptet, nur fortzusetzen, was schon lange vor ihm gesagt wurde. Die Strophe macht Bedingungen von Heldenepik explizit: daß sie wiedererinnert (oder wiederzuerinnern vorgibt), was man seit langem weiß. Darin schließt sich das *Nibelungenlied* der schriftlosen *mémoire collective* an. Indem es diesen Anschluß aber explizit macht, steht das Epos schon außerhalb der Tradition, die es fortzusetzen vorgibt. Der Erzähler führt nicht einfach fort, sondern er sagt, daß er fortführen werde. Die Schrift setzt ihren Anfang, indem sie auf etwas verweist, das sie nicht ist.

---

[18] Vgl. Curschmann (1992).
[19] Assmann (1992), S. 100.
[20] Bäuml (1980), S. 249; Rösler (1980), S. 291; Vollrath (1981); Schaefer (1992), S. 18.
[21] Haug (1974/1989), S. 298 spricht von „Verfremdung [...] zum Unerhört-Unbegreiflichen".

'Sage' wird 'seit je' gesprochen, und deshalb ist ihr Beginn absolut: Das *mære* kann an irgendeinem Punkt einer unendlichen Rede einsetzen, ohne sich um das Vorher zu kümmern, denn alles, was ihr Gegenstand sein kann, ist letztlich zeitlos nebeneinander präsent. Heldenepisches Erzählen ist Fortsetzung, wobei das, was fortgesetzt wird, nicht thematisiert werden muß. Umstandslos knüpft es an früher Gesagtes an, indem es aus dem Sagengedächtnis herausgreift, was für dieses Mal präsent gemacht werden soll. Das *Nibelungenlied* bewahrt einige der traditionellen Initialformeln, die solch voraussetzungslosen Beginn aussprechen, der sich aus unendlicher Rede herauslöst.[22] Die Handlung setzt ein:

*Ez wuohs in Burgonden ein vil edel magedîn* (2,1).

(„In Burgund wuchs ein adliges Mädchen auf").

Ganz parallel beginnt auch die zweite Aventiure:

*Dô wuohs in Niderlanden eins edelen küneges kint* (20,1).

(„Damals wuchs im Niederland der Sohn eines edlen Königs heran").

Mit der *wuohs*-Formel konkurriert die *was-gesezzen*-Formel, die nicht den Abschluß einer (selbst narrativ nicht entfalteten) Bewegung, sondern eine quasi statische Situation zum Ausgangspunkt des Erzählens nimmt:

*Ez was ein küneginne gesezzen über sê* (326,1).

(„Jenseits des Meeres lebte eine Königin").

Markiert ist beide Male ein Ausgangspunkt der Bewegung, die nacherzählt werden soll. Irgendwann setzt das Geschehen ein. Ihm gehen weitere Geschehnisse voraus, die nicht – oder mindestens nicht hier – erinnerungswürdig sind. Mit der *Ez-wuohs*- und der *was-gesezzen*-Formel können immer neue Handlungsfolgen aus der heldenepischen Welt herausgesponnen werden. Die Initialformeln sind Beispiele, wie das Epos Darstellungsmuster und Elemente mündlicher Dichtung im Dienste seiner großepischen Konzeption aufnimmt und wie sich diese Elemente zu einem im Medium der Schrift künstlichen Idiom, einem „Nibelungisch" (Curschmann) verbinden. Es ist im einzelnen nicht mehr auszumachen, was an diesem 'Nibelungisch' noch genuin mnemonische, gedächtnisstützende Funktion hat und was der Erzähler als Stilgeste, als Zeichen der Nähe des Gegenstandes zu einer ihm schon fremden Mündlichkeit und in Auseinandersetzung mit einer Poetik, die nicht mehr die seine sein mußte, einsetzen konnte.[23] Doch auch wenn memorielle Fakto-

---

[22] Zu typischen Initialformeln Masser (1981), S. 137f.
[23] Curschmann (1979), S. 94; ders.: (1985/1987), Sp. 955-957; ders., (1992), S. 60; Wachinger (1981), S. 93: „Literarisierung eines mündlichen Erzählstils".

ren beim Verfassen und der Ausgestaltung des Liedes stärker wirksam waren, als Curschmann und seine Nachfolger annahmen, ist 'Nibelungisch' eine Literatursprache. Das *Nibelungenlied* transponiert und stilisiert traditionelle Mündlichkeit zur episch inventarisierenden Großerzählung 'im alten Stil'.[24]

'Nibelungisch' bedeutet: auf eine spezifische Weise formelhaft. Formeln sind nicht als festgefügte sprachliche Gebilde zu verstehen, sondern als mehr oder minder feste Strukturelemente, die den Spielraum von Variation begrenzen.[25] Dabei können Namen, Epitheta, selbst sinntragende Nomina und Verben im Rahmen bestimmter Grenzen ausgetauscht werden: *Dô sprach der küene Sîvrit* (52,1); *Dô sprach der fürste Sigmunt* (56,1), *Alsô sprach dô Hagene* (86,1), *Dô sprach der künec rîche* (102,1), *Dô sprach der künec des landes* (104,1) oder – in der metrischen Struktur des zweiten Halbverses – *sprach aber ir muoter dô* (16,1), *sprach der künec zehant* (106,1), *sprach Gunther der degen* (112,1), *sprach aber der küene man* (113,1), *sprach dô Gêrnôt* (115,1). Manchmal besetzen Formeln auch nur einen Teil des Halbverses: *sprach Hagene* (84,1), *sprach dô Hagene* (103,1) oder *er sprach* (118,2). Sie variieren in Stellung und Besetzung der Subjektposition, in der Alternative Name oder Appellativ, Epitheton oder nicht, Adverb oder nicht. So können unterschiedliche Situationen narrativ bewältigt, kann die Erzählung in korrekten Versen und mit einem verhältnismäßig kleinen Fundus an Wörtern flexibel weitergeführt werden.

Rekurrent sein kann auch der syntaktische Typus (z.B. Artikel + Epitheton + Name/Appellativ), bei dessen Besetzung kein einziges Element wörtlich wiederkehrt. Solche Muster können auf unterschiedliche Weise angereichert werden. Wendungen wie *ein vil edel magedîn* (2,1), *eins edelen küneges kint* (20,1), *der snelle degen guot* (21,1) sind im Wortmaterial unterschieden, aber syntaktisch und funktional äquivalent, nur unterschiedlich expandiert. Ähnlich stereotyp und zugleich variant können einzelne Handlungen – etwa im Kampf – wiedergegeben werden, also z.B. *ein ander liefen an/ Sîvrit der vil küene und ouch Liudegêr* (213,2f.), *Hagene unde Gelpfrât ein ander liefen an* (1611,3), *dô lief er Guntheren von den Burgonden an* (2041,4), *Irnfrit der küene lief an den spilman* (2071,1), *dô lief der starke Wolfhart den küenen Volkêren an* (2276,4). Aus solchen Elementen können sich wieder übergreifende Situationsmuster zusammensetzen, so daß sich der typische Ablauf eines Zweikampfes 'formelhaft' aus feststehenden Verläufen und Wendepunkten aufbaut. Situationscluster werden zu typischen Episoden kombiniert, und Episodenformeln lassen sich zu unterschiedlichen Handlungen verketten. Diese wiederum können rekurrente Kommentare provozieren, vom Typ: *daz muose sît beweinen vil manec edel wîp* (200,4).

---

[24] Curschmann (1989), S. 382.
[25] Ich halte es nicht für möglich und notwendig, zwischen beiden Typen zu differenzieren: vgl. dagegen Haferland (2004), S. 335-338, sowie S. 89-97 und (2002), S. 271-278.

Dabei ist Identität der Formulierung oder der Besetzung formelhafter Handlungsmuster eher die Ausnahme, Variation die Regel. Mittels Variation beweist der Erzähler, daß er über das Repertoire heroischen Erzählens souverän verfügt, und paßt seine Rede zugleich den jeweiligen metrischen und situativen Bedingungen an. Formelhaftigkeit ist nicht primitiv, und ihre Rekurrenzen sind nicht Ausdruck mangelnder Beherrschung der Form. Dergleichen Urteile argumentieren von einem späteren Literaturbegriff her, der im wesentlichen auf Innovation und Abweichung setzt und daher 'Schematisches' als trivial abwertet. Vielmehr eröffnet die Formelhaftigkeit einen Spielraum von Variationsmöglichkeiten und gibt dem Erzähler zugleich die Sicherheit, innerhalb dieses Spielraums das jeweils Passende zu finden. Der Spielraum ist begrenzt (das fördert die Wiedererkennbarkeit), aber groß genug, daß sich die Kunst des Erzählers darin darstellen kann. Formelhaftigkeit erleichtert in mündlicher Epik die Produktion von poetischen Texten und eröffnet je nach Erinnerungskapazität eine unübersehbare Vielfalt von Alternativen. Ins Buchepos übertragen, erscheint sie als stilistischer Gestus, der die großräumige Anlage konterkariert. Diese Großräumigkeit setzt ein Dispositionsvermögen voraus, das wohl doch an die Grenzen der Möglichkeiten mündlicher Dichtung stößt. In jedem Fall ist der Text auch unter den Bedingungen memorierender Mündlichkeit ein hochkomplexes Gebilde, in dem immer wieder neu die Auseinandersetzung mit der Sagentradition versucht werden konnte.

# Aufbau

## Doppelung und Variation

Das Variationsprinzip reicht über die einzelne Szene hinaus. Das *Nibelungenlied* entwirft großräumige Zusammenhänge weniger in der Weise handlungslogisch-linearer Verknüpfung als durch Parallelisierung verwandter Figuren und analoger Situationen und durch scheinbar redundante Doppelung, die sich bei genauerer Betrachtung als Variation erweist. Parallelität bedeutet Komplementarität: Figuren oder Situationen werden als zusammengehörig gekennzeichnet. Wie Redundanz und Wiederholung des Gleichen sind auch Parallelbildungen typisch für Oralität.[1] Hier werden sie aber zur Konstruktion eines komplizierteren Gebildes benutzt, wie es wohl doch nur in einer Schriftkultur möglich ist. Wiederholende Doppelung wird sowohl zur Verknüpfung der beiden großen Handlungskomplexe[2] wie auch in deren Inneren angewendet. Dadurch legt sich ein dichtes Netz von Beziehungen und Anspielungen über den Text: Siegfrieds und Gunthers Brautwerbung; der erste und der zweite Betrug an Brünhild; das Hochzeitsfest und das Fest, bei dem der Streit ausbricht; Kriemhilds erste und zweite Heirat; Kriemhild als Verratene und Kriemhild als Verräterin; und umgekehrt Hagen als Verräter und als Verratener; Gunther als König und Gunther als Heros usw.

Während in anderen Heldenepen, etwa im *Buch von Bern*, größere Gebilde oft nur durch Addition gleicher oder ähnlicher Elemente entstehen, ohne daß das Ganze mehr ist als die Summe seiner Teile, entsteht im *Nibelungenlied* aus einfachen Bauformen ein größeres Ganzes. Das Darstellungsverfahren ist zwar beide Male „aggregativ";[3] aber im *Nibelungenlied* dient die Aggregation der Herstellung von übergreifenden Sinnbezügen durch Konfrontation verwandter, doch distinkter Elemente. Variierende Verdoppelungen können komplexe Konstellationen darstellen, die Gleichzeitigkeit gegenläufiger Motive ausdrücken oder auch 'Veränderung' sichtbar machen. Häufig verbinden sich die drei Funktionen miteinander.

Als Hagen scheinbar ohne Grund sich am Kaplan der Burgunden vergreift, gibt es zwei Reaktionen:

> *Gîselher der junge zürnen erz began.*
> *[...]*
> *Dô sprach von Burgonden der herre Gêrnôt:*

---

[1] Ong (1982/1987), S. 43; Haug (1996), S. 194.
[2] Haug (1994), S. 396f.; vgl. zu den Wiederholungen Quast (2002), S. 300-302.
[3] Czerwinski (1989), S. 14, 45, 79, 90 u.ö.; Strohschneider (1995), S. 177f.; Quast (2002).

*Dopplung und Variation* 61

> „*waz hilfet iuch nu, Hagene, des kappelânes tôt? [...]*" (1576,3; 1577,1f.)

(„Der junge Giselher geriet in Zorn. [...] König Gernot von Burgund sagte: 'Was bringt euch, Hagen, jetzt der Tod des Kaplans?'").

Der eine zürnt, der andere spricht. Beides weist in dieselbe Richtung. Indem die gleiche Reaktion auf zwei Figuren auseinandergelegt wird, ist sie keine individuelle mehr. Gernot und Giselher repräsentieren hier mehr als sich selbst; sie stehen für die 'Rechtdenkenden' in Gunthers Heer, die die Gewalttat mißbilligen, aber nichts dagegen tun, als zu reden und zornig zu sein.

In dieser Weise werden einfache Kausalverhältnisse in komplexe Gemengelagen heterogener Motivationen überführt: Verdoppelt ist das Motiv für Siegfrieds Werbungsfahrt (Kriemhilds Minne und heroischer Selbstbeweis im Kampf). Die beiden Antriebe sind einfach unverbunden nebeneinander gesetzt. Verdoppelt ist sein Betrug in Isenstein (Wettkampf und Standeslüge); die Standeslüge muß nicht mehr als Spur einer 'ursprünglichen' ständischen Inferiorität des Helden gelesen werden, sondern verlängert durch Wort und Geste den Betrug beim Kampfspiel in die geltende Herrschaftsordnung hinein, und so wird die Aufdeckung des einen Betrugs Vehikel der Aufdeckung des anderen. Verdoppelt ist die Überwindung Brünhilds, in Isenstein und in Worms. Doppelt motiviert ist Kriemhilds Rache, mit dem Mord an Siegfried und dem Raub des Horts; es geht ebenso um die Person wie um die von ihr repräsentierte Macht.

Die gleiche Geste kann auch, auf verschiedene Figuren verteilt, Entgegengesetztes ausdrücken. Als die Burgunden an Etzels Hof eintreffen, scheinen sich Etzel und Kriemhild zu freuen (1716f.). Etzels erfreutes Lachen (1716,4) entspricht dem, was sich zwischen Verwandten gehört (*sô noch friunt nâch friunden tuont*, 1716,2). Kriemhilds *vreuden* (1717,1) hingegen haben den entgegengesetzten Grund; sie gelten der Möglichkeit, Rache zu üben. Die Doppelung drückt die Ambivalenz der Bewertung aus und zeigt entgegengesetzte Aspekte des gleichen Vorgangs.

Ähnlich erklärt sich ein vermeintlicher 'Widerspruch' gegen Ende des Epos als Ausdruck solcher Ambivalenz: Dietrichs Gefolgsleute bitten die Burgunden um Rüdegers Leichnam, um ihn angemessen zu bestatten. Gunther antwortet ihnen rühmend: *nie dienest wart sô guot/ sô den ein vriunt vriunde nâch dem tôde tuot* („Es hat noch nie einen Dienst gegeben, der so gut ist wie der, den ein Freund seinem toten Freund leistet", 2264,1f.). Doch kommt es zu keiner Einigung, denn Volker weigert sich, den Leichnam herauszugeben. Später aber, wenn Dietrich von Bern Gunther diese Verweigerung vorwirft, übernimmt plötzlich dieser die Verantwortung für das, was Volker getan hat:

> *den hiez ich in versagen*
> *Etzeln ze leide, und niht den dînen man,*
> *unz daz dô Wolfhart dar umbe schelten began.* (2335,2-4)

(„den befahl ich ihnen zu verweigern; das war gegen Etzel und nicht gegen deine Leute gerichtet – bis dann Wolfhart anfing, [uns] deswegen zu beschimpfen").

Natürlich kann nicht beides gleichzeitig der Fall sein. Doch trotzdem macht der 'Widerspruch' Sinn: Es geht gar nicht um individuelle Reaktionen auf die Bitte der Amelungen, sondern um deren ambivalente Bewertung, die durch die Verteilung auf zwei Figuren ausgedrückt ist. Gunther artikuliert zwei unvereinbare Normen: die Verpflichtung zur Sorge auch für den toten Freund und die heroische Verweigerung jeder Geste, die als Nachgeben gegenüber den Feinden gedeutet werden könnte. Beides gilt. Da die Handlungskonsequenzen einander ausschließen, stehen für die Alternative zunächst zwei verschiedene Figuren, eben Gunther und Volker; der eine lobt, der andere verweigert. Doch gelten beide Verpflichtungen gleichzeitig, und deshalb gibt es grundsätzlich keinen Dissens zwischen Gunther und Volker, und wenn Volker von der Bildfläche verschwunden ist, kann der König dessen Position als die eigene übernehmen.

Durch variierende Verdoppelung können weiträumige Bezüge hergestellt werden. So lassen sich Siegfrieds Werbung um Kriemhild, diejenige Gunthers um Brünhild und Siegfrieds Fahrt ins Nibelungenland (8. Aventiure) als Transformationen des gleichen Schemas lesen, des Brautwerbungsschemas nämlich, in dem darüber verhandelt wird, wer die beste Frau erhält und wer zu recht Herrscher ist.[4] Bei Siegfrieds Werbung um Kriemhild sind die Motive – Kampf um die Herrschaft und Kampf um die Frau – so selbstverständlich miteinander verknüpft, daß sie füreinander eintreten können. Der Zweikampf um die Herrschaft, zu dem Siegfried Gunther herausfordert, soll ihm auch die Frau verschaffen, deretwegen er eigentlich nach Worms gekommen ist. Der Stärkste soll die Schönste erhalten. Mit dieser Forderung trifft er auf Unverständnis und Ablehnung; sie wird abgebogen, indem man ihn ehrenvoll aufnimmt, er weiter werben darf, aber herrscherliche Aufgaben nie auf Kosten Gunthers übernimmt. Bei der Werbung Gunthers in Isenstein dagegen gilt die Regel, daß der Kampf um die Frau dem Sieger selbstverständlich auch das Land verschafft und der Stärkste die Schönste gewinnt. Doch wird durch Betrug die Regel manipuliert; die Rollen sind falsch besetzt, indem der Brautwerber nicht der Stärkste ist und dank dem Werbungsbetrug der Schwächere Frau und Land gewinnt. Das Schema wird nur scheinbar erfüllt. Wieder anders in der dritten Variation, im Nibelungenland, wo Siegfried sich als der Stärkste erweist und folglich mit dem Herrscher identisch sein muß (500,3). Hier sind die Rollen richtig besetzt. Nur fehlt als Preis die Frau. So ist das Schema auch in diesem Fall defizient. Eine verwandte Konstellation wird also dreimal durchgespielt, und nie stimmen alle Komponenten, so daß das Prinzip episch nie voll realisiert und Siegfrieds Status als Werber und Landesherr nie klar bestimmt wird. Dadurch baut sich der Konflikt, der im Streit der Königinnen ausbricht, über mehrere Stufen auf. Die Variation stiftet Zusammenhang; ein Problem erweist sich auf immer andere Weise als ungelöst.

---

[4] Strohschneider (1997), S. 51.

## Störungen und kalkulierte Unbestimmtheit

Die Doppelungen setzen weiträumige Dispositionen voraus. Dem Hörer wird nicht auseinandergesetzt, wie man von einem Zustand zum nächsten gelangt, sondern ihm werden zwei Bilder gezeigt, die, übereinanderkopiert, das Ganze ausmachen. Der szenische ersetzt einen diskursiven Kommentar. Besonders signifikant sind dabei abgebrochene Handlungen, seltsam folgenlose Szenen, in denen sich Störungen andeuten, die jedoch nicht ausagiert werden. Bei Kriemhilds Streit um ihr Erbe (693-700) z.B. sind die potentiellen Kontrahenten um die Macht, Siegfried und die burgundischen Könige, von Anfang an auf Einigung gestimmt. Die Brüder bieten Kriemhild sogar mehr an vom gemeinsamen Erbe, als für jeden von ihnen dann übrigbliebe (697,3), und Siegfried will überhaupt nichts haben, weil er selbst genug besitze (694-695). Nur Kriemhild spielt nicht mit; sie insistiert auf ihrem Anteil an der burgundischen Gefolgschaft (696,1f.). Sogar das wird von den Königen akzeptiert. Doch Hagen lehnt ab, daß er und die Tronegære in Kriemhilds und Siegfrieds Gefolgschaft übergehen. Das müßte zum Konflikt führen, doch nichts geschieht: *Daz liezen si belîben* („da verfolgten sie die Sache nicht weiter", 700,1). Die Störung ist, kaum hat sie begonnen, schon wieder vorbei, eine randständige und folgenlose Episode (und deshalb wird sie in Fassung *C getilgt). Im vermeintlichen Umweg taucht aber augenblickshaft unter der Oberfläche des Einvernehmens eine latente Konfliktkonstellation zwischen den Burgunden, repräsentiert durch Hagen, und den Xantenern, repräsentiert durch Kriemhild, auf, ein Machtkonflikt, der sich, unabhängig von den Intentionen der Figuren, erst sehr viel später entladen wird. Ähnlich präfigurierte schon der Streit um die Verteilung von Brünhilds Schatz spätere Auseinandersetzungen, ebenso das Geplänkel um die Herausgabe der Reste von Kriemhilds Besitz, wenn sie mit Rüdeger zu Etzel zieht. Auch diese Konflikte werden scheinbar spurlos entschärft. Die rasch bewältigte Störung auf der Oberfläche ist aber Symptom einer tiefliegenden Gestörtheit.[5]

Scheinbar folgenlose Störungen treten an unscheinbaren Details zutage: Die Grenze von Etzels Reich wird durch Eckewart, einen *Kriemhilde man* (1642,3), bewacht, der jedoch, wenn die burgundischen Gäste auf ihn treffen, schläft. Das offenbart einen seltsamen Widerspruch: Mögliche Gewalt wird beim Betreten des hunnischen Herrschaftsgebiets angedeutet (die Grenze muß gegen Westen geschützt werden) und im selben Zug zurückgenommen (der Schutz erweist sich als unwirksam). Die Schwäche der Verteidigung zu betonen, hat Sinn nur, wo Kampf zu erwarten steht. Warum aber sollte sich die Wache gegen die geladenen Gäste des Königs, seine Wormser Landsleute, richten? (Tatsächlich werden diese nicht als Gäste, sondern als Feinde behandelt werden.) Warum schläft der Wächter? (Tatsächlich wird sich die hunnische Macht letztlich als unterlegen er-

---

[5] Müller (1998), S. 93f.

weisen.) Wenn Eckewart Kriemhilds Gefolgsmann ist, warum nimmt ihm dann Hagen die Waffen ab? (Tatsächlich müssen die Burgunden die Anhänger Kriemhilds kampfunfähig machen.) Der Empfang steht vor dem Hintergrund der Befürchtung von Feindseligkeiten, und tatsächlich brechen diese wenig später aus.[6] Erst im Blick auf das Ganze erschließt sich der Sinn solcher zunächst scheinbar uneindeutigen Szenen.

Das Epos nutzt Lizenzen mündlichen Erzählens für eine „performative Poetik", die – im Gegensatz zu schriftliterarischer Eindeutigkeit und Stimmigkeit –, manches offenläßt, was beim mündlichen Vortrag durch das Agieren des Vortragenden komplettiert werden könnte.[7] Woher aber 'weiß' der Vortragende, welchen Sinn er dem geschriebenen Text beizulegen hat, wenn dieser die Auskunft verweigert? Statt Eindeutigkeit bietet das Buchepos oft „präzise Unschärfe"[8]. Wenn z.B. Hagen Siegfrieds Reichtum und Freigebigkeit kommentiert, kann man das als Anzeichen für den sich aufbauenden Machtkonflikt und für ein eiskaltes Machtkalkül verstehen:

> „*Er mac*", *sprach dô Hagene*, „*von im sampfte geben.*
> *er'n kundez niht verswenden, unt sold er immer leben.*
> *hort der Nibelunge beslozzen hât sîn hant.*
> *hey sold er komen immer in der Burgonden lant!*" (774)

(„'Er kann', sagte Hagen, 'leicht davon [vom Hort] wegschenken; er könnte ihn nie aufbrauchen, selbst wenn er ewig lebte. Er besitzt den Nibelungenhort. Ach käme er doch irgendwann[9] ins Land der Burgunden'.")

Darin kann sich Hagens Gier nach Siegfrieds Schatz ausdrücken, aber auch ein unbestimmter Wunsch, über solche Reichtümer zu verfügen: 'Das wäre etwas, wenn wir diesen Schatz hätten!' Schließlich könnte Hagen auch die erwünschte Ankunft der vornehmen Gäste meinen (der grammatische Bezug ist keineswegs eindeutig); 'Ja, wenn Siegfried nur je in unser Land käme', denn solch ein Besuch ehrt König, Hof und Land. Wo das Epos dem Hörer Ton und Kontext der Rede vorenthält,[10] sind unterschiedliche Interpretationen möglich. Erst vom Fortgang her bietet sich die arglistig-interessierte Deutung an. Wichtig ist aber gar nicht die Entscheidung zwischen der einen und der anderen Möglichkeit, sondern die Ambiguität der Worte Hagens, hinter deren Harmlosigkeit auch etwas anderes stecken könnte, die manches andeutet und vieles offenläßt.

---

[6] Zu Störungen Müller (1998), S. 140-144.
[7] Zu dieser Poetik Mertens (2001), S. 98 u.ö. Auch in dieser Hinsicht insinuiert das *Nibelungenlied* Mündlichkeit.
[8] Müller (1998), S. 145; vgl. S. 145-151.
[9] Das *immer* könnte auch 'auf Dauer' heißen; außerdem läßt sich *er* auch auf Siegfried beziehen.
[10] Vgl. Mertens (2001), S. 85f. u.ö.; das konnte nur z.T. im Vortrag ausgeglichen werden.

So lassen sich einige der umstrittensten Stellen des Epos als Ergebnis von Erzählstrategien deuten, die nicht auf Klarheit, sondern auf Ambiguität zielen. Am raffiniertesten wurde das Verfahren kalkulierter Unbestimmtheit in der Schlußszene des Epos angewandt. Kriemhilds Forderung nach Genugtuung in der letzten Konfrontation mit Hagen läßt zunächst scheinbar offen, was sie verlangt:[11]

> „*welt ir mir geben widere, daz ir mir habt genomen,*
> *sô muget ir noch wol lebende heim zen Burgonden komen.*"
> (2367,3f.).

(„'Wenn ihr mir zurückgeben werdet, was ihr mir genommen habt, dann könnt ihr durchaus noch lebendig nach Hause nach Burgund kommen.'").

Das läßt sich auf zweifache Weise auslegen, in bezug auf den geraubten Hort und in bezug auf den ermordeten Siegfried. Der Interpret kann der nachfolgenden Szene daher Argumente für das eine oder andere Motiv entnehmen, ohne daß beides völlig aufgehen würde, denn Kriemhilds Worte sind doppelsinnig.[12] Warum sollte die Frage mit Hilfe der „Sagentradition" entschieden werden, „mit der Dichter und Publikum vertraut waren"? Dominiert eine solche Kenntnis dermaßen, daß sie zwingt, „die Forderung jedenfalls zunächst als Hortforderung zu verstehen"?[13] Einen Kontext, der die Ambiguität vereindeutigte, gibt es nicht.

In Kriemhilds Forderung kommt der Hort ausdrücklich nicht vor. Sie zu erfüllen, ist im vollen Sinne unmöglich, denn Siegfried, wenn er gemeint sein sollte, ist tot. Der Versuch eines rechtlichen Ausgleichs wäre von Anfang an gescheitert. Anders beim Hort. Auch diese Forderung würde wie schon beim Empfang an Etzels Hof Hagens Trotz provozieren. Kriemhild nutzt also in doppelter Hinsicht die Chance, Hagen noch einmal als unerbittlichen Gewalttäter vorzuführen (vielleicht auch, um ihn als Maulhelden zu entlarven, dessen Widerstand gebrochen ist).[14] In jedem Fall wäre sie die Siegerin. Ihr Versprechen, bei Erfüllung ihrer Forderung könnten Hagen und Gunther heimkehren, ist nur ein hinterhältiges, konjunktivisch an Bedingungen geknüpftes Scheinangebot (*muget ir noch wol*, 2367,4), und deshalb nennt der Epiker ihre Worte *fientlîche*, „feindselig" (2367,2).

---

[11] Zur Ambiguität auch Göhler (1989), S. 228; zu den Mißverständnissen Hagens Schröder (1968), S. 149, 163, 165-168, 173-179. Schröder geht es jedoch letztlich darum, auf Kriemhilds Seite den materiellen Aspekt der Hortforderung „in Wahrheit" (S. 178) zum bloßen Symbol für die Liebe zu Siegfried zu erklären. Dagegen nennt Heinzle (1987), S. 259 die Szene „unlogisch" (S. 259); zur Kritik der Forschung S. 259-262.
[12] So auch schon in der ersten Hortforderung bei der Begrüßung: Hennig (1981), S. 76.
[13] Heinzle (1987), S. 264.
[14] Schröder (1968), S. 162.

Erst Hagens Antwort vereindeutigt die Worte, indem er sie allein auf den Hort bezieht. Er legt Kriemhild damit auf die Rolle der goldgierigen Königin fest,[15] und er inszeniert sich selbst als unbeugsam zu seinem Wort stehenden treuen Vasallen:

> „ *[...] jâ hân ich des gesworn,*
> *daz ich den hort iht zeige, die wîle daz si leben*
> *deheiner mîner herren, sô sol ich in niemene geben.* " (2368,2-4)

(„'Wahrhaftig, ich habe geschworen, daß ich den Hort nicht zeige, solange einer von meinen Herren lebt; solange werde ich ihn niemandem geben'").

Auch Hagens Antwort ist doppelsinnig, denn sie läßt zwei Folgerungen zu, die eine: 'ich kann dir nichts zurückgeben, denn mich bindet mein Eid'; die andere: 'solange mich mein Eid bindet, ist nichts zu machen; du müßtest schon dessen Voraussetzungen aus der Welt schaffen'. Es bleibt also offen, ob Hagen mit Absicht den Tod seines Herrn herbeiführt oder ein letztes Mal die unauflösliche *triuwe*-Bindung an diesen beweist. Diese Runde im Machtspiel mit kalkulierten Doppeldeutigkeiten ohne Chance eines ersprießlichen Endes geht an Hagen. Die unausgesprochene perfide Insinuation wird von Kriemhild aufgegriffen und zu der Aufforderung des *man* Hagen, seinen *herre* umzubringen, vereindeutigt. Kriemhild legt Hagen auf die Rolle des Verräters fest. Erst aus dieser Vereindeutigung folgt alles weitere: die Hinrichtung Gunthers, Hagens Triumph, Kriemhilds letzte Gewalttat.

Das *ende*, zu dem Kriemhild sich entschließt (2379,1), indem sie Gunther hinrichten läßt, ist die zynische Folgerung aus Hagens Worten, die sie *in malam partem* interpretiert. Damit gewinnt sie die nächste Runde. Und wie ein guter Schachspieler erkennt Hagen an, daß dieser Zug konsequent war (*als ich mir hête gedâht*, „so wie ich mir gedacht habe", 2370,4) und daß seine Gegnerin ihrem Ziel (*z'einem ende,* 2370,3) wieder ein Stück näher ist. Doch der Zug erlaubt ihm auch, mit seinem Gegenzug ein letztes Mal zu triumphieren:

> „*Nu ist von Burgonden der edel künec tôt,*
> *Gîselher der junge und ouch her Gêrnôt.*
> *den schaz den weiz nu niemen wan got unde mîn:*
> *der sol dich, vâlandinne, immer wol verholn sîn*". (2371)

(„'Jetzt ist der edle König der Burgunden tot, [dazu] der junge Giselher und auch König Gernot. Wo der Schatz ist, weiß jetzt niemand mehr außer Gott und mir. Dir soll er, du Teufelin, für immer verborgen bleiben'").

---

[15] Schröder (1968), S. 174-176; vgl. S. 95.

Der Triumph läßt wieder zwei Folgerungen zu, aus Hagens Sicht: 'von mir erfährst du nichts, solange ich lebe'; von Kriemhild aus gesehen: 'es besteht kein Grund, Hagen am Leben zu lassen, denn sagen wird er ohnehin nichts'. Was Kriemhild daraus schließen muß, ist klar. Ihre Replik spielt ein letztes Mal mit dem Doppelsinn ihrer anfänglichen Forderung. Jetzt allerdings ist an die Stelle von Wiedergutmachung (*ergetzen*) Vergeltung (*gelt*) getreten:

> *Si sprach: „so habt ir übele geltes mich gewert.*
> *sô wil ich doch behalten daz Sîfrides swert.*
> *daz truoc mîn holder vriedel, dô ich in jungest sach,*
> *an dem mir herzeleide von iuwern schulden geschach."* (2372)

(„Sie sagte: 'Dann habt ihr mir auf böse Weise zurückgezahlt. Da will ich wenigstens Siegfrieds Schwert behalten. Das trug mein geliebter Mann, als ich ihn das letzte Mal sah. An ihm habe ich durch eure Schuld Schmerz erfahren'").

Kriemhilds Anspruch auf Genugtuung – was Siegfried betrifft, unerfüllbar, was den Schatz angeht, frustriert – bemächtigt sich dessen, was aus Siegfrieds Besitz in ihrer Reichweite ist, nämlich des Schwertes, das Hagen sich angeeignet hatte. Sie nimmt sich, was sie sich nehmen kann von dem, was ihr verweigert wurde. Das Schwert vertritt Siegfried und seine heroische Potenz metonymisch; aber es ist auch metaphorisch das Zeichen der Rache, die Hagen als Besitzer des Schwertes zunächst verweigern wollte (1782-1784); schließlich ist es Memorialzeichen, erinnert Kriemhild an ihr *herzeleide* (2372,4). Wenn Kriemhild sich das Schwert aneignet, ist die Geste wiederum mehrdeutig: Retten der Trümmer des Besitzes, Erinnerung an Siegfried und Durchführung der Rache. Die Tat schafft Klarheit. Das Spiel mit hinterhältigen Unschärfen und gemeinen Unterstellungen ist zu Ende. Es ist der aussparende, andeutende, Fixierungen meidende Stil des Epos, der solche Ambiguitäten hervorruft, die bei einem an schriftsprachlichen Konventionen orientierten modernen Autor, der souverän über seinen Gegenstand verfügt, nur als höchstes Raffinement denkbar wären. Der der Mündlichkeit verpflichtete Stil des *Nibelungenliedes* dagegen läßt die Epenhandlung zugleich unbestimmt offen und rätselhaft zwangsläufig erscheinen.[16]

## Erzähltempo

Das *Nibelungenlied* ist in zwei große Teile gegliedert, deren Grenze zwischen der 19. und 20. Aventiure liegt (bei insgesamt 39 Aventiuren und 2316 – 2438 Strophen in den Haupthandschriften); sie ist durch den Neuansatz des Erzählens markiert: *Daz waz in einen zîten, dô vrou Helche erstarp* (1143,1). Der Aufbau

---

[16] So widerspricht der Befund keineswegs Haferlands (2004) Überlegungen zum mündlich vortragenden Erzähler (S. 369).

der beiden Teile wird von der Aventiuren-Einteilung nur oberflächlich gestützt. Sie wurde offenbar nachträglich vorgenommen (sie fehlt noch in der Hs. B), ist unfest in bezug auf die Abschnittsgrenzen (Einsatz der 6. Aventiure in C!) und wird durch im Wortlaut stark variierende Überschriften markiert.[17] Mit dem Terminus *âventiure* soll wohl eine Verbindung zum höfischen Roman hergestellt werden, obwohl das, was im *Nibelungenlied* so heißt, weder inhaltlich, noch konzeptionell etwas mit der höfischen *âventiure* zu tun hat. Die Aventiuren sind von sehr unterschiedlicher Länge und Handlungsdichte. Als Einteilungsprinzip wurden sie in der *Klage* C übernommen. Mit *âventiure* wurde ein episodisches Bauprinzip zitiert, das oft den komplexen Kausalzusammenhang des Epos zerschneidet.

Dieser Zusammenhang wird freilich auch erst gegen Ende als zwingend erkennbar. Das Epos hat Mühe, in Gang zu kommen. Die erwähnten typischen Initialformeln, die eher 'dynamische' (*Ez wuohs*) und die eher 'statische' (*Ez was gesezzen*), finden sich gleich mehrfach und zeigen damit an, daß die Handlung immer wieder neu angestoßen werden muß. Die Bewegung, die mit der Initialformel (*Ez wuohs in Burgonden*) in der ersten Aventiure einzusetzen scheint, erstarrt sogleich wieder, indem der Erzähler zum Bild des Wormser Hofes (3-12) überleitet, dessen *êren* in bewegungsloser Idealität verharren. Er muß ein zweites Mal ansetzen, diesmal scheinbar, um mit der Geschichte zu beginnen:

> *In disen hôhen êren troumte Kriemhilde [...]* (13,1).
>
> („In so glanzvoller Umgebung träumte Kriemhild...")

Der Traum aber bringt auch noch nicht die erwartete Handlung in Gang, sondern weist nur auf Künftiges voraus und verdichtet dessen Unheilscharakter zum auslegungsbedürftigen Bild. Der Entschluß, nie einen Mann zu nehmen, mit dem Kriemhild auf den Traum reagiert, bleibt in der Epenhandlung folgenlos. Wieder erstarrt die Bewegung zum Tableau, nicht mehr zum Tableau der *êren*, sondern zu einem des Unheils. Ähnliches wiederholt sich in der zweiten Aventiure, die gleichfalls mit der *Ez-wuohs*-Formel einsetzt; nur scheinbar beendet dort ein Ereignis, die Schwertleite, die Zustandsschilderung (24,1; 26,1; 27,1), denn auch dieses Ereignis mündet rasch ins Tableau, diesmal ein Bild höfischer Harmonie.

Erst in der dritten Aventiure leitet das Motiv der 'Fernliebe' zum Schema der gefährlichen Brautwerbung über, das heroische Aktion verspricht: Siegfried bricht nach Worms auf. Aber gleich nach seiner Ankunft wird die Bewegung erneut unterbrochen, um Hagen Gelegenheit für seinen Rückblick auf Siegfrieds frühere Taten zu geben. Siegfried ist längst ein Held, bevor er überhaupt auf der Vorderbühne agieren darf. Dann, mit seiner Herausforderung Gunthers scheint die Handlung

---

[17] Die Edition de Boors kompiliert die Überschriften sehr willkürlich aus verschiedenen Handschriften; vgl. die Varianten bei Batts (*Das Nibelungenlied*, 1971).

voranzukommen. Siegfried führt sich gleich als kampflustiger Heros ein. Aber auch dieser lange hinausgezögerte kriegerische Auftritt ist sogleich wieder zu Ende: statt die gewaltsame Konfrontation auszufechten, wird die Bewegung, die von Siegfrieds Provokation ausgeht, wieder in einem Zustand höfischer Harmonie stillgestellt, *volleclîch ein jâr* („ein ganzes Jahr lang", 138,2).

Mit *Nu nâhten vremdiu mære* („Jetzt kamen befremdliche Nachrichten", 139,1) setzt das Geschehen zu Beginn der 4. Aventiure neu ein, mit dem siegreichen Kampf gegen Feinde von außen, doch nur, um am Ende der 5. Aventiure erneut in einem großen Fest zur Ruhe zu kommen. Das Ergebnis ist abermals Stillstand; der Heros bleibt weiter tatenlos am Hof (324,1). Erst die 6. Aventiure leitet den Umschwung ein, ein fünftes Mal von neuem, diesmal auffälligerweise doppelt markiert: *Iteniuwe mære sich huoben über Rîn [...]* („Ganz neue Geschichten wurden am Rhein bekannt", 325,1) und mit einer Variante der Initialformel *Ez was ein küneginne gesezzen über sê* („Jenseits des Meeres lebte eine Königin", 326,1). Mit Gunthers Entschluß zur Brautwerbung (*Dô sprach der vogt von Rîne*: „Da sagte der Landesherr am Rhein", 329,1) beginnt eine verhängnisvolle Handlungskette, an deren Anfang die Fahrt nach Isenstein und an deren Ende die Ermordung Siegfrieds steht.

Betrachtet man die Handlungen bis zu diesem Punkt, dann fällt ihre lockere Verknüpfung auf. Zwar stehen die Bilder höfischer Harmonie von Anfang an vor der Folie düsterer Vorausdeutungen auf das, was noch kommt und was eigentlich erzählenswert ist; wo immer aber eine böse Wendung drohen könnte, wird die Bewegung aufgefangen.[18] Was der Traum androht, scheint mit Kriemhilds Entschluß, auf *minne* zu verzichten, gebannt. Von Siegfrieds gefährlichen Abenteuern, die zu Beginn der zweiten Aventiure angedeutet werden, erfährt man erst, nachdem sie überstanden sind. Seine Herausforderung burgundischer Macht mündet in einer friedlichen Einladung, der Sachsenkrieg in einem glänzenden Siegesfest. *Weinen unde klagen* (1,3) werden vordergründig immerzu abgebogen und stehen als Drohung doch unablässig im Hintergrund.

Mit der Fahrt zu Brünhild kündigt sich zum zweiten Mal das heroische Muster gefährlicher Brautwerbung an. Über nahezu sechs Aventiuren (6-11) erstreckt sich die Brünhild-Handlung, das erste wirkliche Abenteuer. Dieses Abenteuer aber ist auf Betrug gebaut. Wenn es wieder in ein Fest mündet, dann ist dessen Harmonie schon Schein und trägt den Keim der Spaltung in sich. Die Störung kommt diesmal nicht von außen, sondern von innen; das Fest droht an Brünhilds Widerstand gegen die Ehe mit Gunther zu scheitern.[19] Wieder werden die Turbulenzen beruhigt, doch um den Preis neuerlichen Betrugs. Siegfried, verborgen unter der Tarnkappe, muß Brünhild in der königlichen Schlafkammer bezwingen, bevor sie Gunters Frau wird. Zwar scheint die Befriedung zunächst zu glücken: *des wart diu*

---

[18] Vgl. Haug (1974/1989), bes. S. 299-303.
[19] Zu den scheiternden Festen Czerwinski (1979), S. 72-74 und 78f.

*vreude guot* („Dadurch wurde die höfische Harmonie vollkommen", 685,2), und eine zehnjährige, in neun Strophen (715-723) ausgebreitete Phase friedlich-unheroischer Herrschaft schließt sich an. Aus der Eröffnungsformel (*In disen hôhen êren troumte Kriemhilde*, 13,1) scheint eine Schlußformel geworden zu sein: *In disen grôzen êren lebt' er* [Siegfried] („In dieser bedeutenden Machtstellung [Ehren] lebte er ...", 715,1) und: *Er het den wunsch der êren* („Er besaß, was man sich an Macht [Ehren] nur wünschen kann", 723,1). Aber die beiden Höfe repräsentieren nicht mehr bloß nebeneinander, wie zu Beginn, höfische Idealität, sondern sie sind durch eine gemeinsame Geschichte mit unaufgeklärten Zweideutigkeiten aneinander gebunden.

Diese motivieren einen weiteren Anlauf, jetzt (*Nu*) durch Brünhild: Worüber sie *alle zîte* („immerzu", 724,1) nachdenkt und was sie nicht begreift, ist schließlich Anlaß, die verhängnisvolle Einladung an ihre Verwandten zu einem weiteren Fest auszusprechen. Damit wird die – diesmal schon sieben Aventiuren umfassende – Intrige um Siegfrieds Tod ausgelöst. Auch sie kennt noch Ruhepunkte, den feierlichen Empfang oder die friedlichen Szenen vor Ausbruch des Streits der Königinnen (800-813), dann den Versuch einer rechtlichen Klärung des Streits. Doch wird die Bewegung jetzt nur noch scheinbar, äußerlich, stillgestellt: Die Wendung *Dô liezen siz belîben* („Da beließ man es dabei", 871,1) besagt jetzt nicht mehr, daß ein Konflikt abgebogen wird, sondern drückt einen Schwebezustand vor seinem Ausbruch aus, in dem die Mordintrige unablässig (*in allen zîten*, 870,2) vorangetrieben wird.

Eine kurze Phase hektischer Aktivität; die falsche Kriegserklärung, das Ausforschen von Siegfrieds Verwundbarkeit, Siegfrieds rauschhafter Triumph bei der Jagd, der Mord, dann wieder Stillstand. Siegfrieds Tod setzt schärfer als alles zuvor eine Zäsur, diesmal einen Zustand der Lähmung, nicht des Gleichgewichts. Kriemhild verhindert den Vollzug der Rache durch Siegfrieds Leute, Siegmund verschwindet aus dem Epos, und von Siegfrieds Sohn ist fortan nie mehr die Rede. Nach dem Tod des Heros gibt es in Xanten nichts mehr, das sich zu erzählen lohnte. In Worms aber tritt Stillstand ein:

> *Prünhilt diu schœne mit übermüete saz* (1100,1).
>
> („Die schöne Brünhild triumphierte").

Die Initialformel (*was gesezzen*), auf die der Vers anspielt, markiert nicht mehr den Ausgangspunkt einer Handlung, sondern deren scheinbar unwiderrufliches Ende in Brünhilds illegitimem Triumph. Der Antagonismus zwischen Brünhild und Kriemhild versteinert, Sieger und Besiegte stehen fest. Stillstand wird durch 'sitzen' ausgedrückt: *dâ si mit ir gesinde sît âne vreude saz* („wo sie von da an mit ihrem Hofstaat im Leid lebte", 1102,3), heißt es von Kriemhild. Die Initialformel ist zur Schlußformel geworden:

*Sus saz si nâch ir leide, daz ist alwâr,*
*nâch ir mannes tôde wol vierdehalbez jâr* (1106,1f.).

(„So lebte sie nach ihrem Schicksalsschlag wahrhaftig dreieinhalb Jahre nach dem Tod ihres Mannes").

Dann beendet Hagen die Erstarrung 'irgendwann' (1107,1). Scheinbar soll die Ausgangslage der Harmonie im Herrschaftsverband durch eine Versöhnung mit Kriemhild restituiert werden, doch tatsächlich erwächst daraus ein neuer Konflikt, jetzt um das Nibelungengold. Folge der *suone* ist zunächst die Vorbereitung neuer Gewalt durch Kriemhild, dann der Raub des Hortes durch Hagen, dann wieder Stillstand: *Nâch Sîfrides tôde [...] si wonte in manigem sêre driuzehen jâr* („nach Siegfrieds Tod lebte sie dreizehn Jahre in immer neuem Schmerz", 1142,1f.), Dauer nicht als Ausgangspunkt von Aktion, sondern wieder als Lähmung, scheinbar für immer. Kriemhild scheint der Möglichkeiten zur Rache endgültig beraubt. Wo *iteniuwe mære* (325,1) zu 'unerhörtem' Abenteuer gereizt hatten, sind jetzt *iteniuwe leit* (1141,1) Umschreibung eines in endlosen Wiederholungen kreisenden Zustands des Verlustes. Der Bewegungsimpuls scheint endgültig erschöpft.

Am Ende dieser 19. Aventiure liegt die tiefste Zäsur. Der Einsatz der 20. Aventiure ist das Gelenk zwischen zwei ursprünglich getrennten Sagenkreisen. Er bildet die Mittelachse des Epos, die seine beiden annähernd gleich langen Teile (1-19; 20-39) scheidet. Im ersten Teil lassen sich vier Abschnitte unterscheiden: problemlose, kaum vorübergehend gefährdete Idealität (1-5), der siegreiche, doch auf Betrug beruhende Kampf um Brünhild (6-10), die gegenläufigen Versuche von Aufklärung und Befriedung (11-14), schließlich der Mord an Siegfried und die Demütigung Kriemhilds (15-19). Der Übergang zur folgenden Handlung leitet sich nicht aus dem Vorausgehenden ab und benutzt keine Variante einer der Initialformeln. Der Erzähler wählt die blasseste Formel epischer Überleitung, die keinerlei Zusammenhang, gar Kausalität behauptet, sondern nichts als Gleichzeitigkeit aussagt: *Daz was in einen zîten dô vrou Helche erstarp* („das war damals, als die Königin Helche starb", 1143,1). Dadurch daß Etzel um sie wirbt, erhält Kriemhilds Geschichte eine Chance, fortgesetzt zu werden. Von jetzt ab geht es immer rascher über wenige Ruhezeiten hinweg auf den Untergang zu: (1) Kriemhilds Restitution als Königin, (2) eine neuerliche verräterische Einladung, (3) Aufbruch und Zug der Burgunden – diesmal nicht nur einzelner *recken* – in ein gefährliches Abenteuer und (4) die Vernichtung nahezu der ganzen zuvor aufgebauten Welt. Der Gesamtverlauf kehrt den des ersten Teils um, so daß die einzelnen Teile kontrastiv einander zugeordnet sind: Der Harmonie des Beginns antwortet die Vernichtung am Schluß; dem Abenteuer um Brünhild und seinem ambivalenten Verlauf der Zug zu Etzel mit seinen widersprüchlichen Signalen; der verräterischen Einladung Brünhilds diejenige Kriemhilds, und – in der Mitte des Epos – Kriemhilds äußerster Demütigung folgt ihre glänzende Erhöhung zur Hunnenkönigin.

Die Abschnitte sind ungleich lang und unterschiedlich bewegt. Helches Tod und Etzels Werbung (20.-22. Aventiure) kommen in den sechs Strophen 1385-1390 ans Ziel,[20] die Kriemhild wieder auf der Höhe von *êren* zeigen, in genauer Umkehrung der Situation nach dem Hortraub:

> *Mit vil grôzen êren, daz ist alwâr,*
> *wonten si mit ein ander unz an daz sibende jâr.* (1387,1f.)

(„In hohem Ansehen – so war es wirklich – lebten sie bis ins siebte Jahr miteinander").

Der wieder erreichte Idealzustand ist aber nicht das Ziel, sondern nur Ausgangspunkt für eine diesmal radikale Zerstörung. Mit der 23. Aventiure setzt, markiert wieder durch das Zeitadverb *Nu* (*Nu het si wol erkunnen*: „Jetzt hatte sie genau erfahren", 1391,1), die Bewegung neu ein, die Racheintrige Kriemhilds. Dieser Abschnitt (23.-24. Aventiure) ist durch widersprüchliche Signale gekennzeichnet: freundliche Einladung und heimtückische Falle, Vorbereitungen auf eine *hôchgezît* und auf einen Waffengang. Das setzt sich auf dem Weg zu Etzel und in den ersten Szenen am Hof fort (25.-31. Aventiure): blutige Kämpfe und freundliche Empfänge, die mehrdeutige Begrüßung durch Kriemhild, Etzel und die Helden an Etzels Hof, das Fest, das Etzel mit den Verwandten seiner Frau feiern will, und die allzeit drohende Gewalt, die dabei auszubrechen droht. Das Resultat ist zunächst unentschieden, doch konfliktträchtig. Dann wird die Unentschiedenheit beendet. Die letzten Aventiuren (32.-39.) erzählen, wie der Kampf ausbricht und immer blutiger tobt, einer nach dem anderen in den Strudel des Verderbens gezogen wird und fast alle sterben müssen.

Der Erzähler zögert, die Handlung in Gang zu setzen. Die Trübungen sind anfangs scheinbar unbedeutend und rasch bewältigt. Doch steigern sie sich von Mal zu Mal. Immer länger werden die das Gleichgewicht gefährdenden Partien, immer prekärer die Friedenszustände, die sie beenden. Alle Beruhigungsversuche verfangen nicht. Der Konflikt wird vertuscht, totgeschwiegen, durch ein Machtwort unterdrückt, doch nur, um desto verhängnisvoller auszubrechen. Zwischen Blöcken ungleicher Länge, die den Konflikt langsam aufbauen und dann zögernd sich entladen lassen, gibt es Phasen der Ruhe, anfangs noch höfisch erfüllte, dann nur noch Phasen bloßen Aushaltens. Scheint die Verknüpfung einzelner Episoden manchmal auf befremdliche Weise den kausalen Zusammenhang zu vernachlässigen, so ist die Gesamtanlage doch überlegt disponiert. Die handlungslogische Schlüssigkeit der *mæren* von Siegfrieds Tod und vom Untergang der Burgunden wird durch die skizzierte Erzählweise aufgebrochen: Es könnte alles auch ganz anders verlaufen. Im Wechsel von Aktion und Ruhe stellt sich der Eindruck der Kontingenz her, während genau das abläuft, was, wie man seit alters weiß, ablau-

---

[20] Die Aventiurengrenze befindet sich zwischen 1386 und 1387.

fen muß. Die buchepische Konzeption spannt zwar mit verschiedenen Mitteln alles Einzelne auf das Ende hin, aber zunächst strafft sie nicht die Verkettung zur Katastrophe, sondern lockert sie im Gegenteil.[21]

Der Zug ins Verderben wirkt dadurch nur um so unerbittlicher. Der Erzähler bemüht sich, den offenen Zeitraum der Heldensage zeitlich exakt zu vermessen. Bestimmungen kürzerer und längerer Zeiträume legen den Abstand zwischen den Episoden genau fest: Ein Jahr ist Siegfried in Worms, bevor er Kriemhild sieht (138,1f.). Sechs Wochen nach der Rückkehr vom Sachsenkrieg wird das Siegesfest gefeiert (257,2). Vierzehn Tage dauert Gunthers und Siegfrieds Hochzeit (686,1). Bis ins zehnte Jahr herrschen Siegfried und Kriemhild glücklich im eigenen Land (715,2). Dreizehn Jahre trauert Kriemhild um Siegfried (1142,2). Nach sieben Jahren wird ihr Sohn mit Etzel geboren (1387,2). Solche Zeitangaben haben stets auch paradigmatische Bedeutung, d.h. sie wollen kein exaktes chronologisches Gerüst für die Handlung erstellen, sondern dienen der epischen Qualifizierung von Sachverhalten: Kriemhild trauert 'sehr lang', der Hort ist 'unermeßlich groß', weshalb sein Transport 'viel Zeit kostet' (1122,2-4). Doch läßt sich an den vielen kleinen und großen Zeitangaben auch ablesen, wie die leeren Zeiten bloßer Dauer immer kürzer werden und zuletzt im nur wenige Tage dauernden Taumel der Vernichtung untergehen.

Nachdem Kriemhild 'jahrelang' glücklich geherrscht hat, geht es vom Aufbruch der Burgunden an immer rascher. Der Zug zu Etzel (25.-28. Aventiure) bietet die letzten retardierenden Momente; die Aufenthalte aber sind nur kurz: *einen tac/ und ouch die naht mit vollen* („einen Tag und auch die ganze Nacht lang") in Passau (1630,1f.); *unz an den vierden morgen* („bis zum vierten Morgen") in Bechelaren (1691,2), doch ist die Zeit dort gestundet: *Ez enkunde niht wern langer, si muosen dannen varn* („Es konnte nicht länger sein; sie mußten wegziehen", 1692,1). Der Rest verteilt sich auf drei Tage: den Vorabend der *sunewende* (1816,1), an dem der Konflikt noch in der Latenz bleibt (28.-30. Aventiure), die *sunewende* selbst (30.-36.), an der er ausbricht, und den Tag danach (37.-39. Aventiure), an dem alles zugrundegeht. Ruhezeiten sind nur noch Phasen der Erschöpfung, bevor das Gemetzel weitergeht. Mit der Beschleunigung gehen Alternativen des Handelns, wie sie zumal in den langen Ruhephasen steckten, mehr und mehr verloren. Weniger daß der Erzähler letztlich doch immer den Linien der Sage folgt, ist bemerkenswert,[22] als daß neben dieser Linie andere Abläufe denkbar werden, weniger verhängnisvolle, freilich auch weniger erinnerungswürdige. Das Buchepos läßt Alternativen erkennen, auch wenn sie nicht realisiert werden. Am Ende freilich sieht es so aus, als gebe es keinerlei Fortsetzung mehr (2378f.). Das Ende der Geschichte, das Ende der Welt, von der sie erzählt und die Vollendung des Epos fallen ineins. Mit ein und derselben Geste resümiert der Erzähler, daß alle, von denen zu erzählen lohnte, metonymisch gefaßt als

---

[21] Haug (1974/1989), S. 303-305.
[22] Vgl. Göhler (1995), S. 124-127.

*êre,* tot sind, mit Ausnahme von Dietrich und Etzel; daß damit das mit der ersten Aventiure angekündigte Thema erfüllt ist, *liep* in *leit,* Freude in Klagen, Fest in Vernichtung umgeschlagen ist; daß es nichts mehr zu berichten gibt, außer daß alle Überlebenden weinen (2377,3f.). Die Handschrift C reserviert den Worten des Erzählers, es gebe nichts mehr zu erzählen, sogar eine ganze Strophe, an deren Ende sich die Wendung findet, die zum Titel des Textes geworden ist (*der Nibelunge liet,* 2440,4).

Die Endgültigkeit des Endes war im Erzählvorgang immer wieder aufgeschoben worden. Im Sog aber, den das Ende ausübt, wurde jeder Aufschub weggespült. Das Epos verweigert jeden Ausblick über das Ende hinaus. Erst die *Klage,* die in fast allen Handschriften angehängt ist, bringt das Chaos nahezu vollständiger Vernichtung notdürftig in Ordnung. Die Form, in der das Epos schließt, muß für mittelalterliche Rezipienten unerträglich gewesen sein.

# Handlungsnexus

## Gattungshybride und Schemabrüche

Die Programmstrophe kündigt *wunder* an (1,1; 1,4), etwas, das die Hörer aus der Alltäglichkeit des Hier und Jetzt hinausführt, das sich jedoch im Lebensumkreis einer feudalen Kriegergesellschaft bewegt: Kämpfe und Feste und entsprechend *vreuden* und Trauer; die Akteure sind ruhmwürdige *helden, küene recken*. Dieses Thema freilich steht in offenkundigem Gegensatz zu der höfischen Welt, in der die Erzählung dann tatsächlich einsetzt. Es ist kein Held, von dem die Rede ist, sondern eine Frau, um deretwillen viele Männer ihr Leben verlieren würden. Mit Kriemhild wird höfischer Minnedienst aufgerufen; ihr Traum spielt in seiner Metaphorik auf den frühen Minnesang an, auf das Falkenlied des Kürenbergers (das denselben Strophenbau wie das *Nibelungenlied* hat). Der Falke ist der Geliebte; seine Ausstattung und sein Schmuck sind Zeichen seiner höfischen Erziehung. Nur die geträumte Situation weicht ab: Kriemhild träumt statt von Minne, daß ihr geliebter Falke von zwei Adlern zerrissen wird. In den höfischen Minnekontext wird damit ein heroisches Thema eingespielt; das *leit* der zurückgelassenen Geliebten – wie es der frühe Minnesang thematisiert – ist durch das *leit* einer Gewalttat ersetzt.

Statt von ruhmwürdigen Helden (1,2) ist also von zunächst einem jungen Mädchen die Rede und statt von *küener recken strîten* (1,4) von einer gefährdeten *minne*: Die Eingangsaventiure dementiert die Gattungsansage der Programmstrophe. Nur im Traum ist das eigentliche, das heroische Thema präsent. Erzählt wird eine Geschichte mit bösem Ausgang, die ungeachtet aller höfischer Kulissen, ungeachtet entgegenlaufender Versuche, ihn zu verhindern, auf dieses Ende zuläuft. Auf diese Weise sind zwei Geschichten ineinander verschränkt, die auf der Vorderbühne spielende höfische Handlung am Wormser Hof und das unerbittlich sich durchsetzende heroische Geschehen, dem Glanz und Freude des Hofs zum Opfer fallen werden.

Parallel zur Vorstellung Kriemhilds wird in der zweiten Aventiure Siegfried eingeführt (*Dô wuohs in Niderlanden [...]*), auch dies auf ungewöhnliche Weise: Den alle anderen übertreffenden Heros, Drachentöter und Besitzer eines unermeßlichen Schatzes trifft man als jungen Königssohn am väterlichen Hof von Xanten an, unter der *huote* des Hofes aufwachsend (25), ein Liebling der Damen; wie ein höfischer Ritter erhält er in einem glänzenden Fest die Schwertleite: Wieder werden die in der Programmstrophe geweckten Erwartungen heroischer Taten enttäuscht. Die heroische Vergangenheit verschwindet zunächst hinter der höfischen Fassade einer Welt, in der für Helden kein Platz zu sein scheint.

In der dritten Aventiure werden zum ersten Mal heroische Erwartung und höfische Vordergrundhandlung enggeführt, zuerst in Siegfrieds Entschluß zur gefährlichen Brautwerbung, dann in Hagens Erzählung vom Schatzbesitzer und Drachentöter Siegfried. Das Thema Brautwerbung verspricht traditionell heroische Taten. Durch sie kann der Held sich als einzelner wie als Führer eines Gefolgschaftsverbandes bewähren. Schemagerecht liebt Siegfried aus der Ferne die burgundische Prinzessin, und schemagerecht raten ihm alle davon ab, um sie zu werben. Der Grund besteht aber nicht in den üblichen Schwierigkeiten gefährlicher Brautwerbung, in einem eifersüchtigen Vater z.B., der jeden Bewerber mit dem Tod bedroht. Das Hindernis scheint vielmehr ein machtpolitisches Ungleichgewicht, ausgedrückt im Selbstwertgefühl der Wormser Könige (51,3) und der *hôhverte* ihrer Leute (54,2; 53,4). So scheint Siegfrieds Plan aus politischen Gründen zur Erfolglosigkeit verdammt. Sogleich wird wieder ein anderes Gattungsmuster aufgerufen, indem sein Entschluß in der Terminologie höfischen Frauendienstes ausgelegt wird; es geht um *hôhe minne* (47,1). Diese *hohiu minne* unterscheidet sich jedoch vom *amour courtois* der Trobadors, Trouvères oder Minnesänger, denn der Terminus hat eine konkret-ständische Bedeutung; *hohiu minne* richtet sich im *Nibelungenlied* nicht wie in der Liebeslyrik auf höfische Vollkommenheit einer – dadurch unerreichbaren – Dame, sondern auf eine Frau von hohem Rang. Sie bewährt sich auch nicht in entsagungsvollem Dienst, der, wenn er vergeblich bleibt, seinen Wert in sich selbst trägt, indem er den Werbenden zu immer neuen Leistungen anspornt und so seine *werdekeit* erhöht, sondern Ziel ist – wie im Brautwerbungsschema vorgesehen – die Heirat, also eine dynastische Allianz. Ein höfischer Wert wird also im Sinne eines politischen Ziels und einer heroischen Ethik uminterpretiert.

Diese Überblendung unterschiedlicher Gattungsmuster setzt sich fort. Natürlich reizt ein Hindernis den Heros erst recht, seine Stärke zu erproben, und zwar durch *mîn eines hant* („ganz allein", 59,1) nur von elf Gefährten begleitet; *in rekken wîse* heißt das später (341,1), „so wie Helden das tun". Das ist schemagerecht, während doch die politische Konstellation ein Heeresaufgebot nahelegen könnte, so wie der Vater dies vorschlägt (57). Siegfried will durch heroische Tat die begehrenswerte Frau *verdienen* (47,3). Die Semantik von *verdienen* ist wieder doppeldeutig. 'Durch *dienest* erringen' muß auch der höfische Frauendiener seine Geliebte. Er muß sich durch unermüdliche Werbung, Selbstvervollkommnung und entsagungsvolles Hoffen, nicht durch Taten, als der Geliebten würdig erweisen. Genau dies wird dann auch tatsächlich eintreten, wenn Siegfried sich später auf langes, immer vom Scheitern bedrohtes Warten einzustellen hat, und durch Einordnung (*vuoge*) im höfischen Frauendienst Kriemhild näher zu kommen sucht. An der zitierten Stelle aber ist anderes gemeint: *verdienen* im Sinne von 'durch überlegene Stärke und ohne militärische Hilfe *gewinnen*'.

Die Doppelcharakteristik des Helden als Heros und höfischer Ritter hat auf der Erzähloberfläche seltsame Spannungen zur Folge. Siegfried kommt nach sechs Tagen aus Xanten nach Worms, plötzlich verwandelt in den *starke[n] Sîvrit* (90,3), einen berühmten Helden, von dem die Sage (die durch den Mund Hagens spricht) die Eroberung eines riesigen Schatzes und den Sieg über einen Drachen zu berichten weiß. Was Hagen erzählt, dürfte mit dem übereinstimmen, was der Hörer undeutlich von Siegfried, dem Drachentöter und Hortbesitzer, wußte, nicht aber mit dem, was er bisher über den höfisch erzogenen jungen Fürsten erfahren hat. Mit Hagens nachgeholter Erzählung von Siegfrieds Heldentaten wird ein Signal gesetzt, daß es zwei Seiten Siegfrieds gibt, den höfischen Ritter und den Heros. Diese zwei Seiten werden nicht narrativ miteinander verknüpft, geschweige auseinander entwickelt, sondern einfach nebeneinandergesetzt.

Der seltsame Befund wurde zumeist sagengeschichtlich gedeutet: Allgemein wird die höfische Jugendgeschichte als die jüngere angesehen, wobei der Erzähler seine Absicht, dem Helden eine neue Identität zu verschaffen, nur mangelhaft durchgeführt habe. Auffällig bleibt jedoch, daß er beide Geschichten nicht besser verknüpfte und nicht wenigstens den zeitlichen Rahmen so flexibel hielt, daß beide Versionen miteinander vereinbar blieben. Die Interpreten haben sich angestrengt, die Geschichte des Heros in der des Höflings unterzubringen,[1] und Abschreiber des Epos haben sich bemüht, zwischen den erzählten Vorgängen Raum dafür zu schaffen.[2] Beides gelang nur unbefriedigend. In der Xantener Hofwelt ist kein Platz für einen sagenhaften Hort und Drachen. Während sich dort der junge Ritter stets in höfischer Umgebung bewegt und *vil selten âne huote* („nie ohne Aufsicht", 25,1), ist er als Heros allein auf sich gestellt (88,1). Offenbar wollte der Erzähler die gegensätzliche Determination seines Helden nicht einebnen, sondern durch die harte Fügung ausstellen.

## Minnediener und Drachentöter

Siegfried wird immer beides sein: Heros und höfischer Ritter, und aus diesem Widerspruch wird schließlich sogar seine Ermordung durch die Wormser abgeleitet werden. Mit Hagens Erzählung ist das *Nibelungenlied* in der heroischen Sagenwelt angelangt, die eingangs angekündigt wurde. Siegfried ist, wenn er nach Worms kommt, schon Heros, Herr über einen unermeßlichen Schatz und

---

[1] Vgl. Eifler (1989). Einzig die Strophen 21 und 22 lassen das bekanntere Bild des Heros durchscheinen; auserzählt wird das nicht. Die beiden Strophen sind eine Art „Platzhalter" für die ausgesparte Sage (Schulze, 1997a, S. 138).

[2] Hs. C z.B. schiebt eine Strophe ein (C 21: *E daz der degen küene vol wüehse ze man/ dô het er solhiv wunder mit sîner hant getân,/ dâ von man immer mêre mac singen vnde sagen*), behält aber die widersprechende Strophe 25 (= C 24) bei. Wie leicht die Abstimmung war, zeigt das Darmstädter Aventiurenverzeichnis, wo die Drachensage in die Geschichte von Seifrits Jugend eingebaut ist; vgl. de Boor (1959), S. 176; 187. Auch die späte Bearbeitung k in *Lienhard Scheubls Heldenbuch* spielt gleich in der zweiten Strophe, die von Siegfried erzählt, auf das dominierende Bild des Sagenhelden an (k 22; vgl. k 27,2); hierzu Müller (1997).

durch das Drachenblut (fast) unverwundbar. In die anfangs aufgebaute höfische Ordnung wird ein heroisches Register eingespielt, das aber sogleich wieder aufgegeben wird, wenn sich das Epos dem höfischen Empfang für den Königssohn zuwendet.

Der Wechsel funktioniert allerdings nicht reibungslos, denn Siegfried antwortet auf den höfischen Gruß überraschenderweise nicht mit seiner Werbung um Kriemhild, sondern mit der heroischen Herausforderung Gunthers zum Zweikampf. Der Zweikampf solle zeigen, wer zurecht Herrscher sei (*von rehte liute unde lant* besitze, 109,1f.); *ertwingen* („gewaltsam erobern", 110,3) will Siegfried von Gunther dessen Land, dem eigenen Reich durch seine persönliche Stärke (*ellen*, 113,2) den Frieden sichern. Über diesen Auftritt haben sich die Interpreten immer wieder erregt.[3] Zwischen dem Vorwurf sagengeschichtlicher Klitterung und Tadel für Siegfrieds Charakter findet man alle Arten von Deutungsversuchen. Dabei setzt die Szene nur fort, was von der ersten Aventiure an angelegt war: den dauernden Registerwechsel zwischen höfischer Ordnung und heroischer Sagenwelt. Kampf um die Herrschaft und Minne sind nur scheinbar zwei gegensätzliche Antriebe, gehören tatsächlich eng zusammen, so übergangslos kann das eine Ziel für das andere eintreten. Verhandelt wird das Verhältnis von dynastisch-genealogischer Kontinuität und Eignung zur Herrschaft durch überlegene Gewalt.[4]

Die Semantik von *(ver)dienen* ist in diesem Rahmen wieder doppeldeutig; sie oszilliert zwischen Unterwerfungsverhältnis und höfischer Geste: Sein Vorhaben, Kriemhild zu *verdienen*, scheint für Siegfried Unterwerfung derer, die über ihre Hand verfügen, einzuschließen. Gunther, den Siegfrieds Anspruch *unverdienet* („grundlos", 116,4; vgl. 112,1) trifft, gründet dagegen Unterordnung auf traditionsgeheiligtes Recht (seine Länder *dienent* ihm *von rehte*, 115,4). Wenn er später sagt, er wolle Siegfried *gerne dienen* (126,3) und ihm alles 'zur Verfügung' stellt, sofern Siegfried die Regeln einhält (*geruochet irs nâch êren*: „wenn ihr es so, wie die Ehre verlangt, nehmt", 127,2), dann ist ein anderer *dienest* gemeint als *dienest* auf Grund von Unterwerfung. Siegfried begnügt sich mit dieser höfischen Gebärde zuvorkommender Behandlung des Gastes: An die Stelle des *verdienens* als *recke* tritt höfischer Frauendienst.[5]

Der Antagonismus zwischen verschiedenen Konzepten von *dienest* scheint vorerst zugunsten der höfischen Komponente entschieden. Es setzt nun jene lange Phase des Dienens um Kriemhild ein, in der Siegfried nahezu exemplarisch den Zumutungen an den höfisch Liebenden gerecht wird: geduldiges Warten, Verehrung von ferne, *stæte* (standhaftes Ausharren) auch ohne irgendein Zeichen von Hoffnung, entsagungsvolles *trûren* um eine Dame, von der er nicht einmal sicher sein kann, daß sie seine Werbung überhaupt bemerkt hat. Diese Form des

---

[3] Müller (1974), S. 89.
[4] Vgl. S. 106.
[5] Müller (1974), S. 101-104; 118.

nahezu passiven, höfisch kontrollierten *dienest* wird jedoch von einer anderen Form von *dienest* abgelöst: Beim Ausbruch eines Krieges gegen die Sachsen bietet Siegfried seine aktive *helfe* an (vgl. 157,2), wofür Gunther in Aussicht stellt: *daz dien ich immer um dich* („dafür werde ich mich dir immer erkenntlich zeigen", 160,4). Siegfrieds Bindung an die Wormser Königssippe beginnt sich von der Dame auf den König zu verschieben, Frauendienst wird durch Herrendienst überschrieben. Indem er Gunther in der Führung des burgundischen Heeres vertritt und sich dem burgundischen Machtapparat einfügt, kommt er auch bei Kriemhild weiter: Sein Lohn wird beim anschließenden Siegesfest der *gruoz* Kriemhilds sein.

Der *gruoz* der Dame, die symbolische Anerkennung vor der Hofgesellschaft, ist aber auch wieder Ziel höfischen Frauendienstes. Er bedeutet Anerkennung und Auszeichnung vor der Hofgesellschaft. Hier ist der Anlaß verschoben: belohnt wird mit einer höfischen Geste die heroische Leistung im Krieg. Diese Uminterpretation wird noch deutlicher, wenn Kriemhilds *gruoz* von den Brüdern zielstrebig als Mittel ihrer Politik eingesetzt wird, um Siegfried bei Hof zu halten: *dâ mit wir haben gewunnen den vil zierlîchen degen* („damit haben wir den höfischen Ritter an uns gebunden", 289,4). Kriemhilds zeremonieller Gruß ist vor allem höfische Auszeichnung: *sît willekomen, her Sîvrit, ein edel riter guot* („Willkommen, Herr Siegfried, edler Ritter", 292,3). Das Minneritual ist politisch überformt; die Anerkennung für den Werber gilt der Anerkennung seiner Leistung im Krieg für die Könige.

Die Verknüpfung der höfischen Karriere des Frauendieners mit heroischer Bewährung geht weiter. Um mit der Werbung voranzukommen, muß Siegfried noch mehr für den König tun; bis dahin bleibt es beim *vrouwen sehen* (321,4; 323,4), dem *dienest* auf Blickdistanz. Gelegenheit zu heroischer Tat bietet die zweite, diesmal wirklich gefährliche Brautwerbung, die Werbung Gunthers um die amazonenhafte Königin Brünhild. Gunther braucht Siegfrieds Hilfe und verspricht ihm Kriemhild als Gegenleistung für den Dienst, ihn beim Wettkampf zu vertreten. Das kann nur mittels Betrugs geschehen. Die gewöhnliche Rollenverteilung bei der Brautwerbung hat aber ständisch-politische Implikationen: Der Werber ist Herr, der Helfer Vasall.[6] Durch den Betrug gerät mithin das feudale Machtgefüge in Unordnung. Damit sind die Täuschungen und Verwechslungen angelegt, die bis zu Siegfrieds Ermordung die Handlung vorantreiben: Der höfische Gunther will seine Frau im heroischen Kampf auf Leben und Tod gewinnen; der Heros Siegfried sieht sich auf den indirekten Weg des höfisch Minnenden verwiesen. Wenn beide ihre Rollen in Isenstein tauschen wollen, muß Brünhild nicht nur über die Person ihres Bezwingers, sondern auch über die ständische Rolle seines Helfers getäuscht werden.[7] Siegfried muß nicht nur unter

---

[6] Zu den daraus sich ergebenden Widersprüchen Strohschneider (1997).
[7] Anders Haustein (1993), der die Standeslüge für überflüssig hält.

der *tarnhût* verschwinden, sondern sich als Vasall Gunthers zeigen, bei der Landung durch den Stratorendienst, den er dem König leistet, indem er sein Pferd führt, und vor Brünhild, indem er sich zu seinem *man* erklärt. Die Engführung von Heroenrolle und sozialem Status verschärft sich. Die Täuschung Brünhilds ist überdeterminiert; Überdetermination ist ein poetisches Mittel der Aufmerksamkeitslenkung, sie weist auf die Verklammerung zweier Aspekte des Betrugs, die sich verhängnisvoll auf Siegfrieds Verhältnis zur Wormser Königsmacht auswirken werden.

Siegfrieds Rat an Gunther, der sich vor dem gefährlichen Kampf mit Brünhild fürchtet, bringt die Konstellation auf den Begriff: *nu hab du die gebære, diu werc wil ich begân* („Jetzt führe du die passenden Bewegungen aus; handeln will ich", 454,3). Handeln und Darstellen von Handeln treten ähnlich auseinander wie persönliche Stärke und Stellung im Herrschaftsverband, Macht und Repräsentation. Die alternativen Wertordnungen, die zuvor aufgebaut wurden, werden durch den Betrug an Brünhild konflikthaft miteinander verknotet. Wenn tatsächlich bei der ganzen Expedition der Heros triumphiert, darf das nicht nach außen dringen, weil sonst der höfische König beschädigt würde.

Sein Dienen um Kriemhild zwang Siegfried zur realen Unterordnung unter Gunther. An einem kleinen Zwischenfall bei der Rückkehr wird das sichtbar gemacht. Es gibt nämlich eine kurze Auseinandersetzung darüber, wer als Bote den Erfolg in Isenstein nach Worms meldet.[8] Eigentlich wäre das Sache des Vasallen Hagen, doch der weigert sich mit seltsamer Begründung: *lât mich pflegen der kamere. belîben ûf der fluot/ wil ich bî den frouwen, behüeten ir gewant* („laßt mich Kämmerer sein; ich will bei den Damen auf See bleiben und auf ihren Besitz aufpassen", 531,2f.). Für den Botendienst schlägt er Siegfried vor, der gleichfalls zunächst ablehnt, Hagen in einer Rolle zu ersetzen, die Abhängigkeit und Unterordnung ausdrückt. Wenn er zuletzt die Aufgabe doch übernimmt, dann ausdrücklich nur seiner *minne* zu Kriemhild wegen, d.h. die Unterordnung unter das Gebot des Königs wird wieder aus dem Prinzip höfischer Unterordnung unter die *vrouwe* abgeleitet. Bei der Ankunft geht Siegfried noch weiter; er ist sogar bereit, von Kriemhild *botenbrôt* – Stigma des Lohnempfängers – anzunehmen, Lohn, wie er ihn sonst als König, der *ze rîche* („zu reich und mächtig") ist, ablehnt. Indem er ihn, standesbewußt, sogleich an die Dienerschaft weitergibt, kennzeichnet er sein Verhalten als bloße Geste des – eigentlich zum Herrschen geborenen – Werbenden, der sich der *vrouwe* zuliebe freiwillig unterordnet. Doch eben diese Unterscheidung wird, sobald Brünhild kommt, in Zweifel gezogen.

Die höfische Kriemhild versteht: Sie wird Siegfried nie als Vasallen oder *dienestman* ansehen. Brünhild aber zieht falsche Schlüsse aus der Betrugskomödie in Isenstein: Wie kann derjenige, der dort nicht nur als der Schwächere auftrat, sondern sich so ausdrücklich als Vasall (*man*) inszenierte, die Schwester des

---

[8] Charakteristischerweise ist sie wieder in C entschärft.

Königs zur Frau erhalten und gleichrangig mit dem Königspaar auftreten? In Isenstein und in Worms spielt Siegfried verschiedene Rollen, und indem Brünhild vergleicht, was hier gilt und was dort galt, kommt sie dem Betrug auf die Spur. Mit Brünhilds Zweifeln bricht der Gegensatz zwischen heroischer Tat und höfischer Gebärde wieder auf. Brünhild versucht in der Hochzeitsnacht eine Wiederholung der Freierprobe, jetzt nicht als ritterlicher Wettkampf, sondern im Niederringen Gunthers, der ihr ihre Jungfräulichkeit nehmen will.

Der Betrug muß wiederholt werden, Siegfried noch einmal aushelfen. Was vor aller Augen sichtbar ist und was im Dunkel verborgen, tritt noch deutlicher auseinander. Ein weiteres Mal wird die Stärke des Heros gebraucht, doch diesmal nicht 'draußen', sondern im Zentrum der höfischen Welt selbst, in der 'Heimlichkeit' der königlichen Schlafkammer. In Steigerung von Gunthers und Brünhilds groteskem Bettkampf tritt an die Stelle höfischen Frauendienstes, der höfisch-respektvollen Werbung um die Dame, eine brutale Vergewaltigungsszene, in der, indem Siegfried für einen anderen handelt, die Männer austauschbar scheinen und nichts mehr von jener Entdeckung von Personalität übrig bleibt, die mit dem Vokabular höfischen Minnedienstes aufgerufen war. Nur die letzte Konsequenz ist ausgespart, indem Siegfried zuletzt seinen Platz im Bett für den legitimen Ehemann räumt, der Brünhild die Jungfrauschaft nimmt: *hey waz ir von der minne ir grôzen krefte entsweich!/ Done was ouch si niht sterker danne ein ander wîp* („Ach, wie ihr vom Liebesakt ihre große Kraft schwand; da war sie nicht mehr stärker als sonst eine Frau", 681,4-682,1). Ein weiteres Mal scheint die Bändigung heroischer Kraft durch die höfische Ordnung gelungen, doch diesmal nicht durch Gesittung, sondern selbst durch heroische Gewalt; ein höfisches Schlüsselwort wie *minne* bezeichnet den erzwungenen Beischlaf. Trotzdem, gleich scheint die höfische Harmonie beim Hochzeitsfest wieder glänzend hergestellt: *des wart diu vreude guot* („dadurch stellte sich richtige Freude her", 685,2), aber das ist jetzt bloß noch Fassade, hinter der sich der Heros wie der König verstecken müssen.

## Zusammenbruch der Fassade

Der Preis ist hoch. Die von Anfang an aufgebaute latente Spannung ist nur scheinbar und vorübergehend abgebaut. In ihrem innersten Kern bedurfte die höfisch pazifizierten Welt von Worms der rohen Gewalt; die Lüge kann nur eine zeitlang vertuscht werden, weil die Akteure auseinander gehen. Siegfrieds Stärke in Worms wird künftig nicht mehr benötigt. Er kann mit Kriemhild seine eigene Herrschaft antreten, zu der auch das Nibelungenland wie jedes andere Kronland gehört (739,1f.). Oberflächlich scheint die heroische Gegenwelt bezwungen. Für den zweiten Betrug gibt es aber irreführende Beweisstücke (Ring und Gürtel, die Siegfried Brünhild in der Schlafkammer abnahm). Sie stellen klar, wer allein

Gewalt zu üben in der Lage war, doch behaupten sie auch etwas zu zeigen, was gar nicht stattgefunden hat. Als Zeichen, die einen falschen Eindruck vermitteln und überdies nicht gezeigt werden dürfen, haben sie einen paradoxen Status. Sie bringen die Wahrheit ans Licht, indem sie lügen.

Im Streit der Königinnen kommt die latente Gewalt zum Ausbruch. Brünhild provoziert ihn mit ihrer Einladung an Siegfried und Kriemhild. Die verräterische Einladung soll das Verhältnis zwischen Heros und König klären. Der Streit bricht ausgerechnet in einer Situation aus, in der ritterliche Gewalt kanalisiert und zum bloßen Spiel gebändigt scheint, beim Turnier. Bei Hof zählt die Stärke des überlegenen Kriegers nur im abgesteckten Rahmen der Turnierschranken, und Sieg sagt nichts über ständische Rang- und politische Machtverhältnisse aus. Nachdem man ihn von seiner Forderung nach einem Zweikampf um Land und Herrschaft abgebracht hatte, hatte Siegfried gezeigt, daß er in solch einem Turnier der beste war, und das zeigt er jetzt wieder. Genau hieran aber entzündet sich der Streit um Macht und Rang, und das bedeutet, daß der bisherige – höfische – Modus der Bewältigung von Gewalt zerbricht.

Der Verlauf ist oft nachgezeichnet worden. Entscheidend für seinen Ausgang ist, daß Kriemhild und Brünhild von Anfang an verschiedene Sprachen sprechen. Die in der Überblendung verschiedener Gattungsmuster angelegten Ambiguitäten führen jetzt zum offenen Konflikt. Brünhild geht es, wenn sie Zins von Siegfried fordert, um ständerechtliche und, daraus ableitbar, herrschaftliche Positionen, Kriemhild um eine symbolische Ordnung der Ehre, die sich im Spiel herstellt und nur im Spiel gilt. Aus Kriemhilds bewundernden Worten für Siegfried als dem besten Ritter und Turnierkämpfer ist zunächst kein Machtanspruch abzuleiten; sie sind panegyrische Rede. Brünhild aber versteht sie als Attacke auf Gunthers Königsherrschaft, der der 'Leibeigene' (*eigenholt*), zu dem sie den 'Vasallen' (*man*) erniedrigt, sich unterzuordnen habe. Sie interpretiert Siegfrieds faktischen Dienst für Gunther, der Dienst um Kriemhilds willen war, als Pflicht des Untertans. Kriemhilds Kompromißvorschlag, die Rangfrage offenzulassen (*er ist wol Gunthers genôz*, „er ist Gunther ebenbürtig", 819,4), kommt zu spät. Von Brünhild ihrerseits als Leibeigene (*eigen*, 830,1; *eigen diu*, 838,4) beleidigt, schlägt sie mit der Beschimpfung *mannes kebse* („Vasallenhure", 839,4) zurück und entscheidet damit die Rangprobe für sich.

Inzwischen hat sich der Konflikt verschoben. Von der rein symbolischen Geltung eines höfischen Ranggefüges ist keine Rede mehr, und Kriemhild spricht nicht mehr die Sprache hoher Minne, die sie noch zu Beginn des Streits mit Brünhild sprach. Wenn sie mit unerhörter Prachtentfaltung für sich und ihr Gefolge ihren Auftritt vorbereitet, dann hat sie Brünhilds Interpretation des Streits als Auseinandersetzung um die Macht akzeptiert, denn Macht hat sich im *splendor* des Mächtigen darzustellen, und wenn sie, indem sie Ring und Gürtel vorweist, auf die Beweiskraft dessen setzt, was vor aller Augen liegt, dann bestreitet sie mit einem Rechtsargument Brünhilds Legitimität als Königin: „*wie möhte mannes kebse werden immer küniges wîp?"* („'Wie könnte die Hure eines Vasallen je die [legitime] Frau des Königs werden?'", 839,4).

In diesem öffentlichen Streit erhält Siegfried endlich die Zeichen zugesprochen, die ihm eigentlich als dem Stärksten und dem Sieger über Brünhild zukommen, auch wenn faktisch das, was sie an Geschehen suggerieren, nicht stattgefunden hat. Damit ist aber Gunthers königliche Stellung erschüttert und der ganze burgundische Herrschaftsverband herausgefordert. Die Auseinandersetzung verlagert sich aufs Recht, und erstmals scheitert der Versuch einer gewaltlosen rechtlichen Beilegung des Konflikts. Andere mißlungene Versuche werden folgen: die *suone* mit Kriemhild, das Verfahren gegen den Schatzräuber Hagen, der Schlichtungsversuch mit Etzel, Dietrichs Geiselnahme und Kriemhilds (Schein-?)Angebot an Hagen. Allesamt werden sie den katastrophalen Ausgang nicht verhindern können. Beim Gericht muß Gunther sich selbst ebensosehr wie die Königin schützen. Er tut das, indem er die bisher geltende Unterscheidung aufrecht zu erhalten sucht, obwohl sie längst zusammengebrochen ist: zwischen öffentlicher Geltung und tatsächlichem Geschehen. Er fragt nicht nach dem, was war, sondern nach dem, was verlautbart wurde. Die Fassade, die beim Hochzeitsfest noch repariert werden konnte, reicht aber nicht mehr aus, wo die Königin öffentlich beleidigt und ihre Legitimität in Zweifel gezogen wurde. Das zeigt sich an der unangemessenen Sprache.

In der Gerichtsverhandlung kommt nämlich noch einmal ein Terminus ins Spiel, der auf den Zusammenhang höfischen Frauendienstes verweist, obwohl dessen Implikationen mit Brünhilds Dienstforderung längst beiseitegeschoben worden sind: *rüemen* (845,4; 855,2; 857,3); *rüemen* bezeichnet im Minnesang einen schweren Verstoß gegen die höfische *zuht*, gegen die Norm richtigen Verhaltens des Mannes gegenüber der Frau, indem er seinen sexuellen Erfolg bei ihr hinausposaunt. Gunther verhört Siegfried über ein vermeintliches Minnevergehen statt über einen Rechtsbruch. Siegfrieds Reinigungseid stellt klar, daß er sich dieses Vergehens nicht schuldig gemacht hat: *daz ichs ir niht gesaget hân* („daß ich das nicht behauptet habe", 858,4). Die Unangemessenheit dieser Rechtfertigung ist so evident, daß die Interpreten fragten, ob es danach überhaupt zu einem Eid kam. Der Wortlaut läßt daran zwar wenig Zweifel,[9] und trotzdem besteht die Frage zu recht, denn die Konfliktlösung zielt auf jene Ebene höfischer Interaktion, die längst verlassen ist. Mit dem Gattungszitat wird die Gattung verabschiedet.

### *dissimulatio* und Verrat

Die Beleidigung der Königin ist damit nicht aus der Welt, da sie gerade aus dem resultiert, was sich hinter der höfischen Fassade verbirgt. Den Defekt zeigen

---

[9] Müller (1998), S. 280f. (mit Hinweisen auf die Diskussion).

Brünhilds Tränen und ihr Rückzug aus der Öffentlichkeit des Hofes an. Damit sind die Träger von Gunthers Königsherrschaft herausgefordert. Was öffentlich scheinbar bereinigt ist und doch in der präpotenten Gestalt Siegfrieds weiterhin als ein offenes Skandalon sichtbar, kann nur heimlich bekämpft werden, in der Verschwörung gegen Siegfried. Damit hat sich das Bild des Hofes verkehrt. Er ist nicht mehr der Ort einer Pazifizierung von Gewalt, sichtbar im höfischen Minnekult, sondern, wie das hofkritische Schrifttum des 12. und 13. Jahrhunderts unermüdlich wiederholt, Ort hinterhältiger Intrige. Aus *dissimulatio*, höfischer Selbstbeherrschung, wird Verrat. Nicht mehr König Gunther, dessen höfische Umgangsformen sich inzwischen als Fähigkeit, geschickt zu lügen, enttarnt haben, sondern der Vasall Hagen, Träger überlegener Gewalt, führt Regie. Hagens Satz *suln wir gouche ziehen* („sollen wir Kuckucke großwerden lassen", 867,1) zielt vordergründig auf den Vorwurf eines Ehebruchs Siegfrieds mit der Königin, doch deutet er zugleich an, daß im fremden Nest für den Heros (Kuckuck) kein Platz ist.

Im Mordkomplott gegen Siegfried bereiten sich die Verkehrungen vor, die besonders den zweiten Teil des Epos bestimmen: *untriuwe* gegen den Verwandten, Helfer und Verbündeten und Mißbrauch verwandtschaftlichen Vertrauens, wie Kriemhild es gegenüber Hagen noch geäußert hatte: *du bist mîn mâc, sô bin ich der dîn* („Du bist mein Verwandter, ich folglich deine Verwandte", 898,1). Ein höfisches Vergnügen wie die Jagd wird zum Deckmantel der Mordintrige. Sie tritt an die Stelle des Krieges, in dem der Heros gebraucht worden wäre. Die Jagd ist noch einmal prächtiger Auftritt des höfischen Siegfried. Noch daß Hagens Mordanschlag gelingt, wird auf seine höfischen *tugende* (978,1) zurückgeführt, indem er dem König, auch nachdem er ihn im Wettlauf besiegt hat, beim Trinken aus der Quelle den Vortritt lassen will: *Do engalt er sîner zühte* („Da bezahlte er für sein höfisches Verhalten", 980,1). Seine Ermordung wird durch sein vorbildlich-höfliches Benehmen erleichtert.

Damit ist der Punkt erreicht, von dem der Untergang der Wormser Ordnung unaufhaltsam seinen Ausgang nimmt. Der Mord an Siegfried ist feiger Verrat, Lüge schon vorher das 'Versehen' der Schenken (964-966), dann die Ausreden der Mörder (1000; 1045), die Versicherung ihrer 'Unschuld' (1110). Von der höfischen Ordnung sind nur noch die Kulissen geblieben. Auf das Wahren des Scheins sind die Begräbnisfeierlichkeiten, auf seine Wiederherstellung die Versöhnung zwischen den königlichen Geschwistern angelegt. Das zweite Verbrechen, der Raub des Nibelungenhortes, legt nicht einmal darauf noch besonderen Wert. Auf oberflächliche Weise wird Entlastung von der Verantwortung (durch die Abwesenheit der Könige) und Bestrafung des Verantwortlichen (Hagens Verbannung) vorgeführt. Vom Glanz der höfischen Welt ist nichts geblieben. In der Dramaturgie des Epos ist die Talsohle erreicht. Damit die Ankündigung der Programmstrophe eingelöst wird, muß erst noch die heroische Gegenwelt aufgebaut werden.

Höfisches ist kein bloßer Firnis, nicht bloß äußere Zutat der materiellen Kultur, wie die Rede von 'Schneiderstrophen' suggerierte, sondern prägt fundamental die ethische und gesellschaftliche Ordnung. In höfischer Interaktion kann das Aggressionspotential des Heros bewältigt werden. Sein Minnedienst fügte ihn in den Herrschaftsverband ein. Doch sprengt er ihn andererseits durch sein bloßes Da- und So-sein. Er wird gebraucht und ist zugleich bedrohlich. So muß die Integration letztlich scheitern. Zu ihren Voraussetzungen gehört ein Betrug, der Siegfried als Zerstörer der Ordnung erscheinen läßt, obwohl der Erzähler alles getan hat, ihn zu entlasten. So muß er schließlich beseitigt werden. Das gelingt mit Hilfe eben jener *höveschheit*, die zuvor Gewalt kanalisiert hatte. Sie wird von jetzt an zur bloßen Fassade, hinter der Verrat und Mord vorbereitet werden. Die Fassade wird im zweiten Teil noch eine Weile halten, bevor sie in einem Blutbad zusammenbricht.[10]

## Entschädigung: *ergetzen*

Die Geschichte Siegfrieds ist zwar um mehrere konkurrierende Motive heroischer Provenienz (Hort, Drachenkampf, Eroberung Brünhilds, Ermordung) zentriert, erzählt sie aber nicht durchweg in heroischer Perspektive. Vielmehr erscheinen sie in Engführung mit höfischen Gattungsmustern und Wertordnungen. Das hybride Gebilde, das von der ersten Strophe an aufgebaut wird, erhält durch den Betrug an Brünhild immer klaffendere Risse und bricht mit Siegfrieds Ermordung zusammen. Die schäbige Intrige gegen Siegfried und ihre wenig heldenmäßige Durchführung erfüllen noch keineswegs das Versprechen heroischer Großtaten einer fernen Zeit, wie sie angekündigt worden waren. Auch was folgt, die 17.-22. Aventiure, ist noch Aufschub: zunächst die Verhinderung spontaner Vergeltung wie planvoller Rache und das Scheitern eines rechtlichen Ausgleichs (17.-19. Aventiure), dann die Scheinlösung der zweiten Hochzeit Kriemhilds (20.-22. Aventiure). In dieser Übergangszone scheinen die angekündigten heroischen Begebenheiten vergessen: Ritterliche Auseinandersetzungen finden nicht statt, die Rache bleibt stecken, die *suone* erweist sich als als Farce; Kriemhild erstarrt in dreizehnjährigem *leit*, neue Beratungen, Empfänge, Feste, aber nichts vom *wunder* staunenswerter Taten.

Das *Nibelungenlied* erreicht sein heroisches Thema geradezu gegen Widerstand, indem eine rechtliche wie überhaupt jedwede friedliche Bewältigung des Rechtsbruchs mißlingt. Zunächst geht es um Wiedergutmachung. Gernot und Giselher bemühen sich nach Siegfrieds Tod, Kriemhild für das erlittene *leit* zu *ergetzen*; *ergetzen* setzt nicht unbedingt einen rechtlich relevanten Schaden voraus. Der etymologische Zusammenhang mit 'vergessen' impliziert nur, daß ein Schaden zum Verschwinden gebracht wird.[11] Dabei ist *ergetzen* nicht nur auf materiellen

---

[10] Müller (1998), S. 389-434.
[11] Die Bedeutung reicht von 'vergessen machen' bis 'entschädigen'; vgl. DRWb 3, Sp. 196; vgl. Lexer I, Sp. 630; Kluge-Seebold, S. 185; Maurer (1951), S. 23; 25-27.

Schadenersatz gerichtet. Es schließt Wiedergutmachung im umfassenden Sinn ein und betrifft deshalb auch die verschiedenen Versuche, Verlust anders als auf gewaltsamem Wege auszugleichen. Verlust kann dabei ganz neutral gemeint sein. Auch daß die Lücke, die der Tod eines Menschen hinterläßt, gefüllt wird, kann *ergetzen* heißen. Kriemhild soll Etzel für den Tod Helches entschädigen: *si ergazt' uns mîner vrouwen* (1170,3). Bis in die Schlußepisode ist mit *ergetzen* jedoch vornehmlich Schadenersatz in einem konkret-materiellen Sinn gemeint. Aus der Perspektive der Brüder muß Kriemhild materiell unterstützt werden, angesichts der königlichen Stellung, die mit Siegfrieds Tod wegfällt; *wir wellen dichs ergetzen, die wîle wir geleben* („Wir wollen dich deinen Schaden vergessen lassen, dieweil wir leben", 1049,3), versprechen die Brüder; *nu zer mîn eines guot* („Lebe auf meine Kosten", 1079,2), bietet Giselher an, *jâ wil ich dich ergetzen dînes mannes tôt* („Wirklich, ich will dich den Tod deines Mannes vergessen lassen [dich dafür entschädigen ]", 1080,3). Etzels Werbung hat dasselbe Ziel: Wie Kriemhild Helche ersetzen soll, so könnte ihr Etzel Siegfried ersetzen. Etzel kann Kriemhild *ergetzen*, indem er ihr ihre frühere Position als Königin wieder verschafft (1208,3f.; 1244,1).

Mit *ergetzen* wird zudem Schadenersatz für erlittene Gewalt bezeichnet. Nachdem er sein ganzes Gefolge gegen die Burgunden verloren hat, fordert Dietrich von Gunther: *ergetze mich der leide* („Entschädige mich für das, was ich erlitten habe", 2336,3; vgl. 2339,4); *ergetzen* wäre Voraussetzung für Versöhnung (*suone*, 2343,1; 2336,4). Dietrich will seinen Anspruch dadurch sichern, daß sich Hagen und Gunther als Geiseln ergeben (2337,1), d.h. in seine Gewalt, aber auch seinen Schutz überstellen. Diese Alternative von Rache scheint man auch bei Kriemhild zu erwarten. Wenn sie Hagen gefesselt von Dietrich übergeben bekommt, dankt Kriemhild: *du hâst mich wol ergetzet aller mîner nôt* („Du hast mir einen Ausgleich für alles, was ich erlitten habe, gegeben", 2354,3), und Dietrich versteht das als Möglichkeit der Wiedergutmachung: *wie wol er iuch ergetzet, daz er iu hât getân!* („Wie sehr er euch für das, was er euch angetan hat, entschädigen wird!", 2355,3). Die Versuche, Kriemhild zu *ergetzen*, bestimmen den zweiten Teil des Epos, und sie mißlingen ausnahmslos. Sie bewegen sich zum einen in den Bahnen, auf denen auch der Verlust Helches bewältigt werden soll – eine Lücke wird geschlossen; sie haben zum anderen rechtliche und materielle Implikationen ('Entschädigung'); doch beides erweist sich als unzulänglich im Falle Kriemhilds, indem sie den Verlust des Geliebten (*holder vriedel*, 2372,3) auf diese Weise nicht verschmerzen kann.

Für Kriemhild gibt es keine Ökonomie der Klage, die mit der Ökonomie materieller Kompensation abgestimmt wäre. Gere rät, sie solle sich Etzel *wol behagen* lassen („wohl gefallen", 1215,2), mit der Begründung, er verfüge über so viele Krieger, *er mac si wol ergetzen, swaz si leides ie gewan* („Er kann sie sehr wohl für alles, was sie erlitten hat, entschädigen", 1215,4). Für Kriemhild eröffnet solches *ergetzen* nur die Chance für Rache. Sie wird zwar auch, nachdem sie Etzels Werbung zugestimmt hat, im Sinne der Brüder *ergetzet*, nicht anders als Etzel für seinen Verlust. Der Ersatz übertrifft sogar noch das Verlorene (1368; 1383; 1385). Doch das ist nur die eine Seite. Gerade weil *ergetzen* im Sinne materieller Entschädigung so völlig glückt, das an Macht und Rang Verlorene mehr als ausgeglichen wird und mithin alles in Ordnung scheint, wird das Scheitern um so spürbarer. Jeder sonst glaubt (mit den Worten Rüdegers): „*Waz mac ergetzen leides [...]/ wan friuntlîche liebe, [...]/ unt der dan einen kiuset der im ze rehte kumt* („'Was kann für Erlittenes entschädigen außer die Liebe eines Gefährten, wenn jemand einen erwählt, der für ihn paßt'", 1234,1-3). Nach dieser Meinung scheinen Personen austauschbar; selbst auf die Geschlechterrollen kommt es in Rüdegers Rede nicht an (*im*!). Noch unumwundener unterstellt Hagen die Austauschbarkeit von Personen: Siegfried ist lange tot; *den künec von den Hiunen den sol si nu holden haben* („Jetzt soll sie den Hunnenkönig lieben", 1725,3). Die Ersetzbarkeit im Herrschaftsverband schließt für ihn umstandslos die der Person ein. Was die Kompensationsrhetorik unterstellt, gilt aber nicht für Kriemhild. Sie stellt das Prinzip eines umstandslosen Austausches eines Menschen durch einen anderen, schon wenn sie über Etzels Werbung nachdenkt, in Frage: „*mir hât der tôt an einem sô rehte leit getân,/ des ich unz an mîn ende muoz unvrœlîche stân*" („'Durch den Tod des einen habe ich so viel erlitten, daß ich bis zu meinem Ende nie mehr froh werde'", 1238,3f.; vgl. 1218,3f.; 1233,2-4). Damit geht Rüdegers Argument an ihr vorbei; *ergetzen* durch Besitz ist möglich; *ergetzen* durch eine andere Person nicht; da bleibt nur die Rache (1259,4). Den Ausschlag dafür, daß Kriemhild Etzels Werbung annimmt, gibt Rüdegers Versprechen: *er wolde si ergetzen, swaz ir ie geschach* („Er wollte sie für alles entschädigen, was ihr je zustieß", 1255,3). Das Versprechen ist mehrdeutig; auf welchen Zeitraum bezieht es sich, und könnte es nicht auch im Sinne materieller Kompensation verstanden werden? Kriemhild hört diejenige Bedeutung, die ihrem Plan dienlich ist. Daß die Regeln des *ergetzens* für Kriemhild nicht wie für die anderen gelten, macht sie unberechenbar und läßt ihre Brüder gutgläubig in die Falle der Einladung tappen. Am Ende des Kampfes, wenn Dietrich den Todfeind Kriemhild übergibt, sprechen beide mit denselben Wörtern verschiedene Sprachen. Dietrich meint mit *ergetzen* Entschädigung, Kriemhild Rache. Die Rache setzt sich letztlich gegen alle Handlungsalternativen durch.

## Rechtlicher Ausgleich: *suone*

Ähnlich scheitern auch die Versuche eines rechtlichen Ausgleichs. Solche Versuche gibt es immer wieder nach Siegfrieds Tod. Am Anfang steht die *suone* mit Gunther; *suone* meint die (dauerhafte) Beilegung eines Streits wie den daraus resultierenden Zustand des Friedens; sie hat rechtsverbindlichen Charakter; sie schließt Genugtuung und Schadenersatz ein.[12] Abseits der Haupthandlung funktioniert dieses Sy-

---

[12] HRG 5, S. 73-76 (E. Kaufmann); vgl. Althoff (1997), S. 57-84 u. passim.

stem der Friedenssicherung durch *suone* mit und ohne Entschädigung (*ergetzen*) problemlos. So wünschen etwa die unterlegenen Sachsen und Dänen eine rechtliche Bereinigung der Schäden, die beide Kriegsparteien einander zugefügt haben, da sie künftig Grund neuer Kriege sein könnten (311,3f.). Das gelingt. Auch Kriemhilds Racheanspruch nach der Ermordung Siegfrieds soll durch *suone* beendet werden. Das Verfahren wird mit bilderbuchhafter Genauigkeit vorgeführt. Die Brüder Gernot und Giselher fungieren als *mediatores*, die die Kontrahenten im Sühneritual mit Friedenskuß zusammenbringen.[13] Die *suone* (1113-1115) ist rechtsverbindlich; Kriemhild spricht Gunther von Schuld frei und verzichtet auf jeden Anspruch (*verkiesen*: 1114,1).[14] Das ist mehr als *ergetzen* ('Vergessen-machen durch Ausgleich des Schadens').

Damit gibt es eine eindeutige Rechtslage, die Rache verhindern sollte. Um die Rechtskraft abzuschwächen, hat der Bearbeiter der *C-Fassung Kriemhilds *suone*-Versprechen zu einem reinen Lippenbekenntnis gemacht, das sie noch dazu unter dem Zwang der Brüder abgegeben habe (C 1124,1): *mîn munt im giht der suone, im wirt das herze nimmer holt* („mit Worten versöhne ich mich mit ihm; mein Herz wird ihm niemals mehr gewogen", C 1124,4). In der *AB-Fassung taucht dagegen die *suone* als ein Hindernis auf, wenn Kriemhild wieder an Rachepläne denkt (1394). Um es zu umgehen, wird nachträglich ihre Versöhnung mit Gunther auf Einflüsterung des Satans zurückgeführt (1394,1).[15] Damit wird das Gewicht der *suone* bestätigt, und trotzdem erfüllt sie ihren Zweck nicht. Auch in *C besteht an ihrer Rechtsverbindlichkeit später grundsätzlich kein Zweifel (a 1488,1-3; vgl. 1460); für die Umwelt hat der Friedenskuß bindende Kraft.

Vom Schluß her erweist sich die *suone* als folgenlose Episode. Zunächst heizt sie den Konflikt sogar weiter an: Auf Grund der *suone* sollte Kriemhilds Witwengut, Siegfrieds Hort, sicher sein (*er was ir morgengâbe, er solt' ir billîche sîn*: „Er war ihre Morgengabe, er sollte ihr von Rechts wegen zur Verfügung stehen", 1116,4). Doch der Hort wird geraubt, so daß die *suone* nur einen neuerlichen Rechtsbruch und *iteniuwe[z] leit* (1141,1) bewirkt. Zwar wehrt Gunther das Verbrechen halbherzig ab, denn er betrachtet die *suone* als verbindlich, so daß er sich nicht am Raub beteiligen will (1129; 1131). Doch als Hagen die Schuld auf sich genommen hat, greift er nur mit einem verspäteten und zweideutigen Rechtsspruch ein, der Hagen zu bestrafen vorgibt, ohne das Unrecht wieder gutzumachen. Nach außen gilt das Recht. Bei Etzels Werbung unterstellen alle drei Könige, daß das verwandtschaftliche Verhältnis (*triuwe*, 1208,1; 1211,4; 1213,4) wieder intakt ist, so daß sie verpflichtet sind, für die *êre* der Schwester zu sorgen (1204,2-4; 1213,2f.); so müssen sie Etzels Wunsch fördern. Sie vertrauen der *suone*.

---

[13] Althoff (1997), S. 177; 179.
[14] Schmidt-Wiegand (1982), S. 372; 379.
[15] Müller (1998), S. 232. Das wird in *C getilgt, wo die *suone* nur äußerer Schein war, stattdessen wird nur allgemein an Kriemhilds *leit* erinnert, das sie nicht *vergezzen* konnte (C 1421,1f.)

## Recht vs. überlegene Gewalt

Nicht ein psychischer Vorbehalt, wie *C suggeriert, sondern Reichweite und Widersprüchlichkeit der rechtlichen Verpflichtungen torpedieren die Rechtskraft. Hagen war von der *suone* ausgeschlossen gewesen; Kriemhild kennt ihn als Mörder Siegfrieds, und er hat überdies das Verbrechen des Hortraubs auf sich geladen. Die *suone* schützt nur die anderen. Trotzdem kann Kriemhild darauf rechnen, daß Hagen nicht in Worms zurückbleibt, weil die Bindung des Vasallen an die Könige nicht erlaubt, sie bei der weiten und gefährlichen Reise zu Etzel im Stich zu lassen. Damit kann ausgerechnet die *suone* Vehikel des Verrats werden: Nur ein Teil der Eingeladenen kann sich sicher fühlen, einer nicht. Da aber die Burgunden untereinander durch gleichfalls rechtsverbindliche *triuwe* verknüpft sind, teilen alle die Gefährdung des einen. Was Hagen verpflichtet mitzuziehen, verpflichtet die Könige, ihn nicht zu opfern. Lieferte im ersten Teil die höfische Ordnung die Fassaden, hinter denen Betrug und Intrigen sich verstecken konnten, so wird jetzt eine Rechtsordnung, die auf *triuwe*, Zuverlässigkeit der sozialen Beziehungen und Zuverlässigkeit des gegebenen Wortes beruht, durch ihre Widersprüchlichkeit in die Katastrophe getrieben. Aus dieser Widersprüchlichkeit erwachsen Möglichkeit wie Monstrosität der Rache. Anfangs halten Gastrecht und verwandtschaftlichen Bindungen zwischen Etzel und den Burgunden die Rache noch auf, weshalb Kriemhild versuchen muß, sie zu zertrennen. Das gelingt ihr nach vergeblichen Anläufen, indem sie den Bruder Etzels für ihre Rache gewinnt, damit den Tod ihres Sohnes provoziert und so eben das System der Verwandtschaft für sie instrumentalisiert, das sie bis dahin aufgehalten hatte.

### Recht vs. überlegene Gewalt

Schon auf der Reise zu Etzel tritt an die Stelle von Recht nackte Gewalt. Hagen erzwingt sich den Übergang über die Donau, indem er den Fährmann zuerst betrügt, dann totschlägt. *Suone* für solche Gewalt wird künftig nur noch erwähnt, um parodiert oder zurückgewiesen zu werden. Wenn die Bayern Genugtuung für den erschlagenen Fährmann verlangen, höhnt Hagen:

> *„daz bringe ich iu ze suone, swie iuch dunket guot."*
> *dô gie ez an ein strîten; si wâren herte gemuot.* (1606,3f.)

(„'Dafür gebe ich euch Genugtuung, ganz gleich, was euch paßt. Da ging der Kampf los. Sie waren unerbittlich'").

Schon bei der ersten Begegnung zwischen Kriemhild und den Burgunden droht man einander unter dem Anschein eines Austauschs von Höflichkeiten. Ein undurchsichtiges Spiel mit höfischen Umgangsformen und rechtlichen Argumenten maskiert die Aggression. Kriemhild fragt die Ankömmlinge nach dem, was ihr von Rechts wegen zusteht:

*„saget, waz ir mir bringet von Wormez über Rîn,*
*dar umb ir mir sô grôze soldet willekomen sîn."* (1739,3f.)

(„'Sagt mir, was ihr mir von Worms über den Rhein hergebracht habt, [damit ich weiß,] weswegen ihr mir so herzlich willkommen sein solltet'").

Hagen überhört die Rechtsforderung und versteht Kriemhilds Frage im Rahmen höflichen Gabentauschs. In seiner ebenso höflichen Antwort tut er so, als erwarte die Gastgeberin Geschenke von den Gästen, statt sie selbst zu beschenken. Kriemhild muß ihre Forderung präzisieren:

*„hort der Nibelunge, war habt ir den getân?*
*der was doch mîn eigen, daz ist iu wol bekant.*
*den soldet ir mir füeren in daz Etzelen lant."* (1741,2-4)

(„'Den Nibelungenschatz, wohin habt ihr den getan? Er gehörte doch mir, das wißt ihr genau; den hättet ihr mir in Etzels Land bringen sollen'").

Jetzt gibt Hagen zu, den Hort auf Befehl seiner Herren im Rhein versenkt zu haben (1742), und als Kriemhild auf ihrem *eigen* besteht (1743), ironisiert er ihre Forderung, indem er darauf verweist, daß er schwerlich den Hort an Etzels Hof transportieren könne; an seinen Waffen habe er genug zu tragen gehabt (1744). Das ist eine Drohung; Hagen setzt Gewalt gegen Recht. Kriemhild versteht das sogleich und versucht deshalb (vergeblich), unter dem Vorwand höfischen Comments den Gästen ihre Waffen abzunehmen (1745). Hagen geht auf ihren Ton scheinbar ein und überhört die Gewaltandrohung darin; er spielt den Kavalier, der einer Dame nicht zumuten will, so schwere Gegenstände wie Waffen zu tragen (1746). Jetzt versteht Kriemhild: *si sint gewarnôt* („man hat sie gewarnt", 1747,3f.). Rechtsforderungen werden mit höflichen Ausflüchten abgewehrt. Dann ist es auch damit vorbei.

Kriemhild provoziert ein offenes Schuldgeständnis Hagens vor ihrem Gefolge. Sein Anblick läßt sie in Tränen ausbrechen: *Ez mante si ir leide: weinen si began* („Es erinnerte sie an ihren Schmerz [Be-leid-igung]; sie fing an zu weinen", 1763,1). Ihr Weinen ist ein Politikum wie zuvor das Brünhilds und löst entsprechend die Bereitschaft ihrer Gefolgsleute zur Rache aus (1764,4). Indem sie sich *under krône* (1770,4), d.h. mit den Insignien ihrer königlichen Macht, zu Hagen und Volker begibt, inszeniert sie ihren Auftritt als Staatsakt. Als Königin wirft sie Hagen den Mord an Siegfried vor. Sie erwartet ein Schuldgeständnis: *ich weiz in sô übermüeten, daz er mir lougent niht* („Ich weiß, er ist so selbstsicher/unverschämt, daß er mir nichts abstreitet", 1771,3). Doch noch bevor gesprochen wird, zeigt der *übermüete Hagene* (1783,1) offen das Beweisstück für seine Schuld, Siegfrieds Schwert: *wol erkandez Kriemhilt, daz ez Sîfrides was* („Kriemhild erkannte es genau, daß es Siegfried gehört hatte", 1783,4). Schon diese aggressive Geste sprengt die Situation des Verhörs und zeigt, daß der *übermüete Hagene* sich keinem Rechtsspruch unterwirft, auch nicht als Kriemhild ihn verhört, wobei sie nicht mehr nach dem Ob, sondern nur noch nach dem Warum des Verbrechens fragt:

> *[...] zwiu tâtet ir daz,*
> *daz ir daz habt verdienet, daz ich iu bin gehaz?*
> *ir sluoget Sîfriden, den mînen lieben man.* (1789,1-3)

(„Warum habt ihr das getan, daß ihr euch meinen Haß verdient habt? Ihr habt Siegfried, meinen geliebten Mann, erschlagen").

Sie bekommt zu hören, was sie hören will, indem Hagen vor ihrem Gefolge erklärt:

> „*waz sol des mêre? der rede ist nu genuoc.*
> *ich binz aber Hagene, der Sîfriden sluoc,*
> *den helt zu sînen handen. wie sêre er des engalt,*
> *daz diu vrouwe Kriemhilt die schœnen Prünhilden schalt!*
>
> *Ez ist âne lougen, küneginne rîch,*
> *ich hân es alles schulde, des schaden schedelîch.*
> *nu rechez, swer der welle, ez sî wîp oder man.*
> *ich enwolde danne liegen, ich hân iu leides vil getân."* (1790f.)

(„'Was soll das noch? Es ist genug geredet; ja, ich bin schon der Hagen, der Siegfried erschlagen hat, den tapferen Held. Wie teuer mußte er dafür bezahlen, daß die Herrin Kriemhild die schöne Brünhild beschimpfte. Ich leugne es nicht, mächtige Königin; ich habe die ganze Schuld daran, an dem schlimmen Schaden. Das soll jetzt rächen, wer Lust dazu hat, gleich ob Frau oder Mann. Ich müßte schon lügen, [wenn ich abstreiten wollte,] euch viel Leid zugefügt zu haben'").

Hagen insistiert geradezu darauf, endlich die Wahrheit zu gestehen, und Kriemhild erklärt öffentlich den geständigen Hagen zum vogelfreien Opfer der Rache (1792,1-3). Es gibt waffenfähige Zeugen, doch nichts geschieht. Mit Siegfrieds Schwert auf den Knien nimmt Hagen die Pose des Richters in eigener Sache ein und droht mit der Waffe (1783; 1785).[16] Damit definiert er den Gerichtsakt in seinem Sinn um. Das Urteil ist nicht mehr Sache der Königin, sondern dessen, der sein eigenes Recht mit dem Schwert durchsetzen kann.

Hagen zeigt Kriemhild, daß der einzige Weg, das Unrecht zu sühnen, offenen Kampf bedeutet. In diesem Kampf werden die burgundischen Helden, ihre Stärke, ihre *triuwe* triumphieren und trotzdem untergehen. Der Triumph des heroischen Ethos setzt das Scheitern anderer – höfischer, rechtlicher – Lösungen voraus. Daraus erwächst die Ambivalenz der *wunder* an heroischer Bewährung auf Kriemhilds *hôchgezît*. Nicht nur gerät Kriemhilds Rache dadurch

---

[16] Wynn (1965), bes. S. 107; zur Bedeutung von Gesten S. 111.

ins Zwielicht, daß sie ihr alle Bindungen an Verwandte und Freunde opfert, sondern zwielichtig ist auch die Position ihrer Gegner, die nur Gelegenheit zu ihren immer staunenswerteren Taten erhalten, weil sie sich weigern, Kriemhild ihr Recht widerfahren zu lassen. Die Ambivalenz prägt sich auch darin aus, daß alle Versuche, den Ausbruch von Gewalt aufzuhalten, als immer lästigere Verzögerungen der ohnehin unvermeidlichen heroischen Großtaten erzählt werden. An den Bemühungen um Frieden sind die Protagonisten nicht mehr beteiligt. Kriemhilds und Hagens Provokationen arbeiten in dieselbe Richtung, gegen alle Versuche, den Streit im Keim zu ersticken, die sie letztlich alle vereiteln. Offene Gewalt setzt sich gegen verstecktes Intrigieren durch, wenn auch um den Preis allgemeiner Vernichtung.

Der Versuch, Gewalt zu vermeiden oder zu schlichten, gerät zunehmend ins Zwielicht: Die feigen Hunnen scheuen die offene Konfrontation. Etzel muß lügen, um Volkers mutwilligen Totschlag an einem Hunnen zum Unfall zu erklären. Die Empörung seiner Fürsten über Hagens aggressive Worte über den Hunnenprinzen wird heruntergeschluckt. Der lange aufgeschobene, immer wieder zurückgehaltene Konflikt steuert immer knapper am Eklat vorbei. Verrat und kalkulierte Rechtsbrüche auf beiden Seiten werden immer offener. Die Versuche, *leit* zu rächen und so Recht wiederherzustellen, stehen in keinem Verhältnis mehr zu den angewandten Mitteln, wie Kriemhilds heimtückischem Überfall auf die schlafenden Burgunden, das tafelnde Gesinde oder später ihrem Brandanschlag auf die Halle, in der sich die Burgunden verschanzt haben. Mit der Ermordung von Etzels Sohn scheidet die Möglichkeit einer *suone* endgültig aus (2094,2): „*mîn und iuwer leit/ diu sint vil ungelîche*" („'Was ich und was ihr erlitten habt, ist ganz unvergleichbar'", 2095,1f.), lehnt Etzel jede Versöhnung ab, und Kriemhild sagt über ihr *leit*: „*ez ist vil unversüenet, die wîle ich hân den lîp./ ir müezet es alle engelten*" („'Dafür gibt es keine *suone*, solange ich lebe; ihr müßt alle dafür bezahlen'", 2103,3f.). Allenfalls noch an der Peripherie scheint *suone* möglich, gegenüber Rüdeger (1997,2) oder Dietrich von Bern z.B., dem Gunther, als der Kampf außer Kontrolle gerät, anbietet:

> „*buoze unde suone der bin ich iu bereit.*
> *swaz iu iemen tœte, daz wær' mir innecîichen leit.*" (1991,3f.)

> („'Ich bin bereit, euch Entschädigung und Sühne zu leisten; alles, was irgendwer euch angetan haben sollte, täte mir von Herzen leid'")

Sich um *suone* zu bemühen statt Vergeltung zu üben, grenzt an Verrat, wie Kriemhild von Rüdeger fälschlich argwöhnt (2228,2-4): *der wil der suone pflegen* („Der bemüht sich um eine Versöhnung", 2229,3), bis sie von den Burgunden erfährt, daß er getötet wurde: *er unt die sînen degene sint an der suone gar betrogen* („Er und seine Kämpfer sind gründlich um eine Versöhnung betrogen", 2230,4). Ebenso unversöhnlich weist Hagen eine *suone*, die Dietrich anbietet, zurück. Es entsteht ein Sog der Vernichtung, in die nacheinander alle hineingezogen werden, Bloedelin, Ortlieb, die Hunnen, Iring, die Thüringer und Dänen, Rüdeger, die Amelungen, Dietrich von Bern. Zuletzt triumphieren dessen Stärke, Hagens Unbeugsamkeit, Gunthers unvermutete Kampfkraft, doch der Preis ist der Untergang fast aller Helden und auch Kriemhilds, die, am Ziel ihrer Rache, selbst zerstückelt wird.

Nur über Hindernisse und Widerstände kommt die heroische Handlung in Gang, dann aber stürzt sie in einer unablässig gesteigerten, immer rasenderen Gewalt aufs Ende zu. Die Feier heroischer Bewährung und die Exemplarik heroischen Handelns sind gebrochen, denn sie sind an den Zusammenbruch der höfischen und rechtlichen Ordnung geknüpft. Trotzdem besteht kein Zweifel, daß ihnen die Bewunderung gelten soll. Nicht erst in der *Klage*, sondern schon in der Bearbeitung *C finden sich Bemühungen, solche Widersprüche aufzulösen in ein klares Gegenüber von Gut und Böse. Das setzt eine übergeordnete Rechtsnorm voraus, wie sie die nibelungische Welt noch nicht kennt. Wäre er konsequent gewesen, dann hätte der Bearbeiter weder den Zusammenhalt der Burgunden noch die Heldentaten eines Hagen rühmen dürfen. So bleiben seine Retuschen marginal und zeugen von spätzeitlichem Unverständnis. Vor dem Hintergrund der höfischen Welt um 1200 und anfangs durch deren Menschenbild überformt, wirkt die Nibelungensage erratisch. Der Kasus der unerbittlichen Rache einer Frau aus *herzen jâmer* über den ermordeten Geliebten läßt sich weder innerhalb der höfischen Minneethik rechtfertigen noch in rechtliche Kategorien fassen. Im *Nibelungenlied* reibt sich eine alte Geschichte, deren Verlauf insgesamt nicht zur Disposition steht, an den Maßstäben einer veränderten Welt. Indem es kontextualisiert wird, erscheint das Erinnerungswürdige, gemessen an den bekannten Lebensverhältnissen, nicht nur groß, sondern faszinierend-monströs.

# Nibelungische Gesellschaft: Einzelner und Kollektiv

**Rolle und Einzigartigkeit**

In Heldenepik ist jeder von Anfang an das, wozu ihn Geschlecht, Verwandte, Umgebung bestimmen. Siegfried etwa ist der Angehörige einer königlichen Dynastie, Repräsentant einer höfischen Lebensform, Träger heroischer Kraft.[1] Die Konflikte, in die er gerät, erwachsen nicht aus seinen individuellen Antrieben und persönlichen Entscheidungen, sondern aus den Spannungen, die zwischen jenen allgemeinen Konstellationen, zwischen königlichem Herrschaftsanspruch, höfischer Ein- und Unterordnung und überschießender heroischer Potenz bestehen, und seinen Untergang verschulden nicht sein 'Leichtsinn', sein 'Übermut' oder sein rohes Verhalten zu Brünhild; er ist besiegt, wenn eine jener ihn prägenden Vorgaben, sein Status als *kunic*, in Zweifel gezogen wird und der Zweifel nur um den Preis einer Demontage von König und Königin und ihres Status behoben werden könnte. Dazu genügt es, daß er nur eine zeitlang den Platz in der kollektiven Ordnung verläßt, der ihm zusteht, scheinbar nämlich für eine Weile die Position mit dem Vasallen Hagen tauscht und all das für den König tut, bis hin zum Botendienst, was sonst Hagens Sache wäre.

Hagen wiederum ist durch seine Position als erster Vasall und Helfer der burgundischen Könige definiert (und nur vorübergehend aus dieser Position durch Siegfried verdrängt); er handelt aus ihr rücksichtslos gegen alle anderen, ob im Verrat Siegfrieds, im Kampf für seine Herren gegen Kriemhild, im Selbstopfer beim Zug gegen die Hunnen, in der Verteidigung des Hortes. Als 'Charakter' wäre er zwiespältig, als Vertreter einer Position im Herrschaftsgefüge handelt er völlig konsequent. Wenn man Hagens schwankendes Bild der 'Rollenhaftigkeit' seines Handelns zuschreibt, dann setzt dies einen 'wahren Hagen' voraus, der unter den verschiedenen von außen an ihn herangetragenen Anforderungen verdunkelt wird. Hagen muß sich, dieser Interpretation zufolge, in verschiedenen Rollen seinem eigentlichen Selbst entfremden, und so entsteht der Eindruck der Inkonsistenz seines 'Charakters'.[2] Gerade an Hagen läßt sich aber zeigen, wie sein Handeln durchweg von kollektiv gültigen Vorgaben – Herkunft, Status,

---

[1] Vgl. Müller (1998), S. 234.
[2] Symptomatisch ist, daß man – einem umgangssprachlichen, nicht soziologischen Rollenbegriff gemäß – Hagen unterschiedliche 'Rollen' zuschreiben muß (des Verräters, des Gefolgsmannes, des Freundes), wodurch dann der Eindruck jener quasi modernen Rollenvielfalt entsteht, die das Mittelalter noch nicht kennt; vgl. Wahl Armstrong (1979), S. 149.

statusspezifischen Normen und Wertvorstellungen, soziale Umgebung, Situation – gesteuert ist, so daß er in bezug auf sie stets der gleiche bleibt und die gleichen Eigenschaften, die ihn im ersten Teil zum Verräter stempeln, im zweiten seinen heroischen Triumph im Untergang begründen.

Darin unterscheidet er sich nicht von den meisten übrigen Figuren. Gunther z.B. wäre, als Einzelperson betrachtet, eine widersprüchliche Figur; doch ist er schwach oder stark, je nach den Umständen, unter denen er agiert, schwach, wo er nichts als König ist oder allein auf seine Kraft gestellt, doch Heros, je mehr er an der Spitze seiner Gefolgsleute zu kämpfen hat. Nur Kriemhild wird sich von der ersten Szene an, dem Falkentraum, in Opposition zu dem setzen, was man von einem jungen hochadeligen Mädchen (*vil edel magedîn*, 2,1), von einer höfischen *vrouwe* oder einer vornehmen Witwe erwartet; sie will auf Minne verzichten, löst sich aus der Passivität, die der Frau bei Hof zufällt, und gibt sich nicht mit der Wiederherstellung ihres gesellschaftlichen Rangs zufrieden. Sie wird dieses Anderssein bis in die letzten grausamen Konsequenzen durchhalten. Damit nimmt sie eine besondere Position ein: Individualität als Negation dessen, was für jemanden 'sich gehört'.[3] Doch ist, wie noch zu zeigen, auch Kriemhild nicht verstehbar ohne den sozialen Kontext, an dessen Bedingungen sie sich reibt und denen sie zu entkommen sucht.

Die Figuren des *Nibelungenliedes* wurden mit den Figuren eines Brettspiels verglichen, die je nach dem, in welchem 'Bedeutungsfeld' sie sich befinden, d.h. unter welchen situativen oder räumlichen Bedingungen sie handeln, von ihren „typischen Identitäten" abweichen können.[4] Sie haben keine 'Tiefe', etwas, das 'hinter' ihrer Erscheinung steht, selbst ihre Körperlichkeit ist flach, auf die sichtbare Oberfläche reduziert. Jeder 'ist', was seine Oberfläche zeigt. Schon Kleider verändern die soziale Identität: Kriemhild trauernd in Alltagskleidern in einer festlich gekleideten Hofgesellschaft (1225,3f.) ist die *arme Kriemhilt*, die nicht mehr schön ist und nicht mehr fähig zu herrschen. Sie muß erst wieder eingekleidet werden, um erneut Königin zu sein. Das ist, in die höfische Welt übersetzt, eine letztlich magische Vorstellung: daß das Überziehen einer Haut den Menschen verwandelt, zum König, Ritter, Pilger usw. macht oder aber zum Werwolf. Die Oberfäche zeigt an, was jemand ist. Das ist auch am Paradox der *tarnhût* ablesbar, die die Oberfläche zum Verschwinden bringt: Wie das Kleid verwandelt sie zwar nicht den Träger selbst, wohl aber das Bild der anderen von ihm. Wenn Brünhild gehört und gesehen hat, daß Siegfried als *man* Gunthers agiert, und wenn sie keinen Siegfried im Wettkampf siegen sieht, dann ist er als heroischer Werber für sie 'ausgelöscht', und, ohne daß klar wird, wie das optisch möglich ist, tritt Gunther an seine Stelle. Da Siegfried im entscheidenden Moment (der sich im Bettkampf wiederholt) verschwunden ist, kann er nicht der Heros sein, der allein in der Lage ist, sie zu bezwingen, und damit ist er auch nicht ein Gunther ranggleicher *kunic*.

---

[3] Haug (1987/1989), S. 337.
[4] Schmitz (2002), S. 135 u.ö.

Siegfrieds Einzigartigkeit ist eine der Oberfläche. Was er ist, ist er dank der 'Häute', die ihn umgeben. Zwar ragt er auch sonst unter den übrigen durch seine übermäßige Stärke hervor, doch ist diese nicht nur zusätzlich geschützt durch die Schutzschicht der Hornhaut aus Drachenblut, sondern wird zudem noch einmal gesteigert durch die *tarnhût*. Die äußerste und bedrohlichste Steigerung der heroischen Potenz ist nicht einmal mehr an einen sichtbaren Körper gebunden, indem sie ihn den Blicken seiner Gegner entzieht.[5] Doch unverwundbar ist er schon durch seine eigene Haut. Der Heros ist mit diesen übereinandergelegten Oberflächen identisch, und darüber hinaus ist er nichts. Konsequent wird seine Beseitigung als eine Art 'Häutung' erzählt.[6] Er kann getötet werden, weil er Zug um Zug die 'Häute' ablegt, die ihn schützen. Diese 'Häute' sind unterschiedlich eng mit seinem Körper verbunden. Die *tarnhût*, die seine Kraft zur Zwölfmännerstärke steigert, trägt er nur in extremen Situationen heroischer Herausforderung; sie ist für Hagen keine Gefahr. Doch auch in seinen Waffen ist Siegfried allen anderen überlegen. Auf Grund von Hagens Intrige vertauscht er die Kriegsrüstung mit dem Jagdkleid. Zu Beginn der tödlichen Jagd tritt er im prächtigen Jagdgewand auf, dessen Kostbarkeit seinen königlichen Rang anzeigt (951-957). Noch immer ist er, wie der Verlauf der Jagd und vor allem die burleske Mahlzeit der Jäger zeigt, stärker und schneller als alle anderen. So überredet Hagen ihn, auch das Jagdkleid abzulegen, um mit Gunther im bloßen Hemd um die Wette zu laufen (972-976). Er gewinnt trotz Handicaps und, obwohl er seine Waffen beim Laufen trägt. Mit Waffen ist er immer noch der beste und gefährlichste. Hagen muß ihm auch die Waffen abnehmen (977-980). Unter dem Hemd ist er nur noch durch den Panzer aus Drachenblut geschützt. Doch die *hurnîn hût* ist an einer Stelle durchlässig. Der Mordanschlag gelingt, weil Hagen, angeblich um ihn im drohenden Krieg zu schützen, herausgefunden hat, wo der Panzer ein Loch hat. Wenn Kriemhild zur Bezeichnung der Stelle ein Kreuz auf Siegfrieds Gewand näht, ist die Verwundbarkeit des Heros aufgedeckt; was *tougen* war, wird sichtbar, und nachdem es einmal sichtbar geworden ist, kann es nie mehr verborgen sein. Siegfried trägt von da an an seinem Körper das Mal seiner Verwundbarkeit. Hagen kann ihn tödlich treffen. Noch mit Hagens Speer im Rücken ist er gefährlich, aber seine Kraft reicht nur noch aus, um Hagen mit dem Schild niederzuschlagen, dann stirbt er: *sînes lîbes sterke muose gar zergên* („seine Körperkraft mußte gänzlich verschwinden", 987,2). Sie hatte ihn vom ersten Augenblick an zum Heros gemacht; Schicht um Schicht freigelegt, kann sie vernichtet werden. Siegfrieds 'Häutung' und seine Zerstörung sind eins.

---

[5] Doch verschwindet der Körper nicht vollständig; er kann gefühlt und gehört werden und sogar bluten.
[6] Seitter (1987), S. 83; vgl. Müller (1998), S. 247f.

## Personenverband

Wenn Siegfried durch sein einmaliges Übermaß an heroischer Kraft bestimmt ist, das in Konflikt mit den Ordnungen gerät, in denen er agiert, dann die übrigen Figuren durch eben diese Ordnungen, in deren Schnittpunkt sie stehen. In der mittelalterlichen Feudalepik agiert ein Personenverband, der die Herren und ihre Lehens- und Eigenleute in ein komplexes Geflecht horizontaler und vertikaler Abhängigkeiten einbindet. Die einzelnen Figuren sind dadurch bestimmt, daß sie unter verschiedenen Aspekten *vriunde* anderer Figuren und damit Gegner wieder anderer sind. Das *Nibelungenlied* wie das heroische Epos überhaupt hat als Helden neben dem herausragenden Einzelnen ein Kollektiv, den Verband adeliger Krieger.[7] In ihm garantieren vertragsähnliche Beziehungen (*triuwe*[8]) den gesellschaftlichen Zusammenhang. Im Zentrum stehen „familiäre Bindungen, agnatische und kognatische", der an den Rändern unscharfe Verband der *mâgen* und *konemâgen* (der Verwandten in männlicher und weiblicher Linie).[9] Hinzutreten vasallitische Beziehungen, die jedoch rechtlich nicht näher unterschieden sind.[10] Schließlich gibt es besondere Bündnisse, Bindungen zwischen Einzelpersonen, vor allem in der Form der Waffenbrüderschaft. Alle diese Beziehungen können mit *vriuntschaft* bezeichnet werden. Die verwandtschaftlichen, herrschaftlichen und im weiteren Sinne genossenschaftlichen Bindungen überlagern einander und können in Konkurrenz zueinander treten.

Unter den *vriunden* sind die *mâgen*, die Verwandten, besonders herausgehoben, ohne daß die Abgrenzung bei jeder Figur völlig klar wäre.[11] Die Einbettung in den Verwandtschaftsverband ist problematische, freilich nie problematisierte Voraussetzung des Handelns. So ist Siegfrieds Vertrauen auf die *mâgen* seiner Frau (923,3) nicht törichte Verblendung, sondern ergibt sich aus dem Verwandtschaftsverhältnis, in das er mit seiner Heirat eingetreten ist.[12] Der Mord an ihm befleckt alle Verwandten, sogar seinen eigenen völlig unbeteiligten Sohn (995). Auch Kriemhild glaubt, Hagen als Verwandtem trauen zu können (898,1); sie verläßt sich selbst nach dem Mord an Siegfried auf die Garantien der Verwandten, obwohl ihr in Xanten die Herrschaft angeboten wird. Solche Personenverbände sind durch wechselseitige *hulde* (*familiaritas*) verknüpft.[13] Auf sie kann Kriemhild ihre verräterische Einladung stützen, auf sie scheinen die Burgunden sich verlassen zu können; ihretwegen schöpft Etzel keinen Verdacht, wenn Kriemhild die Brüder einlädt; über Kriemhild ist auch er den Burgunden verwandtschaftlich – durch *vriuntschaft* – verbunden (1406,2f.; 1407,2).

---

[7] Müller (1987), S. 251; zum folgenden vgl. (1998), S. 153-159.
[8] Allgemein Gentry (1975).
[9] Müller (1987), S. 234f.; dort genauere Nachweise.
[10] Althoff (1997), S. 185; vgl. Hennig (1981), S. 179.
[11] Vgl. Müller (1998), S. 154.
[12] Vgl. Müller (1987), S. 236.
[13] Althoff (1997), S. 199-228; insbesondere S. 202f.

Als besonders stark bewähren sich vasallitische Bindungen, repräsentiert vor allem durch Hagen, den *vriunt* der Könige. *Vriunt* bezeichnet auch im herrschaftlichen Kontext ein Verhältnis von nahezu Gleichen, gestützt auf Gegenseitigkeit, weshalb die Könige nicht einfach über Hagen wie über Sachgüter oder auch Leibeigene verfügen können (698,4-699,4). Hagen handelt stellvertretend für den König, angefangen vom Sachsenkrieg (151,4) über die Brautwerbung (331) bis zum Plan der Ermordung Siegfrieds (864). Er schützt die burgundische Herrschaft vor der Gefährdung durch die *unkunde[n] recken* („unbekannte Krieger", 1127,2), die Kriemhild durch Gaben an sich bindet, warnt vor der Bedrohung durch Etzels Macht (1205), bleibt aber bei den Königen, wenn sie sich trotzdem in Gefahr begeben: *die heizent mîne herren, und bin ich ir man* („Sie heißen meine Herren; ich bin also ihr Vasall", 1788,3). Bis zu seiner Weigerung, Kriemhild das Versteck des Hortes preiszugeben und so vielleicht sein und Gunthers Leben zu retten, gelten für ihn nur die Verpflichtung gegenüber den Königen und der Eid, den er ihnen geschworen hat (2368). Überlegungen, durch seine Weigerung, Kriemhild das Versteck des Hortes zu verraten, sei er am Tod Gunthers schuld (und vorher schon: dadurch, daß er mit zu Kriemhild zog, habe er überhaupt erst das Leben der Könige aufs Spiel gesetzt), entspringen taktischem Kalkül einer modernen Gesellschaft, in der der einzelne frei zwischen Rollen- und Handlungsalternativen wählen kann, verfehlen aber das feudale Vergesellschaftungsprinzip unbedingter persönlicher Verpflichtung und *triuwe* zum gegebenen Wort – das Prinzip einer Gesellschaft ohne institutionelle Absicherungen, das bis in seine letzten Konsequenzen ausgereizt wird, bis hin zum Selbstopfer und sogar zum Opfer derer, denen das Selbstopfer gilt.

Am wenigsten fixiert sind Bindungen zwischen Personen, die weder verwandt sind noch in einem Verhältnis herrschaftlicher Unterordnung stehen. Hierzu gehört die Waffenbrüderschaft zwischen Siegfried und Gunther und vor allem die zwischen Hagen und Volker. Die erste erweist sich als labil, da sie mit herrschaftlichen Abhängigkeiten verwechselt wird. Die zweite aber, die nur auf einem informellen Versprechen gegenseitigen Beistands basiert (1777f.), wird schon im Epos pathetisch gefeiert: Die unverbrüchliche Bindung zwischen dem Helden und seinem Gefährten ist ein Lieblingsthema heroischer Epik. In Freundespaaren wie Achill und Patroklus, Roland und Olivier, Hagen und Volker wird die latente Asozialität des Heros (in Siegfrieds höfischer Karriere kaschiert) aufgefangen und kompensiert, indem sich sämtliche positiven sozialen Beziehungen auf den einen Waffenbruder konzentrieren.[14] Die Waffenbrüderschaft zwischen Hagen und Volker ist im Schlußteil des Epos der idealisierte Gegenentwurf zur Perversion verwandtschaftlicher und zur Katastrophe herrschaftlicher Bindungen. Anders als diese wird sie keinerlei Belastungen ausgesetzt und bewährt sich konfliktfrei bis in den Tod: Am vollkommensten ist *vriuntschaft*, wo sie sich von allen andersartigen sozialen Bindungen gelöst hat.

---

[14] von See (1978/1981).

Die horizontalen Bindungen sind insofern durchweg positiv besetzt, diejenigen innerhalb der Sippe, Waffenbrüderschaft oder Gastfreundschaft oder das anfängliche Einvernehmen zwischen den Burgunden und den exilierten Helden an Etzels Hof. Solche Bindungen können die Zugehörigkeit zu unterschiedlichen politischen – selbst feindlichen – Gruppierungen übergreifen. Noch als die Burgunden schon in den Kampf mit Etzels Leuten verwickelt sind, nennt Rüdeger sie *vriunde* (1996,4), und Giselher bestätigt: *sît ir sît triuwen stæte* („wo ihr doch beharrlich an euren [Freundschafts-] Bindungen festhaltet", 1997,3). Deshalb ist aber auch ein tödlicher Zusammenstoß zwischen *friunden* möglich (2200,3).

Die drei Typen von *vriuntschaft* sollen den übergreifenden sozialen Zusammenhang garantieren, doch erzählt das Epos, wie sie miteinander in Konflikt geraten, da sich Beziehungsnetze immer nur durch die Verknüpfung einzelner Elemente mit einzelnen Elementen aufbauen und es keine abstrakt-allgemeinen Bindungen oberhalb solcher Einzelverknüpfungen gibt.[15] Auf den Verwandten oder den Gefolgsmann ist kein absoluter Verlaß, weil er immer auch noch in anderen Verpflichtungen steht. Die 'kettenförmige' Verknüpfung einzelner Elemente des sozialen Verbandes wirkt sich verhängnisvoll aus: Kriemhild kann damit rechnen, daß die Einladung an die Brüder das Kommen Hagens nach sich zieht; dessen *vriuntschaft* mit Volker involviert diesen in den Konflikt, mit dem er anfangs gar nichts zu tun hatte. Sukzessive werden die hunnischen Gefolgsleute in den Kampf verwickelt, Etzel über die Ermordung seines Sohns (als Rache für Kriemhilds Verrat), Iring durch Reizreden der Gegner, Rüdeger durch den Appell an seine Verpflichtung als Vasall, Dietrich durch den Tod seiner Gefolgsleute. Kriemhild bemüht sich, fehlende Kettenglieder zu ergänzen, um alle in ihren Racheplan hineinzuziehen. Zerren zwei Ketten in unterschiedliche Richtungen, so muß die eine Bindung zuerst gelöst werden, bevor die andere wirksam wird: so Kriemhilds Bindung an Giselher, so die Etzels an die *vriunde* seiner Frau oder die Rüdegers an seine Gastfreunde.

Die Verbindung der Kettenglieder erweist sich als unterschiedlich fest; die Rangfolge im absteigenden Sinne lautet Waffengemeinschaft, Vasalität, Verwandtschaft, Verpflichtung mittels Lohn (*miete*). Am höchsten steht eine freiwillige Bindung von Gleichen wie die zwischen Hagen und Volker, die weder auf gentilizischer noch vasalitischer noch ökonomischer Grundlage basiert. Sie vertritt das Prinzip persönlicher Bindung in emphatischer Reinheit: *swâ sô friunt bî friunde friuntlîchen stât* („Wenn der *vriunt* dem *vriunt* wie ein *vriunt* beisteht", 1801,2). Da also, wo die Haltbarkeit tatsächlich am stärksten gefährdet ist, weil sie nicht dinglich abgesichert ist, ist sie umso ruhmwürdiger. Emotionale Orchestrierung ersetzt hier, was an institutioneller Garantie fehlt. Ihr Zerrbild ist das Bündnis auf Zeit zwischen Gunther und Siegfried, das zerfällt, wenn der gemeinsame Zweck erreicht ist. Am geringsten gelten Verpflichtungen, die man sich mit Gold kaufen

---

[15] Althoff (1997), S. 186.

muß. Zwar überbietet das hunnische Machtgefüge alle anderen Herrschaften, selbst Siegfrieds Macht (1339-1347). Doch wenn es zum Kampf kommt, wird daraus eine gesichtslose Masse, die ohne großes Bedauern hingeschlachtet werden darf. Es gelingt Kriemhild nur, der Burgunden Herr zu werden, indem sie gleich strukturierte Personenverbände, gegen sie aufbietet: die Dänen, die Leute Rüdegers, Dietrich und sein Gefolge. Die Hunnen sind keine Gegner. Mit Etzels Macht scheitert der komplexere Verband am Nahverhältnis heroischer *triuwe*.[16]

Dieses Nahverhältnis wird immer wieder aufs neue gefeiert. Zumal bei den Helden im Exil an Etzels Hof werden herrschaftliche Strukturen durch Waffenbrüderschaft überlagert. Etzel dienen sie, nicht weil er ihr Herr ist, sondern weil sie ihrem Gastgeber zur Dankbarkeit verpflichtet sind (2027/ 2028). Ebenso eng sind die Bindungen untereinander. Wenn Iring sich deshalb für Etzel in den Kampf stürzen will, ist der Zusammenhalt mit seinen Gefolgsleuten so groß, daß er diese fußfällig bitten muß, ihn allein kämpfen zu lassen (2035): Anders als die Hunnen muß man sie nicht nur nicht bestechen, damit sie kämpfen, sondern kann sie kaum davon abhalten. Wenn Iring erschlagen wird, wollen alle ihn – trotz seinen Warnungen – bedingungslos rächen und für ihn sterben. Die Bindung an den Herrn ist nicht zu schwach, sondern zu stark – eine idealisierende Verkehrung der Gewichte im Spannungsverhältnis von Herr und Mann.

**Treuekonflikte**

Mehrfach und in immer neuen Konstellationen wird vorgeführt, wie sich personale Bindungen überkreuzen und gegenseitig ausschließen können. Hagen entscheidet sich für die Bindung an das Königshaus, handelt nicht als Verwandter (*mâc*) Kriemhilds (898,1), sondern als *man* Gunthers. Er wird so lange kritisiert, bis Kriemhild ihrerseits gegen die Verpflichtung zur *triuwe* verstößt und ihre Rache gegen die nächsten Verwandten betreibt und damit in die Position des Verrats rückt, die Hagen im ersten Teil eingenommen hatte. Persönliche Verpflichtungen im Namen anderer zu brechen, ist in jedem Fall Verrat und Treubruch. Eindeutig ist die Kritik an der Ermordung Siegfrieds. Gunther gibt im Mordrat zu bedenken: *er was uns ie getriuwe* („er war uns immer treu", 868,4), und der todwunde Siegfried wiederholt das wörtlich: *ich was iu ie getriuwe* (989,3). Der Erzähler kann kaum genug tun, *die starken untriuwe* (876,2; vgl. 906,3; 915,4; 988,4) anzuprangern. Das ist eindeutig, und trotzdem ist die Ermordung Siegfrieds durch die konkurrierende Bindung Hagens an Brünhild begründet.

Vor allem in der Kontroverse um Rüdeger wird der Konflikt konkurrierender Bindungen durchgespielt.[17] Rüdeger wurde als eine Figur gedeutet, die sich dem

---

[16] Hennig (1981), S. 178f.
[17] Zusammenfassend Splett (1968), S. 70-106; vgl. Wapnewski (1960).

Mechanismus kollektiver Verpflichtungen entzieht, indem er sich auf seine *sêle* beruft (2150,3). Doch gerade an ihm läßt sich die aller Individualität vorausliegende Verbindlichkeit jener Bindungen zeigen. Rüdegers Konflikt erwächst aus den Aporien des Personenverbandes. Der herrschaftlich begründeten Pflicht gegenüber dem Lehensherrn Etzel (dazu dem Eid gegenüber Kriemhild) steht die Bindung an die Verwandten und Gäste entgegen. Die Entscheidung zugunsten des Königs ist klar, ihre Grundlage keineswegs. Das Votum für die Lehensverpflichtung ist nicht mit dem für 'das Recht' gleichzusetzen: Rüdeger bricht Recht.[18]

Die herrschaftliche Bindung erscheint als unausweichlicher Zwang, wie der Erzähler Rüdeger unablässig beteuern läßt (2163,2; 2166,3; 2167,4; 2178,1f. u. 4). Was sich durchsetzt, wird als von außen auferlegt erfahren. Gegenüber „verwandtschaftlichen oder aus Freundschaft resultierenden Verpflichtungen" haben in der politischen Ordnung des Mittelalters herrschaftliche Bindungen keineswegs immer Vorrang.[19] Hier aber tragen sie eindeutig den Sieg davon, wenn auch erst nach dem pathetischen Fußfall Etzels und Kriemhilds vor Rüdeger. Die Geste demonstriert die völlige Preisgabe an den Partner im Herrschaftsvertrag und verpflichtet den, an den sie sich richtet,[20] denn sie bringt eine Verkehrung zur Anschauung, die nicht toleriert werden kann. Rüdeger kann sich, will er nicht als treulos gelten, Etzels Bitte nicht entziehen. Allerdings sind die Gewichte zwischen Herrschaft und Gefolgschaft selbst hier genau austariert: Etzels Fußfall ist nur Kontrafakt des Fußfalls Irings vor seinen Gefolgsleuten; einmal fordert der Herr von den Vasallen den Kampf ein, das andere Mal will er sie am Kampf hindern. Was als herrschaftlicher Zwang 'von oben nach unten' fraglos gilt, wird durch die korrespondierende Geste 'von unten nach oben' relativiert.

Mit Etzels Fußfall sind alle Alternativen verbaut. Rüdeger kann noch – vergeblich – versuchen, die Lehensbindung aufzulösen; er kann seine Situation beklagen; sich der Forderung Etzels entziehen kann er nicht. Überraschenderweise spielt in der Szene das Versprechen gegenüber Kriemhild, sie für ihr *leit* zu entschädigen (*büezen*, 1257,2f.), eine untergeordnete Rolle. Daß der Eid für die Entscheidung den Ausschlag gibt, geht aus dem Text nicht hervor. Nur diesen Eid aber, den er persönlich Kriemhild leistete, stellte Rüdeger unter den Vorbehalt, daß er sein Seelenheil nicht gefährden dürfe (2150,3); gegenüber den Lehensverpflichtungen gibt es solch einen Vorbehalt nicht.

Rüdeger geht, anders als er erwartet (2154,3), in seiner Ehre unbeschädigt aus dem Konflikt hervor. Da es keine pragmatische Lösung gibt, muß er sterben; aber es gibt auch keinen Schuldigen, weshalb ihm unvergänglicher Ruhm zuge-

---

[18] So – gegen Wapnewski (1960) – Splett (1968), S. 87.
[19] Althoff (1997), S. 186. Es geht also nicht im neuzeitlichen Sinne um einen Konflikt zwischen 'rechtlichen' und 'sittlichen' Verpflichtungen, wie Wapnewski (1960), S. 384-388 und 391-393, annimmt.
[20] Althoff (1997), S. 254.

sprochen wird.[21] Dabei wahrt der Erzähler genau die Symmetrie zwischen den konkurrierenden Verpflichtungen, gibt also keineswegs der Vasallenbindung den Vorrang. Die Situation ist aporetisch, denn objektiv verletzt jede Entscheidung oder Nicht-Entscheidung Recht (2154). Rüdeger aber gelingt es, auf beiden Seiten Recht zu bestätigen. Wenn er bewaffnet vor den Burgunden erscheint, erkennt Volker, Vasall wie Rüdeger, sogleich, daß er seine Lehenspflicht erfüllen muß (2173,4). Im Dialog mit den Burgunden wiederholt sich seitenverkehrt die Auseinandersetzung mit dem Königspaar um widerstreitende *triuwe*-Verpflichtungen. Gegenüber dem Entschluß, für Etzel zu kämpfen, wird an Gastrecht, Geleit und Verwandtschaft erinnert. Analog zur (scheiternden) *diffidatio* (Aufkündigung der Lehensbindung) gegenüber Etzel bittet Rüdeger die Burgunden um die Auflösung auch dieser Verpflichtungen (2175,4), wieder vergeblich.[22] Erst Hagens Eingreifen erlaubt, beide Seiten zu bestätigen. Hagens Bitte um Rüdegers Schild reaktiviert die Bindungen an die burgundischen *vriunde*, gegen die Rüdeger zu verstoßen gezwungen ist. Rüdeger erfüllt die Bitte ebenso *willeclīchen* (2197,1) wie das, was ihm von Etzel auferlegt wird (2231,1). Die gegenseitige Verpflichtung durch die Gabe drückt sich in Hagens und Volkers Rückzug vom Kampf aus. Sie entscheiden sich damit gegen ihre Herren und für die Alternative, die Rüdeger verworfen hat. Auch Giselhers Zurückhaltung vom Kampf gegen den Verwandten bestätigt den unterlegenen Rechtsstandpunkt (2208,3f.). Daß Rüdeger durch dasjenige Schwert stirbt, das er seinem Gegner selbst geschenkt hat, stellt noch einmal die tödliche Konsequenz aus den entgegengesetzten Verpflichtungen dar. Gerühmt wird er übrigens nicht vom König und der Königin, für die er gekämpft hat, sondern von denen, denen er die *vriunde* totschlug, doch auch freiwillig seine Großzügigkeit erwies.

Der Epiker ergreift nicht Partei, sondern spielt einen Konflikt bis in seine letzten Konsequenzen durch. Dank seiner Darstellungsstrategie sind die Gewichte „im Lot",[23] freilich um den Preis, daß es kein Nachher gibt. Die Norm einer feudalen Kriegergesellschaft und die Ordnung des Personenverbandes triumphieren noch in der Ausweglosigkeit, indem sich durchsetzt, was Herrschaft garantiert, jedoch unter Strömen von Tränen gefeiert wird (2197,2), was an persönlichen Bindungen dem entgegensteht und noch im Tod intakt bleibt. Im Untergang Rüdegers feiert sich die Heroenwelt auf Kosten der Sieger. Rüdeger ist ihr vorbildlicher Repräsentant. Sein Triumph als von allen beweinter Held ist identisch mit der Katastrophe des sozialen Systems, in dessen Netz er sich verfangen hat.

Das Bild der unverbrüchlich in *triuwe* handelnden Feudalgesellschaft ist um 1200 bereits archaisch. Der tatsächlichen politischen Desintegration nicht nur auf der Ebene der Reichspolitik, sondern auch in den Machtkämpfen territorialer

---

[21] Sein Tod ist insofern kein „Rechtsentscheid", der eine Strafe für eine Verletzung von Recht anzeigt; anders Splett (1968), S. 87-89.
[22] Splett (1968), S. 78; 84-86; Hans Kuhn (1965), S. 295f.
[23] Wapnewski (1960), S. 398.

Herrschaftsträger unterschiedlichen Ranges ist das Bild eines rein auf personale Beziehungen gestützten politisch-militärischen Verbandes entgegengesetzt, in dem es keinen Streit um Über- oder Unterordnung zu geben scheint.[24] Herrschaftliche Abhängigkeiten werden nirgends in Frage gestellt; sie sind mit den 'horizontalen' Bindungen an den *vriunt* immer schon harmonisiert. Verräterisch ist freilich, daß die Repräsentanten unbedingter *triuwe* – der unbedingten Verläßlichkeit des Personenverbandes – ihre Haltung mit dem Leben bezahlen: Siegfried schützt seine uneingeschränkte Dienstbereitschaft nicht vor deren herrschaftlicher Mißdeutung, und er bezahlt sie und sein Vertrauen auf die *mâgen* mit dem Tod. Um Hagens *triuwe* zu Volker und der zu seinen Herren gibt es keinen Konflikt, aber er zieht beide ins Verderben. Rüdeger erfährt den Widerspruch zwischen unterschiedlichen Verpflichtungen als Zerstörung seiner Existenz: Die *triuwe* bewährt sich unter der Bedingung ihres Scheiterns.

**Individualisierung von *triuwe*?**

Der *triuwe* fehlt eine eindeutige Hierarchisierung von Bindungen unterschiedlichen Typs, stärker kollektiv-gesellschaftlichen und stärker individualisierten; beide Typen sind im Personenverband ununterscheidbar. Insofern haben die vielen Verhältnisse, die mit *triuwe* benannt werden, einen gemeinsamen gesellschaftlichen Kern. Erst allmählich verschiebt sich dieser Kern in der Literatur des 12. und 13. Jahrhunderts vor allem in Minnesang und höfischem Roman zu einer stärker individuell modellierten Beziehung. Ansätze dazu gibt es aber auch im *Nibelungenlied*, und zwar in Kriemhilds alle anderen Bindungen zertrennenden *triuwe* zu Siegfried. Zwar fehlt auch dieser *triuwe* das gesellschaftliche Moment keineswegs, doch geht es nicht allein darum:

> *und solt' der herre Sîfrit gesunder sîn gewesen,*
> *bî im wære Kriemhilt hendeblôz bestân.*
> *getriuwer wîbes künne ein helt nie mêre gewan.*

> („Wäre nur der Herr Siegfried unversehrt gewesen, wäre Kriemhild nackt und arm bei ihm geblieben. Eine treuere Frau hat nie ein Held gewonnen", 1126,2-4).

Kriemhilds *minne* ist nicht an Siegfrieds Position gebunden und deshalb nicht durch die Wiederherstellung dieser Position zu ersetzen; aus diesem Grund fällt sie aus dem Geflecht gewöhnlicher *triuwe*-Bindungen heraus. Die Bindung an den Geliebten, den *holde[n] vriedel* (2372,3), kann und wird alle anderen zerstören. Mit *vriedel* ist ein Nahverhältnis unter Ausklammerung von rechtlichen Un-

---

[24] Nur indirekt, im Streit zwischen *kunigen* – Siegfried bzw. Gunther/Brünhild – erscheint das Problem.

terscheidungen (Liebhaber, Ehemann) bezeichnet. In der Perspektive des Erzählers wie seiner Figuren pervertiert allerdings diese im Wortsinne a-soziale *triuwe* zur Ungeheuerlichkeit.

Dabei war die Beziehung von Siegfried und Kriemhild zunächst konventionell angelegt: Fernliebe, Erringung der Schönsten durch den Stärksten, Zustimmung der Sippe, schließlich der Schönsten selbst, gemeinsame Königsherrschaft, Allianz der Königssippen. Siegfrieds Rolle als werbender Ritter ist vom höfischen Frauendienst überformt, Kriemhilds Reaktion von Elementen des *amor de lonh* (Liebe auf Distanz) der Trobadors beeinflußt, doch bewegt sich beides in höfisch-dynastischem Rahmen: Siegfried dient Kriemhild durch Taten für die Brüder, und Kriemhild ist nicht die souveräne *vrouwe*, die nach Verdienst über die Annahme von *minne*-Dienst entscheidet, sondern steht in deren Verfügungsgewalt (53f.). Selbst wenn sie ihren eigenen entsprechen, hat sie den Wünschen der Brüder zu folgen. Siegfrieds Minnedienst und sein Dienst für die Könige scheinen eins. Wenn Kriemhild zum ersten Mal mit ihm spricht, lobt sie ihn, daß ihm die Könige *holt* sind (303). Nach dem Fest stellt sich gleich wieder Distanz her, gekleidet in die zeremoniellen Formen offizieller Empfänge (353-360; 551-558). Die Heirat ist ein Staatsakt, für dessen erbrechtliche Folgen Kriemhild sich interessiert (696-699), und sie versteht im Streit mit Brünhild ihre eigene Rolle ganz in Abhängigkeit von der sozialen Rolle ihres Mannes.

Die Vorbereitung dieser normgerechten feudalen Ehe wird allerdings durch Zeichen höfischer *minne* überblendet, die eine individuelle Wahl ist und dem einen besonderen Menschen gilt: Kriemhilds Interesse für Siegfried drückt sich in versteckten Blicken (133), in Neugier auf den Sieger im Sachsenkrieg (225f.; 241) oder im Erröten (292,2) aus; aus dem höfischen Grußritual, das Siegfried vor aller Augen belohnen soll, ergibt sich erotische Nähe (293f.); bei der offiziellen Vermählung *an dem ringe* zeigt sich ihre Zuneigung (614f.). Das *Nibelungenlied* zitiert Minnesymptome, wie sie der höfische Roman weiter ausgestaltet, koordiniert sie freilich mit den üblichen Konstellationen feudaler Eheschließung. Was anfangs nur mitzulaufen scheint und die Eheschließung zur emotionalen Seite hin vervollständigt, wird aber allmählich zur Hauptsache. Spätestens mit dem Verlust, dem Mord an Siegfried, wird aus einer dynastischer Konvenienz gemäß geschlossenen Ehe eine alle anderen Verbindungen ausschließende *minne*.[25]

Das anfängliche Nebeneinander ist charakteristisch für den literarhistorischen Ort des *Nibelungenliedes* um 1200. Das Heraustreten personaler Bindung aus einem konventionellen Geflecht kollektiver Verpflichtungen bestimmt eine Reihe anderer Erzählstoffe, am spektakulärsten und konfliktträchtigsten die Tristansage, aber auch das prekäre Gleichgewicht, das der Artusroman seit Hartmanns *Erec* zwischen individuellen und sozialen Verpflichtungen herstellt. Wird hier ein Harmoniemodell entworfen oder dort die Unversöhnlichkeit der beiden Determina-

---

[25] Kritisch hierzu Frakes (1994), S. 133-135; 152; 156 u.ö.

tionen durchgespielt, so bleibt es im *Nibelungenlied* noch bei der Addition, in der sich aber allmählich die Gewichte verschieben, so daß am Ende die personale Bindung die kollektive völlig verdrängt. Diese Ersetzung aber wird als Perversion erzählt.
   Kriemhilds Haltung gegenüber *triuwe*-Verpflichtungen unterscheidet sich grundlegend von der Hagens. Hagen verläßt die geltende Ordnung nicht, sondern votiert für die herrschaftliche Seite, die Königin, zuungunsten der verwandtschaftlichen (*mâc*). Kriemhilds *triuwe* gegenüber Siegfried dagegen hat sich aus allen gesellschaftlichen Beziehungen gelöst. Sie erscheint nur so lange als positiv, wie sie in andere *triuwe*-Netze eingebettet ist (wie bis zum Ende der 19. Aventiure, d.h. vor der Hochzeit mit Etzel), dann jedoch immer weniger. Von Siegfrieds Sippe hatte sie sich noch wegen der Nähe zu ihren Blutsverwandten getrennt (1078,4).[26] Zurückgeblieben im Netz der burgundischen Verwandten konnte aber die Rache nicht gelingen, weil die, auf die sie zielen müßte, zu eben dem Verband der *getriuwen* gehören, auf dessen Schutz Kriemhild sich verlassen muß (Giselhers Worte über Hagen: 1133,3). Erst als sie auf die Leute Etzels zählen kann, wird die *triuwe* zu Siegfried zum absoluten, alle anderen sozialen Bindungen aufzehrenden Motiv.
   Wenn man an Kriemhild eine Tendenz zur radikalen Verinnerlichung und Individualisierung wahrzunehmen glaubte,[27] dann verstößt diese nicht nur gegen die *suone*, sondern geht auch auf Kosten jener kollektiven Bindungen, aus denen sich die nibelungische Welt aufbaut. In der Wahrnehmung des Epos ist das teuflisch:[28] *Ich wæn der übel vâlant Kriemhilde daz geriet,/ daz si sich mit friuntschefte von Gunthere schiet,/ den si durch suone kuste* („Ich vermute, daß der schlimme Teufel Kriemhild den Rat gab, ihre Bindung an Gunther[29] aufzugeben, den sie zur Versöhnung geküßt hatte", 1394,1-3). Kriemhilds rücksichtslose Konzentration auf Siegfried fordert den burgundischen Personenverband heraus, der nicht nur in immer neuen Kämpfen unsterblichen Ruhm erringt, sondern sich vor allem im unauflöslichen Zusammenhalt gegen allen äußeren Druck bewährt; jeder Versuch, seine Mitglieder gegeneinander auszuspielen und den schuldigen Hagen von den übrigen zu trennen, scheitert:

> „*ob unser tûsent wæren, wir lægen alle tôt,*
> *der sippen dîner mâge, ê wir dir einen man*
> *gæben hie ze gîsel: ez wirt et nimmer getân.*" (2105,2-4)

(„'Und wenn wir tausend aus der Sippe deiner Verwandten wären, lieber wären wir tot, als daß wir auch nur einen einzigen Mann als Geisel auslieferten. Das geschieht gewiß niemals'").

---

[26] Müller (1987), S. 242; vgl. Althoff (1997), S. 206.
[27] Schröder (1968); Wolf (1995).
[28] Hans Kuhn (1965), S. 291.
[29] Hs. B 1391,2 hat fälschlich *Gîselher*, was vom Ergebnis her richtig, in der Situation aber falsch ist.

*"wande ich deheinen mînen friunt an den triuwen nie verlie."*
(2106,4)
(„Denn ich habe noch nie einem *friunt* die *triuwe* gebrochen").

Um 1200 scheint diese Hierarchie von *triuwe*-Bindungen nicht mehr selbstverständlich gegolten zu haben. Kriemhilds *triuwe* wird aufgewertet. Die überwiegend negativen Bewertungen der Rache im Epos (*B) werden schon in *C abgeschwächt: nichts von Einflüsterungen des *vâlant*,[30] dafür Bedauern, daß es nicht gelang, die Rache auf Hagen zu beschränken. Erst recht wird Kriemhild in der *Klage*, ausgestattet mit der Autorität von *Des buoches meister* (Kl 569), dagegen in Schutz genommen, daß sie wegen ihres Treubruchs mit der Hölle bestraft worden sei: Im Gegenteil habe sie eine unbedingte *triuwe* bis in den Tod bewährt – *triuwe* gegenüber Siegfried: *dem getriuwen tuot untriuwe wê./ sît si durch triuwe tôt gelac,/ in gotes hulden manegen tac/ sol si ze himele noch geleben* („wer treu ist, den schmerzt *untriuwe*. Da sie wegen ihrer *triuwe* starb, wird sie für immer im Himmel in Gottes Gnade sein"), Kl 570-573).[31] Hier ist *triuwe* individualisiert; das ist in der Fassung C der *Klage* noch einmal verstärkt, indem der Verrat bagatellisiert wird, indem Kriemhild *grôz triuwe darzuo treip/ daz si in triuwen verlôs ir leben* („indem sie große *triuwe* dazu trieb, daß sie in *triuwe* ihr Leben verlor", Kl C 572f.). Begründet wird ihre Rache mit ehelicher Liebe:

> *daz si pflac grôzer riuwe*
> *durch liebe und durch ir triuwe,*
> *daz si zwô sêle und ein lîp*
> *wâren, dô si was sîn wîp,*
> *dâ von si von schulden zam*
> *der râche die si umbe in nam* (Kl C 577-582).

(„daß sie großen Schmerz erfuhr wegen ihrer Liebe und ihrer Treue [zu Siegfried], daß sie zwei Seelen und nur ein Leib waren, als sie seine Frau war; deshalb kam ihr mit Recht zu, sich für [den Verlust] ihres Mannes zu rächen").

Kriemhilds Verantwortung für das schreckliche Ende, das die Unmöglichkeit, Hagen zu isolieren, herbeiführte, wird in der Formel neutralisiert: *do lie sîz gên als es mohte/ mit ir willen und âne ir danc* („da ließ sie es so gehen, wie es gehen konnte, mit ihrer Zustimmung, doch ohne ihre Absicht", Kl C 598). Sie stößt sich an einer Ordnung, die nicht mehr ihre ist.

Kriemhilds *triuwe* ist radikal individualisiert, nurmehr auf eine Person gerichtet und blendet alle sozialen Rücksichten aus. Sie muß aus dem selbstverständlichen Geflecht der *getriuwen*, das feudale Gesellschaft konstituiert, heraus-

---

[30] C 1789,4 hat statt *vâlandinne* das unverständliche *vahendinne*, während a konsequent in *fraw küneginn* ändert.
[31] Vgl. Kl B 569-586; vgl. im Tenor ähnlich Kl C 571-574.

*Individualisierung von* triuwe?

gelöst werden, und das geschieht in der *B-Fassung unter eindeutig negativen Vorzeichen.[32] Das Bewußtsein, eine in der nibelungischen Welt fraglos geltende Norm zu verletzen, teilt sogar Kriemhild selbst, wenn Dietrich sie Teufelin, *vâlandinne* (1748,4), nennt, weil er weiß, daß sie zur Rache an den nächsten Verwandten entschlossen ist:

> *Des schamte sich vil sêre daz Etzelen wîp*
>
> („Darüber schämte sich Etzels Frau sehr", 1749,1).

Scham ist das Bewußtsein des Verstoßes gegen eine Ordnung, die man noch anerkennt. Diese ist erschüttert, indem Kriemhild den nächsten Verwandten (*an ir næhsten mâgen*, 2086,3) nach dem Leben trachtet (1902,2). Noch die Schlußszene insistiert – vergeblich – auf Verwandtschaftsbeziehungen (*vil liebiu swester*, 2363,1; *bruoder*, 2366,3; 2369,2), um sie gegen den *holde[n] vriedel* (2372,3) auszuspielen. Die *triuwe* erweist sich in Kriemhilds Einschränkung auf einen einzigen Menschen als desaströs. Kriemhilds Tod spiegelt das Vergehen (2377,2). Zerstückeln ist wie Zerreißen die Strafe für Verräter.[33] Es ist bezeichnend für die Aufwertung jener anderen *triuwe*, die Kriemhild vor allem anderen an Siegfried bindet, daß die *Klage* diese Strafe durch Enthauptung gemildert hat (Kl 795-797).

---

[32] Wynn (1965), S. 114, Anm. 16, 20, 22; Haug (1987/1989), S. 14; Müller (1987), S. 251.
[33] Ohly (1989/1995), S. 428.

# Nibelungische 'Politik'

## Rivalität um die Herrschaft

Die Bedeutung, die dem *Nibelungenlied* als 'Nationalepos' zugeschrieben wurde, regte von Anfang an Fragen nach seiner politischen Botschaft an. Der Horizont war das mittelalterliche Reich zur Zeit der Entstehung des Epos.[1] Die Spiegelung der uralten Geschichte aus der Völkerwanderungszeit im politischen Bewußtsein der Reichskrise um 1200 (Zusammenbruch der Stauferherrschaft, Doppelwahl von 1198, Höhepunkt des Investiturstreits mit dem Papst) wurde auf ihren Zeugniswert für ein spezifisch deutsches Geschichtsbewußtsein an einem Wendepunkt des langen und schwierigen Wegs zur Staatsbildung befragt. Auch nachdem dieses Erkenntnisinteresse seit dem Zweiten Weltkrieg in den Hintergrund getreten war, herrschte noch lange Zeit eine reichsgeschichtliche Perspektive vor, während erst in jüngerer Zeit nach der Bedeutung für kleinräumigere politische Konstellationen geforscht wurde.[2]

Die schwache Stellung König Gunthers im Vergleich zu Siegfried und später Hagen schien Verbindungen zur Schwäche der Reichsspitze um 1200 nahezulegen. Die Schwäche der Figur wurde zur Schwäche der Institution allegorisiert. So glaubte man eine direkte Verarbeitung des Konfliktes zwischen König und Reichsfürsten im Gefolge der Doppelwahl von 1198 oder schon vorher der Auseinandersetzung zwischen Friedrich Barbarossa und Heinrich dem Löwen[3] zu erkennen. Doch läßt sich aus der Rolle König Gunthers auch der entgegengesetzte Schluß ziehen: Wenn seine Herrschaft trotz des schwachen Repräsentanten sich letztlich unangefochten behauptet, muß die Institution umso stärker sein.[4] Im übrigen ist eine solche Parallele vom Nationalstaat des 19. Jahrhunderts her gedacht und mißt die politischen Konstellationen am Souveränitätsgedanken und staatlichen Gewaltmonopol der Neuzeit. In dieser Perspektive wird die Lehensordnung mißverstanden, die auf einer Machtbalance und -verteilung zwischen Herrn und Vasallen beruht. Diese Balance wird in der mittelalterlichen Heldenepik immer wieder neu verhandelt und ändert sich mit wechselnden politischen Konstellationen, ohne diese direkt abzubilden. Der 'schwache König', repräsentiert etwa in König Ludwig der Chansons de geste, ist eine beliebte, gemäß den Interessen der

---

[1] Vgl. Ihlenburg (1969), etwa S. 141f.
[2] Meves (1980); Voorwinden (1987); Störmer (1987); Heinzle (1999b) u.a.
[3] Panzer (1945), S. 178; vgl. Althoff (1997), S. 71.
[4] Czerwinski (1979), S. 67; 74f.; Seitter (1995), S. 152.

mächtigsten Feudalherren entworfene Figur in der feudalen Polarität der Macht. In den Kämpfen der Pairs mit der Krone können Feudalkonflikte des 12. Jahrhunderts literarisch ausagiert werden.[5] Eine Übertragung auf den Gunther des *Nibelungenliedes* ist problematisch, da es hier keinerlei Feudalkonflikt gibt. Der Figur des starken Vasallen fehlt der Gegenspieler. Hagen repräsentiert den in der Helden- und sog. Spielmannsepik verbreiteten Typus des ebenso überlegenen wie uneigennützigen Helfers, auf dem das Überleben des Herrschaftsverbandes beruht. Herr und Vasall sind nichts ohne den anderen. Dabei überwiegt die Abhängigkeit des Herrn vom Vasallen. Der Vasall beweist dem Herrn seine durch nichts zu gefährdende *triuwe*. Das Epos feiert eine gegenseitige Verpflichtung, die in den politischen Auseinandersetzungen um 1200 wohl schon nostalgische Erinnerung an ein politisches System war, das es in dieser Form nie gab. Eine solche Beschwörung idealer Vergangenheit, und zwar vornehmlich aus der Perspektive der unbeirrbar treuen Vasallen, wird in einem Teil der späteren Heldenepik – etwa im *Buch von Bern* – in noch extremere Konsequenzen getrieben. Sie scheint ein wesentliches Motiv bei der Verschriftlichung heroischer Überlieferung gewesen zu sein.

Politische Konflikte zeichnen sich eher untergründig ab, im Blick auf die vielfältigen politischen Einheiten, aus denen sich der Reichsverband zusammensetzt. Die Bezeichnung *kunic* gilt dem Herrn eines solchen Gebildes. In diesem Sinne ist Siegfried *kunic* im Niderlant, haben Sachsen und Dänen *kunige* und versammeln sich *kunige* an *kunic* Etzels Hof. Sie wirken stets mit ihren Gefolgsleuten zusammen. Insbesondere der Hof von Worms erscheint als idealisierte Vasallenkurie, in der der König stets nur mit und durch seine *man*, an der Spitze Hagen, Volker und die Vertreter der Hofämter, handelt. Dieser Hof ist deutlich hierarchisch strukturiert, indem auch die Vasallen wieder Aftervasallen haben, über die sie selbständig verfügen und die sie dem König zuführen. Im Inneren ist die politische Ordnung intakt; bedroht wird sie nur von außen, zuerst von Siegfried, später von Kriemhilds Verrat, der sich der überlegenen Macht des Königs Etzel bedient.

Ohne Zweifel unterscheidet sich diese idealisierte politische Ordnung im *Nibelungenlied* von der im höfischen Roman ebenso wie von derjenigen zeitgenössischer politischer Gebilde. Sie ist ein Wunschbild, das gegen die von den Fürsten vorangetriebene Territorialisierung gerichtet ist. Die Absichten von Herren und Vasallen sind immer vorab harmonisiert, so daß kein Konflikt auftreten kann, und wenn im zweiten Teil des Epos die Führung auf Hagen und Volker übergeht, geschieht das keineswegs zu Lasten der Könige. Unübersehbar spielt die Frage 'Wer soll herrschen?' vor allem im ersten Teil des Epos eine Rolle. Es ist Hintergrund der Herausforderung Siegfrieds an Gunther.[6] Ausgangspunkt ist

---

[5] Bender (1967).
[6] Müller (1974) u. (1998), S. 170-177.

die gefestigte Herrschaft in Worms und in Xanten. Gunthers Herrschaft beruht auf Erbe und Tradition. Nach den Prämissen dieses Systems ist es unverständlich, daß der Xantener Königssohn Siegfried Gunther einen Zweikampf um die Herrschaft vorschlägt, um durch seine persönliche Kampfkraft (*ellen*) zu beweisen, daß dem König *von rehte liute unde lant* („zu recht Leute und Land", 109,3) dienen; *von rehte* leitet sich hier aus *ellen*, der Fähigkeit ab, den Frieden zu sichern (113,1f.). Basis der Wormser Herrschaft ist demgegenüber das durch dynastische Tradition abgesicherte Recht: *des mîn vater lange mit êren hât gepflegen* („worüber mein Vater lange Zeit, so wie es richtig ist, geherrscht hat", 112,2); es kann nicht durch *iemannes kraft* aufs Spiel gesetzt werden (112,3). Hier beruht legitime Gewalt auf der Abstammungslinie des Königshauses, dem sich einige Seitenlinien zuordnen, und vor allem auf dem hierarchisch ausdifferenzierten Herrschaftsverband, den die erste Aventiure des Epos vorgestellt hatte (9-12). Auch Siegfried hat einen ererbten Anspruch auf die Krone (109,1). Die Xantener Königsherrschaft wird weniger breit ausgefaltet, doch als auf Abstammung und Lehen beruhender Herrschaftsverband ist sie grundsätzlich gleich.[7]

Der Vorschlag, legitime Herrschaft von der persönlichen Überlegenheit des Herrschers abhängig zu machen, muß um 1200 schon archaisch geklungen haben, auch wenn es weiterhin zum Selbstverständnis des Feudalherrn bis hinauf zum Kaiser gehört, als Krieger alle anderen Krieger zu übertreffen.[8] In der institutionalisierten, durch Tradition gestützten Königsherrschaft von Worms ist er eine Provokation und wird entsprechend zurückgewiesen. Siegfried kann sich mit seiner Herausforderung, wie bemerkt, nicht durchsetzen und muß versuchen, 'dienend' das zu erreichen, was er im Kampf sich zu erobern gedachte. Isenstein dagegen ist eine Welt, in der gilt, was Siegfried in Worms vergeblich forderte, daß nämlich der (die) Stärkste herrscht und daß im Zweikampf mit dem Stärkeren über Herrschaft entschieden wird. Siegfried muß hier seine Stärke verbergen, um nicht – wie es dann trotzdem geschieht – als Werber und Aspirant auf die Landesherrschaft angesehen zu werden. Nach dem Werbungsbetrug gibt es jedoch auch hier eine Komplikation, die darauf verweist, daß die Gleichung Herrschaft = persönliche Stärke in der mittelalterlichen Feudalordnung nicht selbstverständlich gilt und nicht einmal unter exotischen Bedingungen vorgestellt werden kann: Gunther wird nicht einfach als Sieger im Wettkampf Herrscher anstelle Brünhilds; die Übertragung der Herrschaft muß vor dem gesamten Herrschaftsverband – *mâge wie man* – vollzogen werden (475,2; 4). Das Prinzip 'Herrschaft dank körperlicher Überlegenheit' wird also ergänzt; hinzu tritt ein dynastisches Prinzip, wie es in Worms galt, indem ein Verwandter Brünhilds als ihr (und Gunthers) Verweser an die Spitze des Landes tritt. Außerdem bedarf es zur Sicherung der Landesherrschaft militärischer Machtmittel, einer Gefolgschaft. Gunther braucht plötzlich ein

---

[7] Anders Czerwinski (1979), S. 71f.
[8] Friedrich (ersch. 2006).

Heer. Dazu benötigt er noch einmal Siegfrieds Hilfe, der Krieger aus dem Nibelungenland herbeiholt, die Gunther vor Brünhild als seine Gefolgschaft ausgibt. Wo handlungslogisch beide Motive blind sind, das Heer nie gebraucht wird und die Versammlung von *mâge und man* nicht weiter erwähnt wird, scheint es hier vor allem auf die Demonstration eines politischen Modells anzukommen, in dem persönliche Stärke des Herrschers, Tradition und Unterstützung durch den Feudalverband ineinandergreifen.

Uneingeschränkt gilt Siegfrieds Anspruch nur im Nibelungenland. Es liegt 'in der Nähe' von Isenstein, das heißt nach einer mythischen Logik, ist mit ihm verwandt, da es ebenso eine Sonderwelt abseits der bekannten höfischen Ordnung von Worms, Xanten und später Etzelburg darstellt. In dieser Welt wären Gunther und sein Machtapparat hilflos; nur Siegfried setzt sich hier durch, indem er noch einmal erobert, was ihm doch schon gehört, und so beweist, daß er *von wâren schulden landesherre* („aus gutem Grund Landesherr", 500,3) ist. Die für die Sagengeschichte so sperrige[9] Fahrt ins Nibelungenland hat also für die Diskussion über legitime Herrschaft eine wichtige Funktion. Im *Nibelunge lant* gibt es, nachdem Siegfried die Nachkommen der Dynastie beseitigt hat, keine zur Herrschaft legitimierte Abstammungsgemeinschaft mehr, so daß allein die immer wieder neu auf die Probe gestellte Stärke Voraussetzung rechter Landesherrschaft ist.[10] Auch gibt es dort kein strukturiertes Herrschaftsgebilde, keine *vriunde* oder Amtsträger, sondern nur die Siegfried unterworfene Mannschaft der *Nibelunge*. Worms und Nibelungenland markieren die Extrempunkte in einer Auseinandersetzung um dynastische Tradition und legitime Herrschaft; Isenstein wandert von einem Pol zum andern. In der Figur Siegfrieds sind gegensätzliche Optionen legitimer Herrschaft kombiniert. Er ist beides: *ouch recke und solde krône tragen* („auch Held und zur Königsherrschaft berechtigt", 109,1). Während er im Nibelungenland sich ein eigenes *lant zuo den bürgen* (95,4) erstritten hat und dank seiner Stärke als *landes herre* (500,3) herrscht, erbt er die Königsherrschaft in *Niderlant*, wo er ein starker Herrscher ist, der das (alte) Recht schützt (724,2-4). Diese ideale Konvergenz ist nicht von Dauer.

Das *Nibelungenlied* bewahrt in der Gestalt des Heros ältere Leitvorstellungen politischer Legitimation und stellt sie zugleich an seiner Geschichte zur Diskussion. Diese Geschichte erzählt, wie der *kunic* Siegfried wegen eines Dienstes, den der Erzähler peinlich von aller Diskriminierung fernzuhalten sucht, sich gegen die Zumutung, unfrei (*eigen*) zu sein, wehren muß und wie er dabei letztlich sein Leben verliert. Brünhilds Abqualifizierung Siegfrieds als eines Leibeigenen (*eigenholt*) schießt weit über das hinaus, was sie vom angeblichen *man* (Vasall) Gunthers gehört hat.[11] Die Beschimpfung wurde eine „pathetische Neubildung"

---

[9] Bumke (1958); Pérennec (1975).
[10] Pérennec (1975), S. 5 zum Zusammenhang der 3. mit der 8. Aventiure.
[11] Müller (1974), S. 105-111.

genannt, die die „Ungeheuerlichkeit des so Bezeichneten demonstrieren soll" und daher nicht exakt auf ständische Verhältnisse der Zeit abgebildet werden dürfe.[12] Doch könnte gerade in der literarischen Übertreibung das politische Interesse stecken. Daher schließt die effektvolle Zuspitzung Anlehnungen an bekannte politische Konstellationen nicht aus, zumal wenn es für die Begriffe, in denen Siegfrieds vermeintliche Standesminderung gefaßt wird, rechtsgeschichtliche Entsprechungen gibt. Das Vokabular im Umkreis von Siegfrieds 'Dienstmannenlüge' (*man, eigen, eigenholt, eigen diu, adelvrî* usw.) enthält – ohne ständerechtliche Präzision – Elemente einer umstrittenen politischen Semantik.[13]

Wenn Brünhild dagegen nur die Alternative von Befehlen und Gehorchen, König und Leibeigener (*eigenholt*) kennt, stellt sie das gesellschaftliche Gefüge des Feudalverbandes in Frage. Ihre Dienstforderung gegenüber dem, der *kunic* ist, berührt ein zentrales Thema von Heldenepik: den (falschen) Herrschaftsanspruch des Königs gegenüber seinem hohen Adel (gefaßt als *zins*-Forderung). Das wird, anders als in den Chansons de geste, nicht als Vasallitätskonflikt erzählt, sondern chiffriert als Konflikt zwischen zwei Gleichen (*kunigen*). Ermöglicht wird Brünhilds Fehlinterpretation durch die freiwillige Einfügung des Heros in eine höfische Ordnung, die ihm um der Minne willen einen *dienest* abverlangt, der ungewöhnlich ist und, wie Siegfrieds Reaktionen zeigen, immerzu vor Fehldeutung bewahrt werden muß: *er hete solhen dienest vil selten ê getân* („einen derartigen Dienst hatte er vorher noch nie geleistet", 398,2).[14] Damit gerät die höfische Ordnung selbst ins Zwielicht, mit ihrer exklusiven Gleichheit, die ständische Differenzen in einer idealen Hierarchie der *werdekeit* suspendiert. Nichts anderes als diese meint Kriemhilds rühmende Rede über den Turnierkämpfer Siegfried (815,3f.). Brünhild dagegen bestreitet das feudale Modell von Gesellschaft mit seinen vielfältigen und unterschiedlich Abhängigkeiten. Dieser Konflikt um Gleich- oder Unterordnung ist im beginnenden Territorialisierungsprozeß politisch brisant.

So könnte dem uralten Sagenkonflikt um Siegfrieds Status am burgundischen Hof eine aktuelle Bedeutung eingezeichnet und er in Kategorien erzählt worden sein, die an zeitgenössische Politik erinnern, auch wenn sich daraus keine Instrumentalisierung für eine bestimmte Tendenz oder Gruppe ableiten läßt. Hagens Worte über Siegfrieds Schatz, den man sich wünschen könne (774,4), über die möglichen Vorteile für Gunther, wenn Siegfried beseitigt werde (870,3f.), und darüber, daß nach seinem Ende kein ernsthafter Gegner mehr übrigbleibe (1107,3f.), lassen sich, gerade weil sie keine auserzählten Konsequenzen im Epengeschehen haben, vor dem Hintergrund eines dauernden Machtkampfes um Vorherrschaft lesen. Hagens Worte *„wol mich, deich sîner hêrschaft hân ze râte*

---

[12] Hennig (1981), S. 185; vgl. 181 gegen Müller (1974), S. 121-124.
[13] Schulze (1997b), bes. S. 46f.
[14] Vgl. 557 u.ö.; Müller (1974), S. 102f.

*getân."* („'Gottseidank habe ich mit seinem Herr-sein Schluß gemacht'", 993,4) können nicht konkret Siegfrieds Herrschaft im Niederland meinen, die an die burgundischen Könige falle (denn diese besteht weiter), ebenso wenig einen Machtanspruch Siegfrieds in Worms oder einen direkten Machtkampf zwischen Siegfried und Gunther (dafür gab es keinerlei Anzeichen). Sie beziehen sich auf eine Machtkonkurrenz im allgemeinen. Siegfried wird genau dann beseitigt, wenn Gunthers Königsherrschaft durch die Beleidigung der Königin beschädigt zu werden droht. Wenn der Erzähler die Sympathie auf den Helden und gegen den Intrigenzusammenhang lenkt, dem er zum Opfer fällt, gilt die Sympathie, wie meist im *Nibelungenlied,* dem Unterlegenen, die Abneigung dem Sieger, aber sie gilt auch dem Gesellschaftsmodell, das Siegfried gegen die Wormser Königsherrschaft vertritt.

## 'Held werden'

Hagen ist hier noch der hinterlistige und feige Vertreter dieser Macht, die selbst der Auseinandersetzung mit dem Heros nicht gewachsen ist. Darin steckt auch Kritik an Gunther: *Der künic gevolgete übele Hagenen, sînem man* („Der König folgte zu seinem Verhängnis – oder: unter Bruch des Rechts – seinem Vasallen Hagen", 876,1). Im zweiten Teil wird Hagen (wie Gunther) davon profitieren, daß er nicht mehr Vertreter, sondern Opfer eines überlegenen Machtapparats ist. Dabei wandelt sich allmählich die politische Struktur. Die Träger höfischer Ämter verschwinden aus der Geschichte, einer – Rumold – wird sogar als aufs Wohlleben erpichter Koch lächerlich gemacht; unter Helden hat er nichts zu suchen. Nur der Marschall Dankwart bleibt, weniger in seiner höfischen Funktion denn als Heros. Ein neuer Held, der außerhalb des Hofverbandes steht, kommt hinzu: Volker. Man fährt zwar nicht *in recken wîse,* wie das zu Siegfrieds Zeiten geschah, ins Land der Hunnen, sondern es wird eine riesige militärische Macht aufgeboten. Doch einmal bei Etzel, verschwindet sie rasch. Der Troß wird bei erster Gelegenheit ausgeschaltet, das Personal auf epenfähige Heroen reduziert, und selbst von ihnen bleiben die meisten namenlos, Zahlen, die durchgestrichen werden.

Hagen, Volker und Dankwart übernehmen mit dem Aufbruch die Regie. Gunther und seine Brüder werden zu Statisten. Hagen setzt das Heer über die Donau, Volker führt es durch Bayern, Hagen und Dankwart wehren mit der Nachhut feindliche Angriffe ab. Die Unterordnung der Vasallen unter die Könige wird dabei nirgends in Zweifel gezogen. Sie triumphiert im Gegenteil in Rüdegers Entscheidung für den König wie in Hagens selbstzerstörerischem Entschluß, trotz seiner besonderen Gefährdung die Könige zu Etzel zu führen. Vasallen sind unbeirrbar treu und Könige unbeirrbar vasallenfreundlich. Mit der Entfernung von Worms scheinen die Burgunden mehr und mehr zu einem Verband von Gleichen zu werden. Das zeigt sich in Bechelaren am Konnubium zwischen dem jüngsten König Giselher und der Tochter des Markgrafen Rüdeger, bei dem die Statusdifferenz zwar als ungewöhnlich markiert wird (1676,2-4), doch nur, damit dieser Einwand beiseitegeschoben werden kann (1678,4).

An Etzels Hof erweist sich die königliche Macht immer offensichtlicher als hilflos. Gunther sucht vergeblich zu verbieten (1887), daß Volker einen hunnischen Höfling einfach totschlägt. Obwohl er überspielt wurde, hilft der König dem *man* im anschließenden Getümmel. Etzel kann den Zwischenfall mit Mühe schlichten; dann, wenn der Kampf einmal ausgebrochen ist, verliert er gleichfalls die Kontrolle; ähnlich die burgundischen Könige:

> *sine mohtenz mit ir sinnen dô niht understân,*
> *dô Volkêr unde Hagene sô sêre wüeten began.*

(„Sie konnten den Kampf mit Besonnenheit nicht mehr verhindern, als Volker und Hagen so zu wüten begannen", 1967,3f.).

In der Regression auf besinnungslose Gewalt zerfällt die politische Ordnung. Unter den Helden sind, wie an den Amelungen ablesbar, ständische Unterschiede zwar nicht aufgehoben, aber eingeklammert. Jeder sucht sich als der beste hervorzutun. Solidaritäten zwischen den Heroen funktionieren über die Grenzen der Gegnerschaft hinweg, auch wenn sie keinen dauerhaften sozialen Zusammenhang begründen.

Der Burgundenuntergang ist eine Selbstvergewisserung heroischer Identität bei Zerfall politischer Ordnung. In Hagens Entschluß, ohne Rücksicht auf die Gefahr für sich und andere, die Könige zu Etzel zu begleiten, klingt das erstmals an: Hagen will *erzeigen*, daß es niemanden gibt, *der getürre rîten mit iu ze hove baz* („der es eher wagen könnte, mit euch an Etzels Hof zu reiten", 1464); klug ist das nicht, aber er ist eben der beste, und deshalb ist er gefordert. Im Kampf der burgundischen Nachhut gegen die Bayern setzt sich das fort: *si versuochten, wer si wâren; dâ wart vil grimme gestriten* („sie bewiesen[15], wer sie waren; da wurde grimmig gekämpft", 1608,4), und die Explikation lautet: *Wie möhten sich versuochen immer helde baz?* („wie hätten sich Helden besser beweisen können?", 1609,1). Das Unternehmen dient dem Selbstbeweis. Man hat nur noch mit *helden* zu tun wie dem feindlichen Fährmann (1603,4) oder dem Bayernherzog Gelpfrat (1613,3). Jetzt ist auch Gunther nicht mehr nur König: *er was ein helt zen handen* („er war ein richtiger Held", 1968,4), ein *helt*, der *helde sin* hat („das Herz eines Helden", 2208,2). Wenn Giselher einen Ratschlag gibt, bemerkt Hagen anerkennend, der Rat sei einem *degen* („Helden", 2012,1-3) angemessen, d.h. nicht nur einem König. Im Kampf hilft es nichts, wenn jemand *künec* ist (1982,4). Auch von Etzel wird erwartet, *daz die herren væhten z'aller vorderôst*

---

[15] Eigentlich: 'erprobten', doch um zu zeigen, was in ihnen steckt.

("daß die Fürsten ganz vorne kämpfen sollten", 2020,2), und er entzieht sich dem nicht, muß vielmehr mit Gewalt gehindert werden, sich ins Getümmel zu stürzen: *daz von sô rîchem fürsten selten nu geschiht* ("was heute nie von einem so mächtigen Herrscher geschieht", 2022,2): Ob Könige oder nicht, werden diese Helden einer verweichlichten Nachwelt vorgehalten. Eine Totenklage so *ungefuoge* (2234,4; 2237,4), *daz palas unde türne von dem wuofe erdôz* ("daß Palas und Türme von dem Geheul dröhnten", 2235,1f.), muß, so glaubt man, dem König oder der Königin gelten (2237,1), tatsächlich aber beklagt man einen Helden, den *recken* Rüdeger. Erzählt wird dieser Irrtum nur, um desto effektvoller sagen zu können: Nicht der Tod des Königs, sondern des Heros erregt unmäßige Trauer.

'Held werden' ist die einzig positiv gewertete Handlungsperspektive. Es gibt nurmehr die Rangskala überlegener Gewalt. Rüdeger hat zu beweisen, *daz er ein recke wære* ("daß er ein Held sei", 2213,4) und *einem degen gelîch* ("wie ein Held", 2206,3) kämpft. Um sich mit ihm zu messen, lassen die Burgunden ihn in den Saal: *si heten helde sin* ("sie hatten das Herz von Helden", 2208,1f.). Mit der provokanten Beleidigung, er beweise nicht *rehten heldes muot* (2268,3), wird Wolfhart gegen Dietrichs Verbot in den Kampf gezogen, und als Dietrich sieht, daß er alle Leute im Kampf verloren hat und sich nun selbst stellen muß, heißt das: *Dô gewan er widere rehten heldes muot* ("da gewann er wieder den Mut eines richtigen Helden [oder den rechten Mut eines Helden]", 2325,1).[16] Dietrich 'wird wieder Held'.

Auf hunnischer Seite zählen, vom König und seinem Bruder abgesehen, nur die exilierten Heroen. Sie sind *ellende*, das heißt, aus dem sozialen Zusammenhang gelöst, in den sie hineingeboren wurden.[17] Etzels Hof ist in der literarischen Topographie des heroischen Epos der Ort ungleicher Gleichheit, Alternative zum Artushof und zur Tafelrunde vollkommener Ritter, doch eindeutiger ständisch exklusiv. Am Artushof sind auch Königssöhne nichts als Ritter; im Umkreis Etzels dagegen bleiben die ständischen Differenzen sichtbar. Jeder steht für sich und seine Ehre. Jeder hat seinen Rang nicht von Etzels Gnaden, sondern von Geburt. Die Helden um Etzel beanspruchen nicht wie der Artushof, Ordnung zu stiften in einer chaotischen Welt. Kampf ist ihre selbstverständliche Lebensform. Die entscheidenden letzten Kämpfe finden nur noch zwischen ihnen und den Burgunden statt.

Schon bei Siegfried stand im Vordergrund, daß er *herre*, nicht daß er *kunic* war.[18] Das Epitheton *hêrlîch* bezeichnet alles, was zu solchem Herr-sein gehört. Wenn Hagen und Volker Kriemhild den Gruß verweigern, heißt es: *Nu dûhten sich sô hêre die zwêne küene man* ("Die beiden kühnen Männer [Vasallen] kamen sich jetzt als

---

[16] Heinzle (1995), S. 229; vgl. S. 230, 233, 235; *rehten* kann sich auch auf *muot* beziehen; doch ist die vorgeschlagene Konstruktion häufiger.
[17] Weber (1963) hat dies als eine wesentliche Voraussetzung nibelungischen Heldentums gesehen (freilich dann existentialistisch verzeichnet).
[18] Stutz (1990), S. 419.

Herren vor", 1786,1). Das zielt weniger auf Kriemhild als Person als auf die Königin, die mit den Insignien ihrer Macht (*under krône*, 1770,4) und mit kriegerischem Gefolge auf sie zutritt. Die trotzige, höfischen Anstand provokativ verletzende Geste drückt Hagens und Volkers Selbstbewußtsein auf Grund ihrer heroischen Überlegenheit aus. Im Sinne dieser gefährlichen Überlegenheit hatte Hagen davon gesprochen, er habe Siegfrieds *hêrschaft* (993,4) beendet, d.h. seine heroische Präpotenz, von der die Burgunden künftig nichts mehr zu fürchten haben.

Das Herr-sein der Heroen duldet nur eingeschränkt einen Ober-Herrn: Dietrichs Verbot zu kämpfen kommentiert Volker:

> *„der vorhte ist gar ze vil,*
> *swaz man im verbiutet, derz allez lâzen wil.*
> *daz kan ich niht geheizen rehten heldes muot."* (2268,1-3)

(„'Das heißt zu ängstlich sein, wenn jemand alles unterläßt, was man ihm verbietet; das nenne ich nicht eine Gesinnung für einen richtigen Helden'" ).

Das reicht, um Dietrichs Verbot zu vergessen, denn es gilt die Ehre des Heros zu verteidigen bis in die letzte, tödliche Konsequenz. Nicht mehr als König, sondern als Heros tritt Dietrich von Bern den letzten Überlebenden Hagen und Gunther entgegen. Auch Gunther darf jetzt Heros sein, der Dietrich an den Rand einer Niederlage bringt und *einen hêrlîchen muot*, den *muot* eines Heros nämlich, zeigt (2359,4). In der Klimax der Zweikämpfe gibt es, indem Gunther die Ehre des letzten Kampfes bleibt, noch einen Rest ständischer Rangfolge, doch wird sie dadurch relativiert, daß es Hagen ist, dem die Schlußszene gehört. Hildebrand rächt am Schluß nicht den Tod des Königs, den die Schwester enthaupten ließ, sondern den des *man* Hagen, des *aller besten degen* („des besten Helden von allen", 2374,2). Wo die Könige – Etzel und Dietrich – bloß klagen, da handelt der *man* Hildebrand im Dienste einer makabren poetischen Gerechtigkeit. Keine königliche Gewalt ahndet diesen Rechtsbruch. Hildebrand darf um die Folgen seiner Tat ebenso unbesorgt sein (*swaz mir davon geschiht*: „ganz gleich, was das für mich für Folgen hat", 2375,2) wie zuvor Hagen, als er den Mord Siegfrieds eingestand.

Das Heros-werden der Könige geht einher mit einer radikalen Aufhebung der politisch-gesellschaftlichen Ordnung. Diejenigen, die vor der Gefahr des Heros-werdens gewarnt hatten, werden Schritt für Schritt abgewertet: angefangen von Rumold, der zum ordinären Koch degradiert wird, über den Grenzwächter Eckewart, der seine Rolle verschläft, bis zu Dietrich, der anfangs nur redet und dann 'trauernd' herumsitzt, bis er endlich wieder 'ein Held wird'. Erst die *Klage* läßt es sich angelegen sein, allenthalben neue soziale und politische Einheiten (wieder-)erstehen zu lassen. Helden gibt es da, gottlob, keine mehr. Das Epos feiert eine allein auf persönlichen Bindungen (*triuwe*) basierende politische Welt, deren Konflikte vorweg harmonisierend und ihre Gegner dämonisierend. Eine politische Struktur oberhalb dieser Bindungen ist auf Dauer nicht nötig. Noch im

Untergang wird eine gesellschaftliche Ordnung gefeiert, die nur schwach herrschaftlich geprägt ist. Dies verbindet das *Nibelungenlied* zwar mit dem höfischen Roman ebenso wie mit den Auseinandersetzungen im Reich der späten Staufer, doch sind die Voraussetzungen andere. Schwache herrschaftliche Organisation erscheint nicht als Schwäche des Königtums, das bis zuletzt ungefährdet bleibt, und lange Zeit Bedrohungen abwendet, auch ohne daß der Herrscher sich exponiert. Sie ist eher Resultat der Stärke der einzelnen Helden, die, je länger je weniger, der komplexeren, stärker institutionalisierten Formen der Landesherrschaft bedürfen, wie sie das Epos einleitend entworfen hatte.

### Eine Frau als Heldin?

Vom überwiegenden Teil der mittelalterlichen Epen unterscheidet sich das *Nibelungenlied* dadurch, daß im Zentrum eine Frau steht. Vergleichbar ist nur noch die – bloß ein einziges Mal im Spätmittelalter überlieferte – *Kudrun*, die man als 'Antwort' auf das *Nibelungenlied* gesehen hat. Wird nämlich im *Nibelungenlied* der Untergang zweier Reiche auf die Machenschaften einer Frau zurückgeführt, dann tritt in der *Kudrun* die Titelheldin als Friedensstifterin auf, die den unheilvoll zwangsläufigen Mechanismus von Schlag und Gegenschlag heroischen Handelns unterbricht und am Ende mittels Heiratsverbindungen die Kontrahenten miteinander versöhnt. Nachdem zuvor überwiegend nur vom Handeln von Heroen, kristallisiert meist in gefährlichen Brautwerbungen, erzählt worden war, rückt zuletzt eine Frau ins Zentrum, zuerst durch ihr Leiden, dann durch ihr Handeln. Sie setzt freilich die Regeln einer patriarchalischen Welt nicht außer Kraft, sondern gibt ihr nur eine neue Ordnung. Insofern hat man Kudruns Spielraum als durchaus beschränkter gesehen als den Kriemhilds im *Nibelungenlied*.[19]

Anders als Kudrun handelt Kriemhild gegen die Männerwelt.[20] Das wird als Prozeß einer 'Entartung' erzählt. Eingeführt wird Kriemhild nämlich als junges Mädchen, das auf *minne* verzichten will, um sich aus den Verstrickungen der Männerwelt herauszuhalten. Doch ist das nie eine ernsthafte Alternative. Als Königstochter steht sie in der Obhut (*munt*) ihrer männlichen Verwandten, die über ihre Hand verfügen. Sie entscheiden darüber, wen Kriemhild sehen und sprechen darf, sie benutzen sie, um bei der Feier des Sieges über die Sachsen ihr militärisches Gefolge mit ihrem Anblick zu belohnen (274), und sie erlauben ihr, mit Siegfried zu sprechen, um diesen weiter an den burgundischen Hof zu binden: *dâ mit wir haben gewunnen den zierlîchen degen* (289,4). Kriemhild ist ein Spielstein der Politik ihrer Brüder. Gunther verspricht Siegfried ihre Hand, wenn er ihm bei seiner eigenen Werbung hilft, und

---

[19] Frakes (1994).
[20] Zur Gender-Problematik Bennewitz (1995) Tennant (1999); Freche (1999); Starkey (2003).

wenn Siegfried erfolgreich war und Gunther sein Versprechen einlösen muß, dann kann er sich auf Kriemhilds Zustimmung verlassen. Insoweit entspricht Kriemhild der Rolle, die für die adelige Frau in der patriarchalen Gesellschaft des Mittelalters vorgesehen ist.

Es gibt bis zu diesem Punkt nur wenige Hinweise in eine andere Richtung. Kriemhild findet selbst Interesse am fremden Ritter Siegfried. Sie nutzt den Spielraum, den ihr das höfische Fest einräumt, um ihm von sich aus ihre Zuneigung zu zeigen. Sie empfängt Siegfried als Boten ihres Bruders nach dem Abenteuer in Isenstein mit besonderer Wärme. All dies bewegt sich jedoch noch im Rahmen der von höfischer Sitte (*zuht*) kontrollierten Galanterie, von der die Artus-Romane oder der Minnesang sprechen. Über diesen Rahmen hinaus geht allenfalls Kriemhilds (nur in *AB erhobene) Forderung, gleichberechtigt am Erbe des burgundischen Königshauses beteiligt zu werden und vor allem mit Hagen den wichtigsten Vasallen des Königshauses für sich zu gewinnen. Hagens Widerstand dagegen präludiert den späteren Konflikt der beiden, der bis in die letzte Szene des Epos sich fortsetzen wird. Doch bleibt Kriemhilds Forderung ohne Folgen, weil Siegfried, der jetzt für Kriemhild verantwortlich handelnde Mann, widerspricht.

Nach Siegfrieds Ermordung ist Kriemhilds Rolle zwiespältig. Einerseits ist sie es, die sofort die Mörder entlarvt, andererseits verhindert sie wegen der Machtverhältnisse zunächst die Rache und kehrt unter die *munt* ihrer beiden jüngeren Brüder zurück, von deren materieller Hilfe sie abhängig ist. Einerseits sucht sie, nachdem sie sich mit Gunther versöhnt hat und Siegfrieds Hort nach Worms gekommen ist, sich ein Gefolge zu verschaffen, über das sie als Herrscherin allein verfügt, andererseits ist sie den Übergriffen Hagens und der Könige hilflos ausgeliefert. Die Entscheidung über die Werbung Etzels liegt immer noch zuerst bei ihren Brüdern. In den Aventiuren bis zur Wiederverheiratung mit Etzel scheint Kriemhild ausgelöscht. Ihre Versuche, sich aus dieser Nicht-Existenz zu befreien, scheitern. Ihre Rückkehr zur Macht führt nur über die Hochzeit mit einem anderen König. Der Heirat muß sie immerhin – der Handlungsspielraum von Witwen ist im Mittelalter generell größer – selbst zustimmen. Sie tut es, sobald die Möglichkeit auftaucht, wieder über ein starkes militärisches Gefolge zu gebieten.[21] Handeln kann sie nur durch Männer, die sie sich verpflichtet.

Auch nach der Hochzeit mit Etzel bleibt das Prinzip das gleiche: Kriemhild instrumentalisiert immer mehr Helden für ihre Rache. Anfangs leistet man ihr Widerstand. Dietrich von Bern beschimpft sie wegen ihres Versuchs als Teufelin, und die hunnischen Krieger sind zu ängstlich, um für sie ihr Leben zu wagen. Mit der Verpflichtung von Etzels Bruder Bloedelin, der den Troß überfällt, kann sie den Kampf zwischen Hunnen und Burgunden auslösen. Indem sie eine Situation herbeiführt, in

---

[21] Dies und weniger eine spezielle, dem Wortlaut nach ohnehin unklare Verpflichtung Rüdegers scheint mir der Kern der Abmachung zu sein, der zuliebe Kriemhild ihre Weigerung, sich je wieder zu verheiraten, aufgibt.

*Eine Frau als Heldin?*

der ihr Sohn Ortlieb Hagens Opfer wird, zieht sie Etzel herein. Es folgen die Thüringer und Dänen, Rüdeger und seine Leute, schließlich die Amelungen mit Dietrich von Bern. Ihre Rache vollenden kann Kriemhild nur, weil durch eine Verkettung von Umständen der stärkste aller Helden, Dietrich von Bern, gegen die überlebenden Gunther und Hagen antritt. Erst als Dietrich die beiden besiegt und gefangen genommen hat, ist die Bühne frei für Kriemhild, um ihre Rache selbst zu Ende zu bringen, Gunther hinrichten zu lassen und Hagen mit eigener Hand zu erschlagen.

Der Erzähler läßt keinen Zweifel daran, daß dies unerträglich ist. Daß es eine Frau ist, die den wehrlosen Heros Hagen erschlägt, empört Hildebrand so, daß er, ohne Sanktionen fürchten zu müssen, Kriemhild zerstückelt. Das ist die Strafe für Verräter.[22] Angefangen von der verräterischen Einladung an die burgundischen Könige und ihr Gefolge, hat Kriemhild ein heimtückisches Doppelspiel inszeniert, in dem sie lange Zeit ihre wahren Absichten vor allen, selbst vor Etzel, verborgen hielt. Ihr Handeln ist in Dunkel getaucht: Nachts überredet sie Etzel zur Einladung; nur heimlich instruiert sie die Boten, was sie in Worms sagen sollen und was nicht; sie plant einen nächtlichen Überfall auf die schlafenden Gäste; heimlich stiftet sie Bloedelin zum Anschlag auf den Troß an. Heimliches Handeln ist per se illegitim, und so ist Kriemhild schon durch die Mittel, die sie anwendet, als Verräterin gekennzeichnet, die zuletzt ihre gerechte Strafe erhält. So lange sie zum bloßen Leiden verurteilt war, war ihre *triuwe* gegenüber Siegfried gepriesen worden (1142,4). In dem Augenblick, in dem sie selbständig handelt, erscheint sie als Satan (*vâlandinne*, 2371,4).

Erst die Nibelungen-*Klage* hat das geändert. Sie versucht die verschiedenen Aspekte von *triuwe* zu relationieren, die Bindung an die Verwandten und die Bindung an den Geliebten. Nicht nur wird an die Verletzung der *triuwe* durch die anderen erinnert und, wo das Epos die unerschütterliche *triuwe* des Herrschaftsverbandes feiert, der keinen im Stich läßt, Kriemhilds Versuch, allein den Schuldigen aus dem Verband herauszulösen und zu bestrafen, zu ihrer Rechtfertigung vorgebracht. Vor allem gilt dem Erzähler Kriemhilds *triuwe* gegenüber Siegfried als Garantie, daß ihre Seele gerettet wurde. *Triuwe* wird vom Inbegriff aller positiven sozialen Beziehungen zu einer nahezu privaten Tugend.[23] Selbst hier aber ist ihre Stellung allein über die der Männer definiert. Zwar billigt ihr die Usurpation männlichen Handelns – Kriemhild führt die Rache selbst aus, die kein Mann übernimmt – einen größeren Handlungsspielraum als Kudrun zu, jedoch ist dies nach den Regeln der nibelungischen Gesellschaft gleichbedeutend mit der Verwandlung in eine Teufelin. Nur in dieser Negativität sind Züge erkennbar, die Kriemhild von der Typenhaftigkeit des nibelungischen Personals sonst unterscheiden.[24]

---

[22] Ohly (1989/1995).
[23] Müller (1998), S. 163-170.
[24] Haug (1987/1989).

# Nibelungische 'Psychologie'

## Innen und Außen

Heldenepen erzählen von einer Welt, die der bekannten nicht kommensurabel ist, indem alles ins Großartige gesteigert ist. Die Darstellung von Handlungen, Verhaltensweisen, Affekten und Gedanken ist stark elliptisch, indem die Antriebe dazu häufig ausgespart sind, während vor allem Aktionen, selten nur psychische Konstellationen dargestellt werden. Dabei wird durchweg auf die Ausbreitung konsistenter Motivationszusammenhänge verzichtet. Deshalb laden die Epen seit je zur Ergänzung des Ausgesparten ein, und so hat auch die Nibelungenforschung aus den kargen Winken des Erzählers ein Geflecht psychischer Motive, Dispositionen, Habitus zu rekonstruieren versucht, das als ursächlich für das äußere Geschehen gelten soll. Als „Sinnunterstellung" hat Heinzle dies kritisiert, als „Interpolation" ich selber.[1] Wo der Erzähler nicht doch einmal einen kurzen Blick ins Innere seiner Figuren erlaubt, wird aus den 'äußeren' Wirkungen auf die 'inneren' Ursachen geschlossen. Eben diese Semantik von 'Innen' und 'Außen' überträgt ein neuzeitliches anthropologisches Modell auf das Epos.[2] Die Opposition von 'Innen' und 'Außen' wird aber im 12. Jahrhundert anders bestimmt und gewertet, und es ist zuerst die gelehrte Literatur (der der höfische Roman folgt), die das Verhältnis begrifflich zu fassen versucht.[3] Die Heldenepik steht überwiegend noch abseits. Die Frage, wie Innen und Außen eines Menschen ineinandergreifen, seine Anlage, seine bewußte Erziehung und seine unbewußte Sozialisation, wie ein Mensch zu dem wird, was er später ist, ist ihr noch kein erzählenswertes Thema.

Trotzdem suchte man Zugang zum *Nibelungenlied* lange Zeit vor allem über die Hauptfiguren.[4] Man verstand sie zumeist, analog zu neueren Erzählungen, als mit sich identische Gestalten, ausgestattet mit einem besonderen 'Charakter', der sich in Auseinandersetzung mit der Außenwelt entwickelt. Mittels psychologischer Rekonstruktion soll scheinbar Disparates (etwa das widersprüchliche Bild Kriemhilds) erklärt werden. Aus den sparsamen Hinweisen auf innere Einstellungen, Intentionen, Wünsche, Affekte sucht man solche Charaktere zu erschließen, deren

---

[1] Heinzle (1987), ebenso (1994), S. 93-99; Müller (1987), S. 225.
[2] Czerwinski (1979), S. 68 betont, daß „bereits die begriffliche Opposition 'innerlich/äußerlich'" falsch sei.
[3] Zum *Parzival* und zur wissenschaftlichen Diskussion des 12. Jhs. Bumke (2001), S. 15-27.
[4] Etwa Ihlenburg (1959); Nagel (1965); Schröder (1968); Wolf (1995).

Eigenart dann die Handlung bestimmt. Da die Hinweise nach den intuitiven Maßstäben der Interpreten oft widersprüchlich sind, sieht man die Einheit des Charakters infragegestellt (man spricht also z.b. von 'zwei Brünhilden');[5] oder man erklärt den einen Zug für dominant, den anderen für untergeordnet,[6] oder man unterscheidet zwischen (individuellem) Charakter und (sozialer) Rolle und schreibt, was widersprüchlich ist, der einen oder anderen Seite zu.[7] Dabei droht die Gefahr, daß immer schon vorausgesetzt wird, was Ergebnis der Analyse sein müßte: ein Inneres, aus dem sich Handeln erklärt.

Das wird der Erzählweise des *Nibelungenliedes* nicht gerecht. Hier ist im allgemeinen die epische Handlung den Handlungsträgern vorgeordnet. Haltungen, Reaktionen und Entscheidungen hängen von der Handlung ab, und nicht umgekehrt; *zorn*, *trûren* u.ä. z.B. haben ihren Grund oft nicht in der Person, sondern leiten sich aus der Situation ab, in der sie steht. Heroische Affekte ergreifen häufig wie von außen von den Protagonisten Besitz; sie sind Funktionen der Handlungskonstellationen, innerhalb derer sich die Figuren bewegen.[8] Andererseits sind aktuelle Gefühlsäußerungen manchmal kaum vom psychischen Habitus zu unterscheiden, wie z.B. bei Wolfharts *zorn*, für den keine auslösende Situation, kein Impuls der Außenwelt nötig ist. Bestimmt im ersten Fall die Situation die psychische Reaktion, so im zweiten der psychische Habitus jedwede Situation. Ein Dazwischen gibt es nicht. Es fehlt eine Ebene, auf der ein Impuls der Außenwelt gemäß den persönlichen Dispositionen einer Figur verarbeitet wird und sich dann als Gefühlsäußerung dieser Figur begreifen ließe.

Wie schwer es ist, zwischen dem, was der Person, und dem, was dem Handlungsrahmen zuzuschreiben ist, klar zu trennen, kann man am Begriffspaar *minne* und *haz* erläutern. Beide bezeichnen durchaus auch psychische Reaktionen. Beide sind aber gleichzeitig Rechtstermini: *minne* meint das Verhältnis friedfertigen Umgangs und dessen rechtliche Absicherung; *haz* das Gegenteil. Eine Handlungskonstellation (mit bestimmten rechtlichen Implikationen) und ein psychisches Phänomen fallen zusammen; *minne* und *haz* bezeichnen das intakte oder gestörte Verhältnis zweier Figuren nach der Seite ihrer rechtlichen Beziehungen, ihres Umgangs miteinander und ihrer psychischen Einstellung zueinander. Beides ist voneinander nicht ablösbar.

---

[5] Newman (1981).
[6] So wird etwa von Schröder (1968) und Wolf (1995) die eiskalte und skrupellose Rachsucht Kriemhilds als Ausdruck ihrer großen Liebe verstanden.
[7] Vgl. die Abgrenzungsversuche bei Wahl Armstrong (1979), S. 7.
[8] Vgl. Schmitz (2002); Starkey (2003).

*zorn*[9]

*zorn* und als seine Folge blindwütiges Rasen kennzeichnen den Heros seit dem Aias der homerischen *Ilias*; *zorn* ist ein Habitus. Auch Wolfhart ist nicht iraszibel in dem Sinne, daß er beim kleinsten Anlaß in *zorn* gerät, sondern er ist immerzu 'zornig'. Die späte Heldendichtung *Biterolf und Dietleib* findet dafür die glückliche Wendung *in zornes siten* (Bit 8104): *zorn* ist eine regelhaft Handlungen steuernde individuelle wie kollektive Disposition (*site*). In Wolfhart ist aber nur vereinseitigt, was jedem Heros angemessen ist, wenn er *leit* erfährt. Zorn äußert sich im gewalttätigen Rasen:[10] *Gunther was sô sêre erzürnet und ertobt,/ wand' er nâch starkem leide sîn herzevîent was* („Gunther war so sehr zornig und in Raserei, denn er war nach so schlimmem Leid[11] sein Todfeind", 2358,2f.), wenn er zu seinem letzten Kampf gegen Dietrich antritt: unmöglich zu sagen, was vorher ist, der Zorn oder die Todfeindschaft; denn das eine ist die Erscheinungsform des anderen.

Daraus folgt der Umkehrschluß, daß jede Situation gewaltsamer Konfrontation die Akteure 'zornig' zeigt. Wenn die Sachsen die Burgunden zum Krieg herausfordern, 'erklären' das die Boten mit dem *zorn* ihrer Könige auf die burgundischen Herrscher: *Ir habt ir zorn verdienet* („ihr Zorn trifft euch zurecht", 144,1). Von einem Motiv dieses *zorn* verlautet nichts, denn *zorn* ist nicht Ursache, sondern Erscheinungsform des feindseligen Zustandes, der in den Krieg mündet (*daz iu die herren beide tragent grôzen haz*, „daß beide Könige eure erbitterten Feinde sind", 144,2); die Aussage, der *zorn* sei verdient, ist identisch mit der Aussage, es gebe Krieg. Angriff und *zorn* sind eins, der *zorn* nur scheinbar der Grund des Angriffs.

Die Nachträglichkeit des *zorn* und seine Abkoppelung von innerpsychischen Einstellungen fällt besonders beim Kampf Rüdegers gegen die burgundischen Verwandten auf, die er doch eigentlich nicht als Feinde bekämpfen wollte, weil er sich ihnen durch vielfältige Bindungen verpflichtet fühlt. Wenn aber einmal der Kampf unausweichlich geworden ist, tobt er in wildem Zorn los, als habe es zuvor keine Gesten des Einvernehmens gegeben (*des muotes er ertobete*, 2206,2), worauf der Gegner, auch er eben noch versöhnungsbereit, gleichfalls in *zorn* gerät: *daz sach ein Burgonde: zornes gie im nôt* („das sah ein Burgunde; da packte ihn der Zorn", 2215,3). Gernots *zorn* könnte dadurch motiviert sein, daß er sieht, wie Rüdeger Burgunden tötet. Aber das ist eine oberflächliche Erklärung, denn dasselbe sieht

---

[9] Vgl. Müller (1998), S. 203-216.

[10] Vgl. *wüeten* 1967,4 (über Hagen und Volker im Kampf); *tobelîche* 2050,1 (über Iring); 2280,4 (über Dankwart); *alsam er wuote* 2282,1 (über Hildebrant) usw. Parodiert ist der voraussetzungslose Zorn als heroischer Habitus im *Orlando furioso* des Ariost, dem *Rasenden Roland*.

[11] Auch *leit* meint keine psychische Erfahrung, sondern einen transpersonalen Tatbestand; deshalb kann offenbleiben, worauf, auf welches Subjekt sich *leit* bezieht.

z.B. auch Hagen. Hagen aber 'wird nicht vom Zorn gepackt', denn er hat versprochen, dem Kampf gegen Rüdeger fernzubleiben; folgerichtig gerät er erst in dem Augenblick in *zorn*, in dem er losschlagen darf, dann nämlich, wenn Rüdeger gefallen und er damit von seinem Versprechen entbunden ist: *alrêrst erzurnte Hagene* („jetzt erst geriet Hagen in Zorn", 2221,4). Sein *zorn* ist eine Funktion seines Handelns.

Natürlich heißt *zorn* oft auch die aktuelle psychische Reaktion auf einen Reiz (Beleidigung, Verletzung), aber eben nicht nur. Auch fällt die Abgrenzung von einem Habitus gewaltsamen Handelns oft schwer. Hagen will mit seinem Versuch, den Kaplan beim Übersetzen über die Donau zu ertränken, die Prophezeiung der Wasserfrauen Lügen strafen, die gesagt hatten, daß das ganze Heer bei Etzel untergehen werde und nur der Kaplan heimkehre. Der zu seiner Gewalttat passende Habitus ist *zorn*. Darum heißt es, wenn Hagen den *pfaffen* unter Wasser zu drücken trachtet: *wan der starke Hagene vil zornec was gemuot* („denn der starke Hagen war von Zorn erfüllt", 1578,3). Unsinnig wäre die Frage nach dem Grund dieses Zorns. Hagens *muot* ist identisch mit dem, was alle an seiner Tat sehen können. Die Tat 'ist' *zorn*; von besonderen feindlichen Gefühlen gegen den *armen pfaffen* muß nichts gesagt werden. Giselher dagegen reagiert affektisch auf das, was er sieht, er „wird zornig" (*zürnen erz began*, 1576,3). Anschaubarer Habitus und spontaner Impuls tragen denselben Namen.

Ein anderes Beispiel: Brünhilds Wettkampf mit Gunther wird mit Erbitterung ausgefochten. Nachdem Brünhild die erste Probe verloren hat, heißt es bei der zweiten:

*Dô gie si hin vil balde; zornec was ir muot.*
*den stein huop vil hôhe diu edel maget guot.* (462,1f.)

(„Da ging sie rasch hin – sie war voller Zorn – und hob den Steinbrocken sehr hoch, die edle vollkommene Jungfrau").

Damit könnte gesagt sein, daß Brünhild durch die vorausgehende Niederlage gereizt ist; doch eher ist *zorn* Ausdruck ihres körperlichen Einsatzes beim Wettkampf. Wer den Gegner niederringen will, muß zornig sein. Erst wenn sie den Kampf endgültig verloren hat, scheint eher die momentane Aufwallung im Vordergrund zu stehen:

*Prünhilt diu schœne diu wart in zorne rôt* (465,3).

(„Die schöne Brünhild lief vor Zorn rot an").

Eine Entscheidung ist oft unmöglich: Wenn Gunther auf dem Zug zu Etzel nachträglich von einem Angriff der Bayern auf sein Heer erfährt, reagiert er dann *zorneclîchen* (1624,4) auf die Nachricht, weil er sich übergangen fühlt (1625,1f.),

oder holt die zornige Rede nur den Habitus nach, der einem feindlichen Angriff angemessen ist? 
Dank der engen Verknüpfung von Habitus, Affektäußerung und Tat ist es sinnlos, nach der psychischen Wahrhaftigkeit von *zorn* zu fragen: Hagen hat die Abwesenheit der Könige von Worms benutzt, um Kriemhild den Hort zu rauben. Bei der Rückkehr der Brüder erhebt sie vor ihnen Klage und erreicht, daß Hagen sich für eine Zeit vom Hof entfernen muß, um, wie es heißt, *der fürsten zorne* („der Ungnade der Fürsten", 1139,2) zu entgehen. Die Frage, ob dieser *zorn* der Könige bloße „Komödie" ist,[12] geht am Problem vorbei. Das Wort zeigt an, daß vor dem Königsgericht Hagens Rechtsbruch festgestellt wird, was eine Verurteilung, nämlich die Ungnade der Könige, nach sich ziehen muß. Das gestörte Verhältnis zwischen König und Vasall heißt *zorn*; *zorn* ist identisch mit Entzug von Nähe und stellt sich öffentlich in einem Rechtsakt dar. Der Entzug gilt auf Zeit, nämlich bis Hagen die *hulde* der Könige wiedergewinnt (1139,3). Dann wird ohne Übergang auch ihr *zorn* verschwunden sein. Was die königlichen Richter sich bei der Verurteilung denken, ist gänzlich ohne Interesse.

Einem Verständnis von *zorn* als bloßem Affekt steht auch die Szene mit Gunthers letztem Friedensangebot an Etzel entgegen. Um eine *suone* zu erwirken, redet Gunther zu Etzel, doch *in zornes muote* („zornig gesinnt", 2094,1f.): ein unpassender Affekt, möchte man meinen, wenn sein Vorschlag auf offene Ohren beim Gegner stoßen soll; wäre da Entgegenkommen nicht erfolgversprechender? Aber darum geht es gar nicht: *zorn* entspricht der Feindschaft zwischen beiden Parteien, die Gunther nicht durch bedingungslose Unterwerfung, sondern eben durch eine *suone* – einen gerechten Ausgleich – überwinden will; *zorn* drückt sein Beharren auf seiner Rechtsposition aus, die, bis solch ein Ausgleich gelingt, gewaltsam vertreten werden muß.

Wie sehr Affekt und Affektäußerung identisch sind, zeigt sich, wenn Etzel ein letztes Mal den Ausbruch von Feindseligkeiten zwischen den Burgunden und seinen Leuten unterbindet: Volker hat im spielerischen Getümmel einen hunnischen Ritter erschlagen, provoziert damit die Hunnen zur Rache, so daß die Gewalttat in einen Kampf aller gegen alle zu münden droht. Etzel greift ein, schlägt einem Verwandten des Toten die Waffe aus der Hand und erklärt den Anschlag zum Unfall. Das heißt in den Worten des Erzählers: *zorn er mêr deheinen dâ niht werden lie* („er ließ da keinen Zorn entstehen", 1898,2); *zorn* ist nicht ein Affekt der Betroffenen, sondern heißt der offene Ausbruch von Gewalt; davon wird nicht unterschieden, was diesen psychisch motiviert (und natürlich außerhalb von Etzels Verfügungsgewalt läge).

Ähnliches läßt sich an anderen Reaktionen zeigen, die man heute als affektische Reaktionen zu interpretieren geneigt ist, etwa für *vröude* oder *trûren*. Auch *trûren* ist Reaktion auf einen beschädigten Weltzustand. So wenig wie *zorn* ist es

---

[12] Vgl. de Boors Kommentar zu 1139 (Edition, S. 186).

subjektive Befindlichkeit, sondern bezeichnet Haltungen, die sich aus einer konfliktträchtigen Situation ergeben, und bestimmte ihnen zugeordnete Gebärden, vorgetäuschte oder echte. *Zorn* und *trûren* sind angemessene Reaktionen auf *leit*, aktiv die eine, passiv die andere, wobei der passive Zustand in den aktiven umschlagen kann und umgekehrt. Semantisch gehört *trûren* in die Nähe von *leit* und hat eine ebenso umfassende Bedeutung. Mit affektischen sind rechtliche Aspekte (Be-leid-igung) ununterscheidbar verbunden, denn *leit* meint allgemein einen 'defekten Status', der von einem anderen verschuldet ist.[13] Das schließt die Nuance 'Schmerz' über den „Tod geliebter Menschen", „Herzeleid" u.ä. durchaus ein,[14] was allerdings nicht den Umkehrschluß rechtfertigt, dies sei die alleinige oder auch nur dominierende Bedeutungsnuance, denn auch *trûren/ trûrec* zeigen objektive Beschädigungen an, an denen die einzelne Figur nur partizipiert; sie sind nicht auf die psychische Dimension reduzierbar. Die psychische Dimension ist sogar nebensächlich: Gunthers Reaktion (*trûren*) ist dieselbe, wenn er tatsächlich einen Angriff der Sachsen fürchten muß (153,2) und wenn er nur so tut, als fürchte er einen solchen Angriff (883,3). Es kommt allein auf die anschaubare Haltung an, nicht das, was Gunther sich denkt. Mag man noch sagen, er müsse, wenn er ihn täuschen will, eben vor Siegfried den *trûrenden* spielen, dann greift solch eine Erklärung nicht, wenn es bei Erscheinen der falschen Boten mit der falschen Kriegserklärung heißt: *der künic begonde zürnen* („der König geriet in Zorn", 880,4) – über einen angeblichen Affront, den er selbst lügnerisch erfunden hat?

## Heroischer *übermuot*

Die Figuren des *Nibelungenliedes* sind als Bündel von Kräften zu beschreiben, die in ihnen und durch sie hindurch wirksam werden. Sie sind dezentriert in dem Sinne, daß es keinen Gravitationspunkt der 'Person' gibt, auf den alles zustrebt, sondern nur Kraftströme, an denen sie teilhaben. Der Überschuß an Kräften heißt *übermuot*. Seit langem weiß man, daß *übermuot* als Bezeichnung für einen Charakterzug oder ein individuelles Fehlverhalten mißverstanden wäre, denn er meint eine Kraft, die oberhalb charakterlicher Besonderungen wirkt.

Der volkssprachige Begriff wurde gelegentlich als eine Übersetzung des lateinischen *superbia* angesehen. Das hatte zur Folge, daß er theologisch überfrachtet und mit der Ursünde Lucifers identifiziert wurde.[15] Das ist einseitig. In der unterschiedlichen Semantik von *superbia* und *übermuot* tritt die Differenz zwischen kirchlichen und feudalen Wertordnungen zutage. *Superbia* ist ein Kampfbegriff; was die Kleriker als sündhafte Selbstüberhebung geißeln, ist für

---

[13] Maurer (1951).
[14] Schröder (1968), S. 127f.
[15] Hempel (1970), vgl. etwa S. 220-222.

den Adel u.U. Ausweis von Herrschaftsfähigkeit.[16] Ob das Anmaßung ist, hängt vom Standpunkt ab. Beim Übergang in die Volkssprache verblaßt der theologische Hintergrund; *übermuot* ist für andere Besetzungen offen, ist ein „sittlich indifferentes überschwengliches Gefühl von Lebenskraft und Lebensfreude".[17]

Im *Nibelungenlied* heißt *übermuot* das Bewußtsein der Überlegenheit, das hinter Aggression steht. In diesem Sinne ist vom *übermuot* der sächsischen Angreifer die Rede (151,2), wird Siegfrieds Herausforderung des Wormser Hofes *übermüeten* genannt (117,4) oder verbietet Gernot den burgundischen Kriegern feindselige Reden (*mit übermüete*, 123,3; vgl. 175,4; 240,1). Dabei ist die Frage von Recht oder Unrecht meist ausgeblendet. Könnte man noch annehmen, der *übermuot* der Sachsen bedeute, daß ihr Angriff als illegitim gekennzeichnet werden solle, so nennt auf der anderen Seite der Angreifer Liudegast auch die (in ihrer Legitimation nie problematisierte) burgundische Gegenwehr *starkez übermüeten* (167,4). Wagemut und Angriffslust erscheinen vor allem aus der Sicht der Gegenseite als *übermuot*. Vom Blickpunkt des wiederhergestellten Friedens, wird die ganze Fehde *übermüeten* genannt (254,4). Die Kennzeichnung ist also perspektivisch gebunden.

Dabei ist der Terminus meist nicht Selbstbeschreibung, sondern Zuschreibung von außen. Gemeint ist ein für den potentiellen Gegner bedrohliches Selbstgefühl. Da die Fremdzuschreibungen wechselseitig erfolgen, heben sich die negativen Akzente wechselseitig auf, und aus eben diesem Grunde trifft die Rede von der sittlichen Indifferenz zu, denn *übermuot* ist nicht auf eine übergreifende moralische Ordnung bezogen (wie *superbia* bei den Sieben Todsünden), die verbindliche Bewertungsmaßstäbe garantierte. Das als *übermuot* qualifizierte Selbstgefühl macht die Qualität des Heros aus, der seine Stärke kennt und sich um die der anderen nicht kümmern zu müssen glaubt. So kann das Epitheton *übermüete* geradezu der neutralen Charakteristik eines Heros dienen, ohne daß die Situation besonderen Anlaß böte: der *übermüete Hagene*, der auf die Wasserfrauen trifft (1549,1), *die übermüeten degene*, wie die Hunnen selbst dann noch genannt werden, wenn sie sich feige zurückhalten (1792,4). Gemeint ist oft nicht mehr als Kampfwille und Kampfkraft. Bei Siegfried, sagt Kriemhild, müsse sie nicht befürchten, *daz im iemen næme in sturme sînen lîp,/ ob er niht wolde volgen sîner übermuot* („daß jemand ihn im Kampf tötet, wenn er nicht seinem *übermuot* nachgibt", 896,2f.).

*Übermuot* überspielt die Grenze zwischen klugem und törichtem, legitimem und illegitimem, sittlich vertretbarem und rücksichtslos egoistischem Verhalten. Bewertungen sind nicht sicher. Daher läßt sich nichts Eindeutiges aus dem Urteil des Erzählers herauslesen über Siegfrieds Vorschlag, die Gefährten sollten ihn in Isenstein als *man* Gunthers ausgeben:

---

[16] Vgl. Karl Leyser: Ritual, Zeremonie und Gestik: das ottonische Reich, Frühmittelalterliche Studien 27 (1993), S. 11 zu Hermann Billung.
[17] Stutz (1990), S. 417 (nach dem Vorgang von Heusler, Neumann u.a.).

> *durch ir übermüete ir deheiner ez niht liez,*
> *si jâhen, swes er wolde; dâ von in wol gescach [...]*. (387,2f.)

(„wegen ihres *übermuot* unterließ es keiner; sie sagten, was er wollte; das schlug ihnen zum Guten aus").

Siegfrieds Rat ist einerseits richtig, da zum Guten ausschlagend (*wol gescach*), nämlich Bedingung des erfolgreichen Betrugs in Isenstein. Daß die Gefährten ihm folgen, kann trotzdem *übermüete* heißen, im Sinne sorgloser Selbstgewißheit, die sich um die Folgen nicht schert, doch auch im Sinne einer verhängnisvollen Selbstüberschätzung und Rücksichtslosigkeit gegenüber dem, was man in den Augen der anderen ist. Insofern kann sich *übermüete* in diesem Fall paradoxerweise statt auf Selbstüberhebung auf eine Geste der Unterordnung Siegfrieds unter Gunther beziehen.

*Übermuot*/ *übermüete* bezeichnen auch rücksichtslosen Triumph, Gleichgültigkeit gegenüber dem *leit* anderer (*Prünhilt diu schœne mit übermüete saz./ swaz geweinte Kriemhilt, unmære was ir daz*, „die schöne Brünhild trat mit *übermuot* auf; ihr war gleichgültig, wieviel Kriemhild weinte", 1100,1f.) oder selbstgewisse Aggressionsbereitschaft (der *übermüete* Fährmann, der Hagen so herausfordert, daß dieser ihn totschlägt). *Übermuot* kann leichtsinnige Verblendung sein, die Vorsicht mit Angst verwechselt, aber auch Gewalt ohne Beachtung von Recht und Sitte: Brünhilds *übermuot* (340,3; 446,4) bedroht alle Ankömmlinge mit dem Tode. Schließlich gerät *übermuot* in die Nähe von Verbrechen: Der Mord an Siegfried und der Umgang mit seinem Leichnam ist eine Geschichte *Von grôzer übermüete [...] und von eislîcher râche* („von großem *übermuot* und von eiskalter Rache", 1003,1f.).

Damit rückt *übermuot* in semantische Nähe zu *hôchvart*, das eindeutiger negativ besetzt ist und sich stärker der *superbia* annähert. Präsent ist diese Nuance auch im *Nibelungenlied*. Siegfrieds Vater Siegmund warnt vor Hagen: *der kan mit übermüete der hôhverte pflegen* („der kann mit seinem *übermuot* überheblich sein", 54,2). Heroisches Selbstwertgefühl erscheint als Anmaßung (ähnlich 53,4). In diesem Sinne hält Siegfried der besiegten Brünhild vor, *daz iuwer hôhverte ist alsô hie gelegen* („daß eure Überheblichkeit hier niedergeschlagen wurde", 474,2). Allerdings gilt die negative Bewertung nicht ganz durchgängig: *Hochvert[ig]e site* scheint ein Merkmal der Heroen zu sein und so wie *übermüete* alle ihre Aktionen zu charakterisieren. So heißt es von den burgundischen Königen im Kampfgetümmel: *si tâten, daz si wolden, in vil hôhverten siten* („sie handelten so, wie es ihnen gefiel, auf überlegen-selbstgewisse Weise", 1891,4). Eindeutig wird die negative Konnotation von *übermuot* und *hôchvart* erst in der Rezeption des *Nibelungenliedes*, etwa in der Kriemhildgestalt des *Wormser Rosengarten*.[18]

---

[18] Vgl. Müller (1998), S. 241.

In die Nähe von *übermuot* gehört auch der stärker höfisch geprägte *hôhe muot*. *Hôher muot* – freudige Hochgestimmtheit, zumal beim höfischen Fest – ist ein Kernbegriff der höfischen Literatur. Doch ist in die Übernahme eines neuen Vokabulars nicht notwendig die Übernahme der darin gefaßten Inhalte eingeschlossen. Zwar ist auch in der höfischen Kultur die Quelle des *hôhen muot* ein Bewußtsein der Überlegenheit einer Elite, doch fehlt die aggressive Komponente gegenüber anderen, das Übermäßige und Hybride ist gebändigt und die Selbstbezogenheit von *übermuot* sozialisiert. Im *Nibelungenlied* sind die Grenzen dagegen noch fließend. Zwar sind die Anlässe oft denen in höfischer Dichtung gleich; *hôhen muot* löst das Hochgefühl im Frauendienst aus, das Fest oder der Empfang von Boten,[19] der Genuß von Luxus, Wohlbefinden und die Harmonie geordneter Herrschaftsverhältnisse.[20] Das Wort bezeichnet überhaupt die Haltung derer, die zur höfischen Gesellschaft zählen (390,4). Mit der freudigen Erwartung vor dem Kampf (181,4) oder bei der siegreichen Rückkehr aus dem Krieg (243), mit dem Unternehmungsgeist bei einem Abenteuer (381,4), dem Hochgefühl bei der Jagd (955,4) beginnt sich der Begriff in Richtung auf den (positiv konnotierten) *übermuot* zu verschieben. Das kann die selbstsichere Zufriedenheit beim Anblick eines zahlenmäßig weit überlegenen Heeres sein – *Sîvrit in hôhem muote sach vil vrœlîchen daz* („Siegfried, in hoher Stimmung, sah das mit Freuden", 181,4) –, aber auch Anmaßung und Selbstüberschätzung bis in die Nähe von *hôchvart*. Der Fährmann an der Donau ist so reich und vornehm (*rîche*), daß er den Burgunden seine Dienste verweigert; *ouch wâren sîne knehte vil hôhe gemuot* („auch waren seine Knechte recht übermütig", 1551,3), d.h. aggressionsbereit wie er. Heißt Siegfrieds Standeslüge *übermüete*, so seine Sorglosigkeit, wenn er der im Bett besiegten Brünhilds Ring und Gürtel abnimmt *hôhe[r] muot* (680,2), ein Gefühl des Triumphs, das ihn teuer zu stehen kommt. Das Interesse an semantischer Differenzierung scheint gering: Wenn Siegfried Brünhild zu unterliegen droht, befürchtet er, daß dann die Frauen künftig *tragen gelpfen muot* („streitsüchtige Gesinnung zeigen", 673,3). Daraus wird in C: daß sie *hôhe tragen den muot* („hochfahrend sind", C 678,3). Der neue höfische Modebegriff kann im nibelungischen Kontext offenbar auch Zanksucht, Überheblichkeit und Eingebildetheit meinen.

Eine eindeutige Trennung zwischen (eher negativem) *übermuot* und (positivem) *hôher muot* läßt sich nicht aufrechterhalten. *Übermuot* und *hôher muot* scheinen, anders als *hôchvart*, häufiger neutral gebraucht. Sie bezeichnen eine Skala von Erscheinungsformen eines – im Kern wohl adeligen – Selbstgefühls zwischen dem Insistieren auf der eigenen Stärke, die sich dauernd gewaltsam beweisen will, und einer als höfische *vreude* in Erscheinung tretenden, nicht-aggressiven Selbstgewißheit. Beide äußern sich im Übermaß an *muot*, das nicht

---

[19] 174,3; 292,1; 292,4; 325,4; 350,2; 283,4; 284,2; 543,1; 578,3; 602,2; 602,4; 787,4; 789,4; 809,3 usw.
[20] 1171,4; 1347,4; 721,4; 748,4; 750,2.

eine individuell zuzurechnende Eigenschaft ist, sondern eine Kraft, die sich durch die Heroen hindurch verwirklicht.

## *herze liebe – herzen jâmer*

Wenn *zorn, trûren, übermuot* und dergleichen transpersonale Kräfte sind, die von den Protagonisten quasi von außen Besitz ergreifen, dann entsteht ein Bild der Figuren gewissermaßen nur im Schnittpunkt solch übergreifender Kräfte. Mit Kriemhild ist das anders; sie ist eher eine Grenzfigur, die die unausgesprochen geltenden Verhaltensstandards und -normen ihrer Welt verletzt und dadurch für ihre Umgebung unkalkulierbar wird. Sie ist in einen Stand hineingeboren, der ihre Handlungsmöglichkeiten und ihr soziales Verhalten als Königstochter und Königin weitgehend festzulegen scheint, bis sie durch die Ermordung Siegfrieds und in deren Gefolge durch ihre Enteignung als Herrscherin aus der Bahn geworfen wird. Von diesem Zeitpunkt an ist zunehmend von ihren psychischen Einstellungen die Rede, die mit ihrem Status in Konflikt geraten: Durch die Hochzeit mit Etzel in ihren vorigen Stand restituiert, trauert sie weiter; ihre Rolle als Mutter einer neuen Dynastie wirft sie weg; familiäre Bindungen opfert sie auf.

Die Unkalkulierbarkeit der Rächerin hängt also damit zusammen, daß ihre Trauer um Siegfried erwartbare Reaktionen stört. Dies gilt auch für ihren *herzen jâmer*, der für die Interpreten vor allem Argument war, Kriemhilds Handeln eine furchtbare, doch nach neuzeitlichen Maßstäben verstehbare Konsequenz zuzuschreiben.[21] Dieser *herzen jâmer* macht sich jedoch aus der Perspektive ihrer Umgebung als Störfaktor bemerkbar. Der *herzen jâmer* verlegt Ursprung wie Äußerung des Schmerzes ins Innere der Person. Er verschließt sich meist vor den anderen und kann von ihnen daher nicht berechnet werden.

Dabei deckt selbst das Spektrum von *jâmer* ähnlich wie das von *leit* persönliche wie überpersönliche Phänomene ab. Zu Unrecht wird *jâmer* einfach mit „Herzeleid" übersetzt.[22] Auf inneren Schmerz bezogen wird *jâmer* erst in Kombination mit *herze*. Vom *herze* ist meist in Zusammenhang mit Kriemhild die Rede:

> *dô was ir daz herze sô græzlîche wunt:*
> *ez kunde niht vervâhen, swaz man ir trôstes bôt.*
> *si hete nâch liebem vriunde die aller græzisten nôt,*
>
> *Die nâch liebem manne ie mêr wîp gewan* (1104,2-1105,1).

(„Da war ihr Herz so schlimm verletzt; kein Trost, den man ihr bot, half; sie hatte nach ihrem Geliebten die schmerzvollste Sehnsucht, die je eine Frau nach ihrem geliebten Mann hatte").

---

[21] So Wolf (1995), etwa S. 400; 422 u.ö.
[22] Vgl. etwa Schröder (1968), S. 204.

Die zentrale Bedeutung von *herze* für das Verhältnis von Siegfried und Kriemhild wurde auf den Einfluß der zeitgenössischen höfischen Literatur zurückgeführt.[23] Man kann jedoch die Bedeutungsvielfalt und -tiefe des höfischen Begriffs nicht ohne weiteres auf das *Nibelungenlied* übertragen, denn häufig ist dort nur das Vokabular übernommen, nicht das Konzept. Gewiß, es ist *herzen liebe[] minne*, die Siegfried in Worms hält (294,2), und er trägt Kriemhild *in herzen* (134,1). Doch wenn es heißt, daß auch er selbst *durch herzen liebe* das Begehren auf sich lenkt (135,4), dann ist damit keineswegs die Liebe Kriemhilds gemeint, sondern die Wünsche anderer Frauen, die Gefallen an ihm haben; *herzen liebe* wird hier von konventioneller *minne* nicht unterschieden, jener auf überpersonale Werte gerichteten 'Zuneigung auf Abstand', wie sie der Minnesang kennt und wie sie Walther von der Vogelweide der *herzeliebe* gerade entgegensetzt.

Siegfrieds ausschließlich auf Kriemhild gerichteter, zwischen Hoffnung und Verzagen schwankender Dienst gleicht viel eher dem konventionellen Gegenkonzept zur *herzeliebe*, nämlich verzweifelter hoher *minne*, obwohl Siegfried selbst beteuert, sie komme *von herzen* (136,3). Es heißt geradezu floskelhaft „*diu ist mir noch vil vremde: des muoz ich trûric gestân*" („'sie steht mir noch ganz fern, deshalb muß ich traurig sein'", 136,4) oder *er leit ouch von ir minne dicke michel arbeit* („wegen ihrer *minne* erlitt er großen Schmerz.", 137,4). Das *Nibelungenlied* scheint zitathaft aufzurufen, was man an Wirkungen der hohen *minne* zuschreibt. Doch wird nirgends terminologische Exaktheit angestrebt. So nennt Kriemhild auch Etzels Verhältnis zur Königin Helche *herzeliebe* (1218,4); dabei handelt es sich dem Epos zufolge um eine konventionelle dynastische Verbindung, die als Angelegenheit des ganzen Landes dargestellt wird, denn Helches Tod trifft nicht nur Etzel, *sîn volc ist âne freude* („sein Volk hat keine Freude mehr", 1194,2).

Das höfische Vokabular wird meist unterminologisch gebraucht. Die Bedeutung von *herze* kann – wie die Adverbien *sêre* oder *fast* – zur bloßen Verstärkung verblaßt sein: Gunther ist Dietrichs Todfeind (*herzevîent*, 2358,3); *herzeleit* kann jeden schmerzhaften Zustand meinen (etwa 741,4: die Entfernung von den Verwandten). Auch kann das *herze* allgemein metonymisch für das Ich stehen, ohne daß eine emotionale Vertiefung angesprochen ist: An den Ritterspielen freuen sich die jungen Ritter, *den ir tumbiu herze gâben hôhen muot* („die ihre naiven Gemüter freudig gestimmt sein ließen", 809,3). Überdies ist *herze* nicht einmal immer positiv besetzt. Das Innere ist nicht der Schauplatz einer neuen Sensibilität, sondern ein verschlossener Raum, in dem Verrat vorbereitet werden kann: Brünhilds Groll und Intrige gegen ihren 'Vasallen' Siegfried – das *truoc si in ir herzen unt wart ouch wol verdeit* („das verschloß sie in ihrem Herzen; es wurde strikt verschwiegen", 725,1). Zwei Zusatzstrophen in Hs. C betonen noch stärker, daß das *herze* ein Versteck ist,

---

[23] Wolf (1987), S. 188.

in dem nur mühsam zurückgehalten werden kann, was nach außen drängt: *Dô gedâht diu kuneginne: ine mac niht langer dagn* („Da dachte die Königin: 'Ich kann nicht länger schweigen'", C 821,1); *daz ir lac amme herzen ze lieht ez muose komen* („was sie im Herzen beschäftigte, drängte ans Licht", C 822,3).[24] Kriemhilds Rachewunsch wird *wille[] in ir herzen* genannt („im Herzen verschlossene Absicht", 1396,1),[25] ihr *herzeleide* ist etwas, das verheimlicht werden muß (1960,2); das *herze* ist der Ort sorgfältig verborgener Pläne. So kann *herze* nicht ohne weiteres als Indiz für eine positiv besetzte Innerlichkeit verstanden werden und ist nicht Privileg der liebenden Kriemhild.

Indem die *herzeliebe* zu Siegfried sich an die Stelle aller anderen Sozialbeziehungen setzt und den dynastisch-feudalen Rahmen, in den Kriemhild eingebettet war, sprengt, wird sie zum monströsen Grund für den Untergang einer ganzen Welt. Der *herzen jâmer* isoliert Kriemhild zunächst räumlich – angezeigt in ihrem Rückzug in die Nähe der Grabstätte, im unermüdlichen Dienst für den Toten, in der Beschränkung des Umgangs auf wenige Verwandte –, dann auch moralisch, indem ihr *jâmer* als etwas ganz und gar Unverständliches erfahren wird. Der Erzähler findet dafür die Formulierung: *die Sîfrides wunden tâten Kriemhilde wê* („Siegfrieds Wunden schmerzten Kriemhild", 1523,4). Die seelische Dimension, die die höfische Literatur entdeckt, wird hier in der Vorstellungswelt einer Kriegergesellschaft ausgelegt, die vor allem körperlichen Schmerz kennt. Man weiß, daß niemand die Wunden eines anderen spüren kann, und deshalb sind die unkörperlichen Schmerzen Kriemhilds über einen Verlust, der äußerlich wiedergutgemacht scheint, den anderen nicht nachvollziehbar. Für sie vergeht er spurlos; der Schmerz um Siegfrieds Tod ist Vergangenheit:

> *„er lît vor manigem jâre ze tôde erslagene.*
> *den künec von den Hiunen den sol si nu holden haben:*
> *Sîfrit kumt niht widere [...]".* (1725,2-4)

(„'er liegt tot, vor langer Zeit erschlagen; jetzt soll sie den Hunnenkönig lieben; Siegfried kommt nicht zurück'").

Und Dietrich antwortet in derselben Vorstellungswelt:

> *„Die Sîfrides wunden lâzen wir nu stên"* (1726,1).

(„'Siegfrieds Wunden lassen wir jetzt beiseite'").

Beide verkennen, daß *Sîfrides wunden* auch diejenigen Kriemhilds sind. In der Umschreibung des seelischen Vorgangs durch die Körpermetapher zeigt sich

---

[24] C 821 auch in Jad; C 822 auch in Jadh; vgl. Batts, S. 244-247. Daß sie ihre Absicht zurückhält und auf eine gute Gelegenheit wartet, heißt in C Eingebung des *tiufel* (C 822,1).

[25] In C 1423,1 ersetzt.

wieder die Einheit von Außen und Innen, von äußerer und innerer Verletzung. Das seelische Trauma durch die physische Verletzung dauert fort und verlangt physische Rache.

**Die *arme künegîn***

Kriemhild ist eine Gestalt des Übergangs, und so ist ihr Leid nie nur innere Erfahrung, sondern auch von außen zugefügter Schaden. Seit Siegfrieds Tod heißt sie *Kriemhilt diu arme* (1053,1), die *arme[] Kriemhilde* (1056,4), *diu gotes arme* (1080,4), das *vil arme[] wîp* (1112,2). Das Epitheton *arm* verknüpft subjektives und objektives Befinden, ohne daß beide voneinander zu trennen wären. So klagt Rüdeger:

> „*Owê mir gotes armen, daz ich ditz gelebet hân.*
> *aller mîner êren der muoz ich abe stân,*
> *triuwen unde zühte, der got an mir gebôt.*" (2153,1-3)

(„'Ach ich von Gott verlassener! Daß ich das erleben mußte! Ich muß alles aufgeben, was meine *êre* ausmachte, *triuwe* und höfisch vorbildliches Verhalten, das Gott mit befohlen hat'").

Gottverlassenheit bedeutet nicht nur die Zerstörung der ethischen Werte, die Rüdeger vertrat, sondern auch Zerstörung des sozialen Status und der Geltung vor Gott und den Menschen (*êre*).

Wenn Kriemhild *diu arme* genannt wird, denkt man zuerst an ihren Schmerz um Siegfried, der durch keinen noch so großen Besitz aufgewogen würde: *bî im wære Kriemhilt hendeblôz bestân* („nackt wäre Kriemhild bei ihm geblieben", 1126,3).[26] Das ist heroische Hyperbolik: Die ungeheure Größe des Schatzes wird durch das noch ungeheurere Ausmaß des Schmerzes bei weitem überboten. Doch gibt es auch andere Aussagen.[27] So wenig Kriemhild auf Machtinteressen reduziert werden kann,[28] so wenig ist zu bestreiten, daß sie das, was sie ist, durch ihre königliche Stellung ist. Siegfrieds Tod und der Verlust des Schatzes sind untrennbar verbunden:

> *Mit iteniuwen leiden beswæret was ir muot,*
> *umb ir mannes ende, unt dô si ir daz guot*
> *alsô gar genâmen. dô gestuont ir klage*
> *des lîbes nimmer mêre unz an ir jungesten tage.* (1141)

---

[26] Schröder (1968), S. 11; 86; Wolf (1987), S. 191f.
[27] Bagatellisiert bei Schröder (1968), S. 80, 82, 87.
[28] Beyschlag (1952/1961); dagegen Schröder (1968), S. 87-91.

*Die* arme künegîn

("Mit ganz neuem Schmerz wurde sie bekümmert, um den Tod ihres Mannes und um den Besitz, den sie ihr so vollständig raubten. Da hörte ihre Klage ihr Leben lang nicht mehr auf, bis zu ihrem letzten Tag").

Giselhers Angebot, sie zu entschädigen, hatte die *gotes arme* dankbar angenommen (1080,4).[29] Kriemhild ist *arm*, indem sie auf Hilfe angewiesen ist, auf Giselher oder auf Rüdeger, der ihr bei der Rache helfen soll (2149). *Arm* ist Gegenbegriff zu einer Position der Macht (*rîche*), die Besitz und Status einschließt, meint die (momentane) Nichtzugehörigkeit zum Kreis der Mächtigen und Reichen. *Arm*-sein betrifft die Person unmittelbar. Mit Siegfrieds Tod ist nicht nur Kriemhilds Stellung vernichtet, sondern auch ihre Schönheit wertlos. Zu dieser Situation 'paßt' (*zemen!*) *weinen* (1242,4; 1245,2), denn Weinen ist der angemessene Ausdruck eines Defektes; deshalb nennt sie Etzels Werbung *spot*, denn man darf von ihr nicht das erwarten, was eine Herrscherin kennzeichnet:

> *wie sold' ich vor recken dâ ze hove gân?*
> *wart mîn lîp ie schœne, des bin ich âne getân.* (1245,3f.).

("wie soll ich bei Hof vor den Helden auftreten? Wenn ich je schön war, so bin ich dessen beraubt").

Schönheit ist keine Qualität, die an der Person haftet, sondern sie setzt eine dem Rang gemäße Position voraus. Andererseits ist Schönheit jedoch auch Kriemhild von ihrer Herkunft her angeboren und wird im richtigen sozialen Kontext sofort wiederhergestellt. Rüdeger hält ihr deshalb entgegen:

> *zwiu woldet ir verderben einen alsô schœnen lîp?* (1254,3)

("Warum wollt ihr eine solche Schönheit verkommen lassen?").

Und in der Tat, kaum hat Kriemhild Etzels Werbung angenommen, kehren nicht nur die prächtigen Kleider und das majestätische Auftreten (*hêrlîchen*, 1337,3) zurück, sondern auch ihre Schönheit strahlt wie früher: *ir varwe wol getân/ diu lûht' ir ûz dem golde* ("ihr schönes Aussehen strahlte aus dem Gold", 1351,1f.). Sie hat die Fassung wieder, die ihr zusteht.

So ist bei der Werbung Etzels durchaus auch die Sorge um die Wiederherstellung ihres Status im Spiel:

> *Dô bat si got vil dicke füegen ir den rât,*
> *daz si ze gebene hête golt, silber unde wât*
> *sam ê bî ir manne, dô er noch was gesunt.* (1247,1-3).

---

[29] Noch deutlicher in C 1091,4: *dô sprach diu küneginne: "des wær mir armen wîbe nôt."* ("da sagte die Königin: 'das habe ich arme Frau nötig'").

("Da bat sie Gott inständig dafür zu sorgen, daß sie Gold, Silber und Kleider zu verschenken hätte wie früher bei ihrem Mann, als er noch lebte").

Sie legt Gott keine offene Frage vor, sondern bittet ihn, ihr zu helfen (*rât* = Abhilfe), daß sie wieder über Gut verfügt. Dieser Wunsch verbindet sich mit dem Rachebegehren:

> *„waz ob noch wirt errochen des mînen lieben mannes lîp?"*
>
> *Si gedâhte: „sît daz Etzel der recken hât sô vil,*
> *sol ich den gebieten, sô tuon ich, swaz ich wil.*
> *er ist ouch wol sô rîche, daz ich ze gebene hân.*
> *mich hât der leidege Hagene mînes guotes âne getân."*
> (1259,4 1260,4)

(„'wie, wenn mein geliebter Mann doch noch gerächt wird?' Sie dachte: 'Wo Etzel so viele Krieger hat – wenn ich über die verfüge, dann tue ich, was ich will. Er ist dazu so mächtig und reich, daß ich genug freigebig zu verschenken habe. Der schlimme Hagen hat mir, was ich besaß, abgenommen'").

So nimmt Kriemhild Rüdegers Werbung schließlich mit den Worten an: *„ich wil iu volgen, ich armiu künegîn"* („'ich will euch folgen, ich arme Königin'", 1264,1); der widersprüchliche Zustand – *arm* und *künegîn* – ist beendet, nicht aber ihr beschädigter Zustand insgesamt.

Offenkundig wird das genau in dem Augenblick, in dem der frühere Status in der *hôhzît* mit Etzel wiederhergestellt ist (1368) und sie trotzdem weint:

> *Wie si ze Rîne sæze, si gedâht' ane daz,*
> *bî ir edelen manne; ir ougen wurden naz.*
> *si hetes vaste hæle, deiz iemen kunde sehen.*
> *ir was nâch manigem leide sô vil der êren geschehen.* (1371)

(„Sie dachte daran, wie sie am Rhein gelebt hatte bei ihrem edlen Mann. Ihre Augen füllten sich mit Tränen. Sie verbarg das sorgsam, daß niemand es bemerken konnte. Nach so vielfältigem Leid hatte sie so große Ehren erfahren").

Was nicht in der äußeren Restitution aufgeht, muß – wie das, was im *herze* vorgeht – geheim gehalten werden (*hæle*), denn es entbindet eine zerstörerische Potenz. Weil aber Kriemhilds Schmerz immer auch körperhaft gedacht ist, entzieht er sich nicht völlig der Wahrnehmung. Zuerst beim Hochzeitsmahl tritt, was sie insgeheim denkt, nach außen und muß, für diesmal erfolgreich, vor den anderen verborgen werden. Das glückt nicht immer. Bei der Einladung an die Burgunden fordert sie die Boten offen auf, den Verwandten ihren Gemütszustand zu verheimlichen: *den sult ir niht verjehen,/ daz ir noch ie gesæhet betrüebet mînen muot* („denen sollt ihr nichts davon sagen, daß ihr mich jemals trauern gesehen

# *Die* arme künegîn

habt", 1415,2f.). Ihr Schmerz ist wahrnehmbar und deshalb auch den Boten bekannt. Auch Dietrich weiß von ihr:

> *Kriemhilt noch sêre weinet den helt von Nibelunge lant.* (1724,4)
> („Kriemhild beweint noch heftig den Held aus Niederland").

Die burgundischen Könige können, um *der vrouwen Kriemhilde muot* („Sinn")
zu erfahren, Zeugen befragen; Dietrich warnt:

> „*ich hœre alle morgen weinen unde klagen*
> *mit jâmerlîchen sinnen daz Etzelen wîp*
> *dem rîchen got von himmile des starken Sîfrides lîp.*" (1730,2-4)

(„'Jeden morgen höre ich Etzels Frau jammervoll über den starken Siegfried weinen und klagen zum allmächtigen Gott im Himmel'").

Die Klage um Siegfried vollzieht sich nicht vor den anderen und für die anderen wie etwa die Klagen bei seinem Begräbnis; die trauernde Kriemhild ist mit sich und Gott allein. Trotzdem kapselt sich kein 'Inneres' ab. Dietrich muß nicht mühsam aus ihren Mienen entziffern, was Kriemhild heimlich fühlt, sondern er kann sie hören.

Auch wo sie verborgen werden sollen, treten Denken und Fühlen nach außen. Kriemhilds Entschluß zur Rache wird als ein Selbstgespräch erzählt. In der 23. Aventiure, wenn Kriemhild, als Herrscherin unbestritten und über Etzels Macht verfügend, an die steckengebliebene Rache und ihre ambivalente Einstellung zu den Wormsern denkt, kristallisiert sich – nur scheinbar wirr, in Wirklichkeit in kunstvoller Abfolge von Überlegungen, Erinnerungen, ambivalenten Gefühlen und Wünschen – der Entschluß zur rücksichtslosen Rache heraus.[30] Kriemhilds Versuch, ihren Schmerz und ihre Pläne zu verbergen, sind Hinterlist wie Gunthers vorgetäuschtes *trûren*, denn, auf Wahrnehmbarkeit angelegt, suchen sie die Wahrnehmung zu verhindern und sind deshalb ebenso heimtückisch wie der Betrug mit der magischen *tarnhût*. Noch wo Inneres bestimmend wird, ist es nach außen gekehrt.

---

[30] Genauer Müller (1998), S. 229-233.

# Öffentlichkeit und Heimlichkeit

## Handeln im Licht heroischer Erinnerung

Die nibelungische Welt ist auf Sichtbarkeit angelegt. Man hat von 'Bühne', 'Szenenregie' und 'Schaubildtechnik' des *Nibelungenliedes* gesprochen und auf den Status des Textes zwischen Mündlichkeit und Schriftlichkeit verwiesen, der solch 'szenisches' Erzählen begünstige.[1] Wenzel hat dies als Anpassung der *alten mæren* an die „Poetik der höfischen Repräsentation" gedeutet.[2] Das Erzählen in Schaubildern setzt sich gegen die lineare Kohärenz der Handlungsverknüpfung durch.[3] Sichtbarkeit ist Garantie für Wahrheit und Ordnung. Wo sie manipuliert oder verfälscht wird, sammeln sich die Konflikte an. Der immer brutalere Durchbruch von Gewalt läßt sich als Aufdeckung eines tückischen Spiels mit falschem Schein verstehen, die gewaltsame Konfrontation in der Schlußphase als Wiederherstellung von Transparenz.

Der Held agiert im Licht. Seine sichtbare Präsenz ist Schwundstufe seines mythischen Glanzes, wie ihn die Heldensage in Dietrichs Feueratem kennt oder im Strahlen, das von ihm ausgeht. Ein Rest davon ist rationalisiert zum Glanz der Waffen (1761,3; 1841,3). Bekannt-Sein und Gesehen-Werden des Heros sind eins. Wenn Rüdeger seinem König die Witwe des berühmten Siegfried als Frau vorschlägt und ihn daran erinnern möchte, daß er den Helden 'kennt', dann sagt er: *den hâstu hie gesehen* („den hast du hier gesehen", 1157,3). Das hat die Sagenforscher seit je irritiert, denn davon weiß die Sagenüberlieferung nichts.[4] Ausgeschlossen ist natürlich nicht, daß hier auf eine vergessene Sage angespielt wird, doch ist der Satz auch kontextlos wie hier im *Nibelungenlied* sinnvoll: Der Ruhm des Heros ist so selbstverständlich an Sichtbarkeit gebunden, daß das Wissen von ihm vom Gesehen-Haben gar nicht unterschieden werden kann.

Alles was erzählt wird, spiegelt sich in der Wahrnehmung derer, die es später bezeugen können: in der Wahrnehmung der Protagonisten einer Handlung, der umstehenden Statisten, derjenigen, die in heldenepischer *memoria* von dem, was jene gesehen haben, weitererzählen und schließlich der Hörerschaft des Epos, an die sich der Erzähler wendet[5]. Er ist Sprachrohr dessen, was 'man' sehen kann

---

[1] Hugo Kuhn (1952/1959); Heinzle (1987a), S. 81-84; Wenzel (1992); Mertens (2001).
[2] Wenzel (1992), S. 323.
[3] Gernot Müller (1975) S. 101; 105f.; 112.
[4] Vgl. de Boors Kommentar (Edition, S. 189): „Keine Dichtung weiß von einem Aufenthalt Siegfrieds am Hunnenhof" – ein „Augenblickseinfall des Dichters"?
[5] Vgl. Müller (1998), S. 249-252.

und sich dann erzählt. Nur was sich vor diesem Forum abspielt, gilt. Es muß sichtbar und auch hörbar sein. Es wird nicht einfach erzählt, daß etwas geschah, sondern daß man es geschehen sah und hörte. Man agiert vor den Augen und Ohren eines adligen Publikums, das künftige Sagenerinnerung vorwegnimmt. Das drückt eine Lieblingsformel des Erzählers aus: *man sach [...]*, seltener auch *man hôrt [...]*.[6] Nur als seh- und hörbare gehen die Vorgänge alle an. Augen- und Ohrenzeugenschaft sind die Quellen künftiger Erzählung und vergewissernder Erinnerung. Die Formel *man sach/ man hôrt* rückt die Erzählwelt nicht in eine subjektive Wahrnehmungsperspektive, sondern der Erzähler bekundet, daß sie im Licht allgemeiner Aufmerksamkeit liegt. Hörensagen ist dabei der Anschauung unterlegen und muß durch Augenschein ergänzt werden: *„Welt ir des niht gelouben, man solz iuch sehen lân."* („'Wenn ihr das nicht glauben wollt, wird man es euch sehen lassen'", 2232,1), sagt man zu Kriemhild, wenn sie am Gerücht von Rüdegers Tod zweifelt.

Ob in der höfischen Welt in Worms, im fernen Isenstein oder im sagenhaften Nibelungenland, überall geht es darum, vor den Augen und Ohren von Zeugen zu bestehen. So müssen sich sogar Siegfrieds Krieger aus dem Nibelungenland für die Fahrt zu Brünhild herausputzen, *want uns dâ sehen müezen vil minneclîchiu wîp* („denn da werden uns liebliche Frauen sehen", 506,3). Für die Handlung ist das ohne Funktion, nicht für die Rangordnung innerhalb der höfischen Welt.

Vor aller Augen wird der Wert von Schönheit und Rang der beiden Königinnen taxiert:

> *Dô speheten mit den ougen, die ê hôrten jehen,*
> *daz si alsô schœnes heten niht gesehen*
> *sô die vrouwen beide: des jach man âne lüge.* (592,1-3)
>
> *dô sprâchen dâ die wîsen, die hetenz baz besehen,*
> *man möhte Kriemhilden wol vor Prünhilden jehen.* (593,3f.)

(„Da schauten mit eigenen Augen, die vorher davon nur reden gehört hatten, daß sie so etwas Schönes noch nie gesehen hatten wie die beiden Fürstinnen; das wurde von allen wahrheitsgemäß bestätigt. [...] Da sagten die, die etwas davon verstanden – sie hatten noch genauer zugesehen –, daß man Kriemhild sehr wohl den ersten Platz vor Brünhild zugestehen könnte").

Alles, selbst Blicke, werden von Blicken verfolgt: *under wîlen blicken man Prünhilde sach* („manchmal sah man Brünhild blicken", 799,2). Und so wird auch gesehen, wenn jemand sich aus der hellen Sphäre dessen, was alle sehen, absondert wie Gunther nach seiner mißglückten Hochzeitsnacht: *swes iemen an-*

---

[6] Etwa 131,3; 133,2; 579,1; 3; 584,1; 587,3; 590,4; 594,2; 788,2; 793,4; 799,2 u.ö.; 585,3; 797,1; vgl. 589,2. gelegentlich auch *man vant* (580,4; 795,4).

*der pflæge, man sah in trûrende gân* („was auch die anderen taten, ihn sah man bedrückt", 647,4). Das zeigt einen Defekt an. Hörbarkeit und Sichtbarkeit bedeuten Rechtsverbindlichkeit. Legitimes herrschaftliches Handeln hat sich 'vor' dem Kreis der Gefolgsleute zu vollziehen: eine Krönung, eine Hochzeit, der Empfang von Boten, die Auszeichnung für besondere Verdienste usw. Die Vokabel für die öffentliche Anerkennung ist *jehen*. Jehen heißt aussprechen, was allgemein gilt oder gelten soll. Dieses Sprechen hat kein bestimmtes Subjekt. Es meint die heroische Fama, die alles Erinnerungswürdige festhält, angefangen von dem, was die sog. Schneiderstrophen (Strophen ohne Handlungsfunktion, hauptsächlich prunkvolle Kleider beschreibend) von höfischem Aufwand berichten, bis hin zu den großen Szenen heroischen Handelns.

Die Figuren richten ihr Handeln an dem aus, was man von ihnen sehen kann und künftig von ihnen sagen wird, ob bei einer Gesandtschaft (1156), dem Auftreten bei Hof (344) oder im Zweikampf. Sie sind das, was man sich von ihnen erzählt, sind ihr *mære* (720). Es interessieren weniger die Fakten selbst als die Art und Weise, wie sie sich im Urteil derer spiegeln, auf die es ankommt. Das Urteil der anderen ist Maßstab: Kriemhild fragt sich, was man über ihre Ehe mit einem Heiden sagt (1248), Rüdeger sucht zu antizipieren, was man über ihn denken und später von ihm erzählen wird: *Die liute* (2160,1), *elliu diet* (2154,3), *diu werlt* (2156,4) vertreten die Instanzen, vor denen er zu bestehen hat, Instanzen, die ihm Haß (2156,4) entgegenbringen könnten, Schande über ihn verhängen (*mich schiltet elliu diet*, „alle Welt spricht von meiner Schande", 2154,3) oder ihm Feigheit vorwerfen: *„Die liute wænent lîht, daz ich sî verzaget"* („'Die Leute glauben vielleicht, daß ich ein Feigling bin'", 2160,1).[7] Was Rüdeger sagt und denkt, nimmt mögliche Urteile über sein Verhalten vorweg und bringt die einander ausschließenden Forderungen zur Sprache, auf die sie sich stützen. Alles was er denkt und tut, vollzieht er vor den Augen aller. Er kann sich nicht selbst aus der Verstrickung lösen, aber er legt die Motive vor allen offen, so daß auch das Urteil über ihn unwiderleglich ist. Rüdeger appelliert an Gott, nicht, damit der ihm zeige, wie er einen Gewissenskonflikt löst, sondern wie er vor den anderen bestehen kann (2154). Und Gott sorgt dafür, daß er in seiner Ehre letztlich nicht beschädigt wird. Hagen verkündet das Urteil künftiger Sage: „*ez wirt iuwer gelîche deheiner nimmer mêr*" („'so jemanden wie euch wird es nie mehr geben'", 2199,2).

Auch die übrigen Protagonisten handeln im Bewußtsein dessen, was man an ihnen sieht und später von ihnen erzählen wird. Entscheidungen werden daraufhin geprüft, was man über sie sagen wird: „*ez wîzent uns die liute, und ob wir si bestân*" („'das werden uns die Leute zum Vorwurf machen, wenn wir sie angreifen'", 1887,2). Über den Tod eines Kriegers soll man nicht klagen, er sei eine Bagatelle (*Daz ist ein schade kleine*), wenn man von ihm erzählt, daß er von der Hand eines Helden gefallen ist (1954,1-3). Am frappierendsten drücken die

---

[7] Zu Rüdegers Orientierung an den anderen vgl. Splett (1968), S. 89f.

Selbststilisierung für künftiges Gedenken die letzten Worte Wolfharts aus, der sich selbst zum Denkmal erklärt:

> „*Unde ob mich mînc mâge nâch tôde wellen klagen,*
> *den næhsten unt den besten den sult ir von mir sagen,*
> *daz si nâch mir niht weinen; daz ist âne nôt.*
> *vor eines küneges handen lige ich hie hêrlîchen tôt.*" (2302).

(„'Und wenn mich meine Verwandten, wenn ich tot bin, beklagen wollen, dann sollt ihr den engsten und besten von mir sagen, daß sie um mich nicht weinen, das ist unnötig: 'Herrlich', in hohen Ehren, liege ich hier, erschlagen von einem König'").

Als jemand, der im beispielhaften heroischen Kampf (*hêrlîchen*) erschlagen wurde, lebt Wolfhart fortan im heroischen Gedenken.

Die ehernen Maßstäbe heroischen Nachruhms engen den Spielraum des Handelns ein. Wolfhart riskiert für seinen Nachruhm sein und seiner Gefährten Leben; Hagen versteht seinen letzten Kampf mit Dietrich als Probe darauf, wer künftig im Sagengedächtnis den ersten Platz einnehmen wird: *man sol daz hiute kiesen, wem man des besten müge jehen* („heute wird man erfahren, wem man den höchsten Preis zusprechen wird", 2326,4), und den Vorschlag eines rechtlichen Ausgleichs lehnt er ab, weil man dann die falsche Geschichte von ihm erzählen würde:

> „*von uns enzimt daz mære niht wol ze sagene,*
> *daz sich iu ergæben zwêne alsô küene man.*" (2341,2f.).

(„'Das wäre keine passende Geschichte, wenn man von uns erzählte, daß zwei so tapfere Männer sich euch ergeben würden'").

Solch explizite Selbstmonumentalisierung stellt freilich schon die selbstverständliche Geltung jener Maßstäbe heroischen Gedenkens in Frage: Wolfhart feiert seinen Tod in einem Kampf, in den ihn seine unbedachte Wildheit verwickelte und der den Untergang seiner *vriunde* nach sich zieht, und Hagens Fixierung auf den eigenen Nachruhm erscheint angesichts von Dietrichs Generosität als todbringende Starrköpfigkeit. Die Reflexivität der antizipierten *memoria* löst weder bei Wolfhart noch bei Hagen Reflexion aus, sondern eine distanzlose Mechanik des Handelns, das rücksichtslos die eigene Kriegerehre im Visier hat und sonst nichts[8]. Es ist bezeichnend, daß die beiden am positivsten gezeichneten Gestalten des Epos, Rüdeger und Dietrich, in diesem Punkt abweichen. Rüdeger sucht zwar gleichfalls aus dem, was man später von ihm sagen könnte, Maßstäbe für sein gegenwärtiges

---

[8] Anders in der *Klage*: Auch in diesem Punkt unterscheiden sich die beiden Texte fundamental; vgl. Lienert (2001).

Handeln zu gewinnen, doch erkennt er, daß die Instanzen, die darüber entscheiden, in sich selbst widersprüchlich sind. Indem er prüft, was sie von ihm verlangen könnten, kann er ihre Normen zwar nicht aufheben, aber doch versuchen, reflektierend beiden Seiten gerecht zu werden. Auch in Dietrichs Versuch, wenigstens Hagen und Gunther zu retten, ein Versuch, der bis zur Selbstverleugnung eines *vergezzen[s]* von *leit* geht, fehlt das künftige Gedenken als Motiv gegenwärtiger Entscheidung völlig. Wenn Hagen ihn herausfordert, um den ersten Platz in heroischer *memoria* zu kämpfen, antwortet er mit noch größerer Nachgiebigkeit und läßt sich auf den Kampf erst ein, als es nicht mehr anders geht. In Rüdiger und Dietrich stößt die heroische Ethik des Nachruhms an ihre Grenze.

### Trübung der Sichtbarkeit und Politik der Blicke

Konflikte entstehen, da das, was gesehen werden kann und gesehen wird, manipulierbar ist. Sichtbarkeit wird Objekt eines Machtspiels. Blicke werden kontrolliert, mit Blicken macht man Politik. Nicht jeder darf alles sehen. Die Verteilung von Blicken spiegelt den Rang der Protagonisten und ihr Verhältnis zueinander.

Die Formel 'jemanden gerne sehen'[9] schreibt dem Blick ein hierarchisches Verhältnis ein, denn der, der 'gerne sieht', bestimmt, wessen Nähe ihm erwünscht ist und warum. Über den Anblick verfügen signalisiert Macht. Ein mächtiger Herrscher heißt der, der viele Recken oder gar Könige 'vor sich sieht' (1391,3). Auch er selbst ist Objekt von Blicken; ihn sehen bedeutet Nähe zur Macht. So bemüht man sich, Kriemhild, die neue Landesherrin, *mit ougen* zu sehen (1313,3; vgl. 1342,4). Der Blick verspricht Gunst: „*ez mag iu komen zu liebe daz ir mich habt gesehen*" („'es kann sich für euch noch günstig auswirken, daß ihr mich gesehen habt'", 1314,3). 'Gerne gesehen werden' zeigt soziale Integration an: *die liute in sâhen gerne* („man sah ihn gern", 24,2), heißt, daß Siegfried ein Mittelpunkt des Xantener Hofes ist. Das impliziert intakte Beziehungen.[10] Wenn man dagegen dem Anblick des anderen ausweicht, besteht der Verdacht, daß die Beziehungen gestört sind: Etzel läßt die Burgunden fragen, „*waz er iu hête getân, Daz ir in alsô vremdet und ouch sîniu lant*" („'was er euch angetan hat, daß ihr derart ihm und seinem Land fern bleibt'", 1448,4-1449,1), ein Argument, das Kriemhild listig ausnutzt: Indem Etzel die Brüder seiner Frau dem Blick ihrer hunnischen Untertanen ausstellt, könne sie ihren königlichen Rang sichtbar machen und zeigen, daß sie nicht isoliert und fremd (*ellende*, 1403,4), nicht ohne Verwandte (*âne vriunde*, 1416,3), sei. Unter diesem Vorwand kann sie ihre Rache betreiben.

Sehen dürfen umgekehrt ist ein Privileg, das nicht jeder genießt. Siegfrieds Wunsch, Kriemhild zu sehen, bleibt ein ganzes Jahr unerfüllt (138,2f), während sie ihn heimlich beobachten darf (134). Bis zum Ende des Sachsenkrieges gibt es

---

[9] Müller (1987), S. 232-238.
[10] 750,4; 790,2; 794,4; 1406,2-4; bis hin zur Liebe: 547,4; vgl. Althoff (1997), S. 296.

eine Hierarchie der Blicke. Kriemhild kann den Sieger beobachten, bleibt ihm aber verborgen (432f.). Sein Wunsch, sie zu sehen, wird erst als Prämie für seinen Sieg über die Sachsen erfüllt. Beim Siegesfest belohnen die Könige die Krieger durch den Anblick der Frauen: 'Sehen lassen' wird von den Königen als Machtinstrument im Rahmen eines höfischen Repräsentationsaktes (290-294; 302-304) eingesetzt. Der Blick aus der Nähe soll auch Siegfried ködern. Er wird damit ausgezeichnet, daß er zu Kriemhild sprechen darf (291,3ff.). Durch Siegfrieds Auszeichnung dirigieren die Könige aber auch die Blicke der anderen; sie bewundern und beneiden ihn wegen seiner Nähe zur *vrouwe* (296). Die Politik der Blicke hat Erfolg: Als Siegfried, neuerlich an seinem Ziel verzweifelnd, den Hof verlassen will, wird er mit der Aussicht, die Damen zu sehen (321,4), zu bleiben bewegt.

Auch in Isenstein versucht man, Politik mit Blicken zu machen. Bei der Ankunft Gunthers und seiner Gefährten gibt es sogar ein Tauziehen, wer sehen darf und wer sich den fremden Blicken darbietet. Siegfried war bei seiner Ankunft in Worms von oben taxiert worden, während ihm der Blick auf Kriemhild, das Ziel seiner Fahrt, lange entzogen blieb. Die Situation wiederholt sich nur scheinbar: Auch Brünhild und ihre Frauen stehen zwar *oben in den venstern* (389,3) und schauen *her nider* (390,3), doch erzählt wird zunächst der Blick von unten nach oben, der der Ankömmlinge auf die Burg und ihre Bewohnerinnen. Gunther kann sie heimlich betrachten (391,1) und unter ihnen sich seine Frau wählen. Es dominiert also der taxierende Blick der Männer vom Wormser Hof, die sich die Welt von Isenstein in der Person der Königin aneignen werden. Brünhild sucht den Blick der Ankömmlinge zu unterbinden, und sorgt dafür, daß die Positionen des Sehens und Gesehenwerdens ausdrücklich (und für den Handlungsverlauf scheinbar höchst entbehrlich) vertauscht werden. Sie entzieht ihr Gefolge den Blicken der Fremden (394). Die Frauen treten *an diu engen venster* (die Fensterschlitze), aus denen sie nun ihrerseits ungesehen die Fremden beobachten können (395). Jetzt, paradoxerweise also, wenn sie nicht mehr gesehen werden können, legen sie für die unbekannten Ankömmlinge Festgewänder an (395,1), denn jetzt nehmen sie in der höfischen Hierarchie ihren angemessenen Platz ein. Brünhilds Versuch, aus der Defensive der Preisgabe an die fremden Blicke herauszukommen, scheitert freilich.

Für Brünhild und ihre Frauen wird mit Siegfrieds Zügel- und Bügeldienst ein Schauspiel inszeniert, das ihnen Auskunft über die Rollenverteilung bei der Werbung geben soll. Doch obwohl man von Isenstein aus *allez* beobachtet (396,3; 398,4), auch Brünhild (401,4), sieht man nicht, was man sehen soll. Das Schauspiel ist an Brünhild verschwendet. Indem sie bestimmt, wer sieht und wer sich sehen lassen muß, gelingt es ihr zwar, die gewöhnliche, ihrem Rang entsprechende Ordnung der Blicke herzustellen. Doch mißlingt die Organisation des Blicks, indem sie trotz dem, was sich vor ihren Augen abspielt, die Bedeutung der Szene, die die Burgunden inszenieren, verkennt. Dabei ist schwer zu entscheiden, wer richtig sieht: Die anfänglich 'verkehrte' Blickrichtung war insofern letztlich 'richtig', denn die Fremden bemächtigen sich des Landes. Auch Brünhilds Versehen bei der Begrüßung Siegfrieds trifft eigentlich den Sachverhalt: Zu recht erkennt sie in ihm den wirklichen Gegner im Werbungskampf. Was in der Situation Verkennen scheint, ist tatsächlich Erkennen und umgekehrt. Die Transparenz der Welt ist gestört. Die Blindheit der einen Seite fordert das Blendwerk der anderen heraus.

Die folgenden Episoden kennzeichnet der Entzug von Sichtbarkeit. Beim Wettkampf mit Brünhild gibt es einen blinden Fleck, Siegfried, der unter seiner Tarnhaut unsichtbar ist; man sieht nur Gunther, der die Bewegungen zu dem macht, was Siegfried tut. Ist Siegfrieds Körper unsichtbar, dann werden die Leistungen, die Gunther mit Hilfe dieses unsichtbaren Körpers vollbringt, Gunther zugeschrieben. Auch Siegfrieds nächtlicher Kampf im Nibelungenland findet statt, ohne daß man ihn sieht. Der Pförtner und Alberich bekommen zwar die Gewalt seines Körpers zu spüren, aber erkennen können sie ihn nicht, weil sie ihn nicht sehen. Siegfried kommt unerkannt (*der unkunde man*, 486,3). Indem er seine Stimme verstellt (487,4), ist er unkenntlich. Er muß sich selbst nennen: „*ich heize Sîfrit; ich wând', ich wær' iu wol bekant*" („'ich heiße Siegfried; ich hatte gedacht, daß ihr mich kennt'", 499,4). Hier bleibt die Verstellung ohne Folgen, weil Siegfried, wenn Licht geholt wird (504,1), alles so zeigen kann, wie es ist. Die unsichtbaren Aktionen in Isenstein aber dürfen nie aufgedeckt werden.

Andererseits läßt sich, was in Isenstein alle zu sehen und anzuerkennen gezwungen sind, nach der Rückkehr nach Worms nicht mehr ohne weiteres aus der Welt schaffen. Wahrheit ist an Evidenz gebunden, doch wenn einmal dies, einmal jenes evident scheint, dann können die jeweils sichtbaren 'Wahrheiten' miteinander verglichen werden. Die Präsenz des einen wird durch die Präsenz des anderen nicht gelöscht. Brünhild erinnert sich, und das bedeutet, daß ihr Blick und der der anderen nicht mehr übereinstimmen. Auch dies wird als Verwirrung der Sichtbarkeit erzählt. Bei Brünhilds und Gunthers Hochzeit können noch alle dasselbe sehen, den Auftritt des gekrönten Hochzeitspaares (604,2). Bei der Wiederholung der Zeremonie für Siegfried und Kriemhild wird Brünhild als Augenzeugin ausdrücklich entfernt (611,4), so daß die Szene ebenso unproblematisch verläuft. Wenn Brünhild hinzukommt, ist es damit aus: Beim Hochzeitsmahl stimmen der allgemeine Blick auf das Hochzeitspaar Siegfried und Kriemhild (617,2f.) und die Sicht Brünhilds nicht mehr überein: *weinen si began* („sie fing an zu weinen", 618,3), denn sie sieht Kriemhild an der Seite von Gunthers 'Leibeigenem' (*dem eigenholden dîn*) sitzen (620,3). Der heraufziehende Konflikt kündigt sich in der Trübung des Blicks an. Gunther fragt nach dem Grund, „*daz ir sô lâzet truoben vil liehter ougen schîn?*" („'daß ihr euren hellen Blick so trüben laßt'", 619,2). Die Tränen der Königin (620,1) machen die Störung öffentlich, aber eine öffentliche Erörterung des Streits muß unterbunden werden. Das Kräftemessen, das darüber entscheidet, wer von wem Auskunft verlangen darf, verliert Brünhild in der Öffentlichkeit.

Sie sieht sich auf die Heimlichkeit[11] des ehelichen Schlafzimmers und ihre eigenen Kräfte zurückgeworfen. Dort stellt sich sogleich das richtige Kräfteverhältnis wieder her. Gunther ist ihr hoffnungslos unterlegen. In die Öffentlichkeit gezerrt – vor die Augen der *kameræere*, die sie repräsentieren – wäre damit Gunthers königliche Stellung ruiniert. Das wird nur knapp vermieden und um den Preis, daß er Brünhild und damit das Ziel der ganzen Unternehmung um Isenstein aufgibt. So kann Gunther vor dem Hof den Schein wahren, indem er *under krône vrœlîchen* („bei der Festkrönung in höfisch-freudiger Haltung", 645,4) auftritt, aber sein herrscherlicher *splendor* ist bloße Fassade, die beim anschließenden Fest zusammenbricht: *man sah in trûrende gân* („man sah ihn bedrückt", 647,4); er ist nicht repräsentationsfähig (*trûrec*, 643,3). Mit einem zweiten Betrug, in dem der unsichtbare Siegfried ihn ersetzt, muß Gunther seine Position im Mittelpunkt höfischer *vreude* (685,2) zurückerobern.

Auch dieser Betrug wird als Entzug von Sichtbarkeit in Szene gesetzt. Die Tarnhaut entzieht Siegfrieds Gestalt den Blicken, und übergangslos ist Siegfried 'nicht mehr da', ohne daß Kriemhild merkt, wie er sich entfernt. Zuerst sieht sie ihn nicht mehr, dann kann sie ihn auch nicht mehr fühlen (661,3-662,4). In Brünhilds Kemenate muß die Abwesenheit Siegfrieds unter der *tarnhût* noch einmal verdeckt werden. Schon unsichtbar, löscht er die Lichter der Kämmerer, die Gunther zu Bett begleiten (663,3). Damit nicht genug: Gunther schickt Brünhilds Mägde und Hofdamen weg, verriegelt selbst die Tür mit zwei Riegeln und macht es ganz dunkel (665,1). Das dreifache Löschen der Sichtbarkeit weist auf die Potenzierung des Werbungsbetrugs. Jetzt kann Siegfried seine Körperkraft gegen Brünhild einsetzen. Da er seine Stimme verstellt, ist er nicht zu erkennen, obwohl Brünhild seine körperliche Präsenz zu spüren bekommt. Im Dunkel des Kampfes, in dem er alle Körperzeichen unterdrückt, ist er als Person für Brünhild nicht da. Indem er Zeichen seines Sieges – Ring und Gürtel – mitnimmt, obwohl diese den Sieg der Mißdeutung aussetzen, ist die Verwirrung der Sichtbarkeit, die Evidenz des Falschen, noch weiter gesteigert.

Man hat vom „Untergang einer verläßlichen Zeichenwelt" gesprochen.[12] Zeichen sind mehrdeutig und manipulierbar. In Situationen direkter Verständigung gelten Zeichen für die Dauer ihrer Präsentation jeweils absolut, können von anderen nur abgelöst oder verdrängt werden. Doch was geschieht, wenn widersprüchliches Situationswissen aufeinander bezogen wird? Der Hörer erfährt von Siegfrieds Dienstgebärde in Isenstein, anders als die Zeugen der Szene, vor dem Hintergrund dessen, was ihm zuvor mitgeteilt worden ist, und er weiß deshalb, daß sie Betrug ist. Dasselbe gilt für die, die in Worms und Isenstein dabei waren, für Gunther und seine höfischen Begleiter,[13] während Brünhild und ihre Leute hilflos dem ausgeliefert sind, was sie gesehen

---

[11] Wenzel (1986).
[12] Wenzel (1992), S. 341.
[13] Dinkelacker (1990), S. 88.

und gehört haben. Es gibt seit dem Betrug auf Isenstein zwei Realitäten. Brünhild wählt die Version, die für ihre Rolle als Königin und Frau Gunthers die einzig mögliche ist, und sie erprobt die Wahrheit dieser Version, indem sie ihre Konsequenz, die Unterwerfung unter Gunther, probeweise noch einmal zur Disposition stellt. Da der Betrug wiederholt wird, kann Brünhild den Widerspruch zwischen Zeichen und Worten nicht aufklären. Eine der beiden Realitäten muß wahr sein, denn es besteht unbezweifelbar der Anspruch, daß das, was alle sehen, und das, was alle hören, übereinstimmt und gilt. Hier aber widerstreiten mehrere 'Evidenzen'.

Was sich im Dunkel der Kemenate zwischen Brünhild, Siegfried und Gunther abgespielt hat, bleibt verborgen und ist deshalb der Prüfung entzogen. Nicht einmal die Akteure können etwas sehen. Ihre Wahrnehmung ist beschränkt und unzuverlässig. Gunther kann immerhin hören, daß Siegfried sich an die Abmachung hält (667,2; 676,2), während Brünhild glauben muß, von Gunther überwältigt zu werden. Aber die sichtbaren Zeichen, Ring und Gürtel, die Siegfried mitnimmt, stoßen Brünhild erneut auf ihren Irrtum. Paradox ist der Zeichencharakter von Ring und Gürtel,[14] eine Trophäe, die man nicht offen zeigen darf und die überdies Falsches anzeigt. Die rechtliche Bedeutung – Siegfried hat Brünhild 'besessen' – ist nicht bezweifelbar, aber nach Aussage des Erzählers unzutreffend. Siegfried nimmt die Trophäen im Bewußtsein seiner Überlegenheit; das muß, wenn es ans Licht kommt, zum Konflikt führen. Als Zeichen ist die Trophäe nicht dazu bestimmt, verborgen zu bleiben – ein Sieg im Kampf findet Anerkennung erst durch den Beweis –, und sie bleibt es auch nicht. Siegfried gibt Kriemhild die Zeichen; das genügt. Nicht er „hatte geschwätzt, das Symbol hatte gesprochen".[15] Kriemhild erhält übrigens die Trophäen erst, als *si under krône in sînem lande gie* („als sie in seinem Land die Krone trug", 684,3). Auch wenn man die Zeitbestimmung nicht ganz präzise versteht ('er verbarg die Trophäe bis zum Zeitpunkt der Krönung'), gilt: Die zeichenhafte Gabe von Ring und Gürtel ist mit Siegfrieds und Kriemhilds Königsherrschaft und deren öffentlicher Repräsentation verbunden. Die Evidenz von Siegfrieds Macht steht in Spannung zur Scheinhaftigkeit der Guntherschen. Bei Kriemhild können die Trophäen Festesfreude und Selbstgefühl (wie bei Siegfried: *hôhen muot*) steigern. Gefahrlos ist das nur so lange, solange das Zeremoniell am 'richtigen' Hof stattfindet, wo nicht die *êre* eines anderen gefährdet ist.

**Streit um Evidenz**

Mit dem zweiten Betrug scheint der Konflikt endgültig dorthin abgedrängt, wo man nichts sehen kann, in die Heimlichkeit (724-726), und dort, in 'heimlichen' Gesprächen Brünhilds mit Gunther, wird er auch weiter geschürt. Brünhild muß

---

[14] Wenzel (1992), S. 334; zu ihrer Bedeutung als Memorialzeichen S. 332.
[15] Naumann (1933), S. 47.

die Klärung aber in der Form einer öffentlichen Rangprobe suchen. An der Börse des Hofes war der Rangstreit zwischen Kriemhild und Brünhild schon einmal verhandelt worden (593), jetzt kehrt er in diese Sphäre zurück. Brünhild will 'mehr sehen' (726,2; 729,2f.), deshalb muß sie Kriemhild und Siegfried einladen. Rang ist anschaubar, daher fragt sie die Boten: *„hât noch ir schœner lîp/ behalten iht der zühte, der si wol kunde pflegen?"* („'hat die schöne Kriemhild noch etwas von der höfischen Lebensart, die sie so gut beherrschte?'", 771,2f.), das heißt: Erscheint sie als Frau eines *eigenholden* oder als Königin? Wenn Kriemhild und Siegfried nach Worms kommen, ist der Vergleich nicht mehr harmlos. Brünhilds Blick ist prüfend-interessiert. Der Blick sondiert Herrschaftskonkurrenz.

Beim Streit der Königinnen werden nicht mehr die Frauen, sondern die Männer taxiert, von denen der Status der Frauen abhängt. Dies geschieht beim Zurschaustellen ritterlichen Könnens im Turnier. Der Streit beginnt regelkonform; man will sehen, wer der beste ist. Kriemhilds erster 'Beweis' für Siegfrieds Überlegenheit ist der Augenschein. Im Streit der Königinnen geht es um die Interpretation dessen, was alle sehen:

> *„nu sihestu, wie er stât,*
> *wie rehte hêrlîche er vor den recken gât,*
> *alsam der liehte mâne vor den sternen tuot?"* (817,1-3)

(„'Sieh ihn nur dastehen; wie wahrhaft überlegen geht er an der Spitze der übrigen Krieger, so wie der Mond vor den Sternen'").

Kontrovers ist die Geltung von Zeichen, verbalen und non-verbal-visuellen: Beide Kontrahentinnen unterstellen die Verbindlichkeit öffentlich wahrnehmbarer Rede, und beide wollen deren Geltung, von allen wahrnehmbar, durchsetzen (826,2f.; 827). Sogar ihre adlige Freiheit will Kriemhild durch Augenschein beweisen (828,1). Daher muß sie alle visuellen Mittel – Kleider, Aufputz – einsetzen, um Brünhilds Einschätzung zu widerlegen (831). Gegen diese visuelle Demonstration bietet Brünhild das öffentlich ausgesprochene Wort auf. Vor aller Ohren bringt sie den ständischen Konflikt auf den Begriff: *„jâ sol vor küniges wîbe nimmer eigen diu gegân"* („'wahrhaftig, die Leibeigene soll nicht den Vortritt haben vor der Frau des Königs'", 838,4). Kriemhild setzt ihr Wort dagegen: Vor aller Ohren nennt sie die Königin dafür *mannes kebse* („Hure eines Vasallen", 839,4). Damit sichert sie sich den Vortritt im Angesicht des Hofes (843,2). Jetzt muß es Brünhild um die Geltung von Kriemhilds öffentlicher Behauptung (*jehen*) gehen (845). Der Beweis, den sie verlangt, soll wieder sichtbar sein: *„daz sult ir lâzen sehen"* (846,3). Kriemhild präsentiert die Beweisstücke Ring und Gürtel. Ihnen kann Brünhild nichts entgegensetzen; *offenlîche* (851,4) ist Kriemhild bestätigt, vor aller Augen Brünhild und der ganze Wormser Hof entehrt (850,3f.).

Man versucht den Streit öffentlich zu schlichten, obwohl sich gerade gezeigt hat, daß, was alle sehen und hören konnten, falscher Schein ist. Weil die Sphäre, in der gilt, was zu sehen und zu hören ist, nicht überschritten werden kann,[16] es andererseits eine nie aufzuklärende Realität dahinter gibt, mißlingt der Versuch. Siegfried bietet einen Reinigungseid an, um zu beweisen, daß es die Behauptung nie gegeben hat. In der Schwurgeste wird das sichtbar: „*daz soltu lâzen sehen*" („'das sollst du vor aller Augen beweisen'", 859,1). Nachdem er 'gesehen' hat, erklärt Gunther die Angelegenheit für erledigt (860). Die Geltung des öffentlich gesprochenen Wortes müßte eigentlich die Situation klären. Doch die „Magie des Schwures" gerät in Konflikt mit der „Magie des Symbols".[17]

Der Widerspruch zwischen Gesehenem und Gehörtem ist unaufgelöst, und die beunruhigenden Zeichen der Gleichrangigkeit bleiben unerklärt. Brünhilds Frage kann mit den Mitteln öffentlicher Demonstration nicht beantwortet werden. Das Vertrauen auf Worte und Zeichen ist erschüttert. Zwecks Klärung – nicht der Wahrheit, sondern der Geltung – muß die transparente Sphäre der Öffentlichkeit verlassen werden, und das bedeutet Verrat und Gewalt. Mit dem Scheitern des Königsgerichts taucht die Geschichte in ein verhängnisvolles Dunkel, in dem das Verbrechen an Siegfried geplant wird. Das Mordkomplott gelingt, weil das Geschehen der Wahrnehmung entzogen ist und ein falsches Bild für die Wahrnehmung arrangiert wird (*lüge*, 877,4). Der Erzähler macht überdeutlich, daß die Trübung der Wahrnehmbarkeit andauert. Hinter dem, was *offenlîche* geschieht (874,4), kann Hagen *heinlîche* seinen Plan verfolgen (873,2): *Der künic mit sînen vriunden rûnende gie* („der König und seine Gefolgsleute tuschelten miteinander", 882,1) und: *Eines tages si Sîfrit rûnende vant* („Eines Tages traf Siegfried sie heimlich miteinander flüsternd an", 883,1). Das ist nicht die Beratung über die angebliche zweite Kriegserklärung der Sachsen (was gäbe es da zu überlegen, wenn man weiß, daß die Nachricht falsch ist?); *rûnen* zeigt an, daß der Plan nicht offen-offiziell betrieben werden kann. Mit *rûnen* ist die moralische Verwerflichkeit einer Handlung angedeutet. Sichtbarkeit wird zur bloßen Fassade bei den Vorbereitungen für den zweiten Sachsenkrieg: *Sîfride und den sînen ze sehen ez was getân.* („das wurde nur unternommen, damit Siegfried und seine Leute es sahen", 888,2).

In der Szene, die Siegfrieds Tod vorausgeht, triumphiert das Prinzip der Sichtbarkeit zum letzten Mal: der glänzende Anblick (952,2; 957,1), die Jagd als offener Wettstreit (930,4), den Siegfried nach aller Urteil für sich entscheidet (939,4; 942,2f.), das prachtvolle Gewand und die glänzenden Waffen (952-956). Einhellig billigen ihm alle die größten *êren* zu (971,3; vgl. 963,1). Der Wettlauf mit Gunther soll eine Epiphanie seiner Überlegenheit sein: „*hey wolde er uns daz sehen lân!*" („'ach, wenn er uns das nur anschauen ließe'", 972,4). Und tatsächlich sehen alle Siegfrieds letzten Sieg (976,4). Durch den Mord wird die Lichtgestalt Siegfried dann buchstäblich ausgelöscht: *Erblichen was sîn varwe* („er war bleich geworden", 987,1). Die Umstände des Mordes werden in Finsternis getaucht. Nur Hagen will

---

[16] Mit Dodds (1991) kann man von einer 'Schamkultur' sprechen.
[17] Naumann (1933), S. 47.

gleich zur Offenheit zurückkehren (1001,2), doch die anderen verabreden, die Wahrheit zu verbergen und, wie in Isenstein (385,1), durch alle dieselbe Lüge verbreiten zu lassen (1000,2). Man wartet auf die Nacht (1002,1), legt den Leichnam ins Finstere, so daß man im Dunkeln über ihn stolpert (1004,1; 1006,3). Siegfried war ein Fremd-Körper geblieben, der mehrfach zum Verschwinden gebracht werden mußte, zuerst nur visuell, zuletzt wirklich.

In den folgenden Episoden werden immer neue Anläufe unternommen, das Dunkel, in das sich die Geschichte immer weiter verloren hat, aufzuhellen und die Transparenz der Welt wiederherzustellen. Das Entdecken der Tat und der Täter zieht sich quälend hin bis zur Konfrontation am Hof Etzels. Die Wahrheit herauszubringen, ist ein mühevoller Vorgang, sie durchzusetzen, noch mehr. Kriemhild 'weiß' zwar sofort, wer der Tote vor ihrer Tür ist, und auch, wer ihn erschlagen hat (1010,3f.; vgl. 1008), aber die Intuition reicht für Vergeltung nicht aus.[18] So kann sie wenig später fragen: *„wesse ich wer iz het getân, ich riet' im immer sînen tôt"* („'wüßte ich, wer es getan hat, ich würde immer auf seinen Tod sinnen'", 1012,4). Die Bahrprobe scheint das *lougen* der Mörder zu entlarven: *dâ von man die schulde dâ ze Hagene gesach* („daran erkannte man dort, daß Hagen der Schuldige war", 1044,4). Kriemhild kann feststellen: *„Gunther unt Hagene, jâ habt ir iz getân"* („'Gunther und Hagen, wahrhaftig, ihr habt es getan'", 1046,3), doch auch das bleibt folgenlos.

Die erstmals beim Reinigungseid zutagetretende Dissoziation von Wahrheit und Geltung kehrt unter entgegengesetztem Vorzeichen wieder: Was wahr ist, ist diesmal klar, aber Geltung verschaffen kann man ihm damit noch lange nicht, solange es von denen bestritten wird, die die Macht haben. Recht setzt Durchsetzbarkeit voraus. Damit eröffnet sich als einzige Perspektive der Wiedergutmachung die Gewalt. Sie muß sich maskieren. Sogar die *suone* dient der Vorbereitung eines neuen Verbrechens, des Hortraubs. Auch die Züge und Gegenzüge, dieses Verbrechen zu vertuschen, sind undurchsichtig: folgenloser Zorn, unwirksame Versprechen, eine pragmatische Lösung, die Kriemhilds Recht verletzt (1134), ein dubioser Eid (1140). Statt Transparenz ein trübes Gewirr von Intrige und Gegenintrige. Kriemhilds Klage nach Rückkehr der Könige in einem öffentlichen Gerichtsverfahren (1138), stellt nur scheinbar die Schauseite der Rechtsordnung noch einmal her; letztlich wird das Verbrechen gedeckt. Im Dunkel bleibt die Verwicklung der Könige – erst nach dem Urteil erfährt man von ihren *eiden* (1140,2), die sie zu Mittätern machen.

In der Metaphorik von Licht und Dunkel drückt sich die Spannung zwischen scheinhafter Oberfläche und untergründiger Gewalt aus, und mit dem Übergang vom einen zum andern bricht sich diese Bahn. Nur scheinbar wird die Transparenz der Welt wiederhergestellt, wenn Kriemhild ins Licht der Öffentlichkeit zurückkehrt und ihr neuer Glanz von allen bewundert wird. Tatsächlich dient ihr die neue Position als

---

[18] Kommentar de Boors (Edition, S. 167).

Fassade zur Inszenierung der Rache. So wie ihren Plan *heinlîche* (726,3) betrieben hatte, erreicht auch Kriemhild die Einladung an die Brüder von Etzel in der Heimlichkeit eines nächtlichen Gesprächs (1400,1; vgl. 1400-1407). Während Etzel offen die Boten mit der Einladung beauftragt, gibt sie ihnen insgeheim (*tougenlîche*, 1413,3) Instruktionen. Indem sie ihnen nicht ihre wahren Pläne anvertraut (1420,1-3), mißbraucht sie sie als Komplizen. Der Wunsch, die Verwandten 'bei sich zu sehen', ist hinterlistiger Vorwand. Kriemhilds Racheplan glückt unter dem Deckmantel, daß 'einander zu sehen' intakte Beziehungen ausdrückt.

Der Zug der Burgunden zu Etzel ist in Zwielicht getaucht, aus dem immer wieder Gewalt hervorbricht. Das Dunkel ist unsicher. *Tougen* (1534,1) schleicht Hagen den *merwîp* nach. Was wahr, was falsch ist, erweist sich als zweifelhaft: Hagen wird von ihnen zuerst mit einer Lüge abgespeist (1539,3), dann, als sie diese widerrufen haben, hält er die Korrektur der Lüge für Betrug (1541,1). Sein Versuch, die Wahrheit herauszufinden, besteht in einer unmotivierten Gewalttat, dem Anschlag auf den *phaffen*.. Der Totschlag am Fährmann, der Überfall der Bayern werden zunächst sogar vor den Königen verheimlicht. Mit der Überschreitung der Donau scheint das Licht, in dem heroisches Handeln zu stehen hat, vollends gelöscht. Die Kämpfe gegen die Bayern finden im Dunkeln statt: *In was des tages zerunnen* („ihnen war das Licht des Tages entschwunden", 1600,1). Der Überfall auf die Nachhut erfolgt nachts; zuerst hört man die Feinde nur, bevor man sie sieht (*si sâhen in der finster der liehten schilde schîn*, „sie sahen in der Finsternis das Blitzen der hellen Schilde", 1602,2). Erst wenn der Überfall vorbei ist, bricht der Mond aus den Wolken (1620,1), doch die aus dem Dunkel drohende Gefahr besteht weiter: Bevor es Tag wird, darf sich das Heer nicht ausruhen (1623,2).

Nach dem Zwischenspiel in Passau und Bechelaren geht das gewaltträchtige Versteckspiel an Etzels Hof weiter. Die latente Aggression äußert sich zuerst nur in Blicken, bei der Begrüßung durch Kriemhild, deren scheinbar höfliche Worte durch ihre feindseligen Blicke Lügen gestraft werden (*swinde blicke*, 1749,4); Volker und Hagen sind wie wilde Tiere Objekte neugierigen Angaffens durch die Hunnen (*kapfen*, 1762,1f.). Schließlich bringt Hagen die Wahrheit ans Licht, indem er Siegfrieds Schwert als Beweisstück für seine Schuld vorzeigt und den Mord offen eingesteht. Damit tritt wieder an den Tag, was Recht, was Unrecht ist, doch als Androhung offener Gewalt: Vor den aggressiven Blicken Hagens und Volkers weichen die Hunnen zurück (1794,1; 1795,4). Den Krieg der Blicke verlieren sie. Aus der Wahrheit, die unbestritten und öffentlich wiederhergestellt ist, folgen keine Konsequenzen. Kriemhild ist wieder auf heimliches Handeln zurückgeworfen.

Licht und Dunkel stehen einmal mehr für Recht und Unrecht. Nachdem Hagen *âne lougen* die brutale Wahrheit offengelegt hat, ist das Licht auf seiten der Burgunden und das Dunkel auf der Kriemhilds. Ihr erster Anschlag erfolgt aus dem Dunkel, wenn die Gäste schlafen. Das disqualifiziert ihn. Während die Attentäter nur versehentlich bemerkt werden, weil ein Helm *verre ûz einer vinster* blitzt („von weitem aus dem Dunkel", 1837,2f.), strahlt Volker in hellem Licht (wobei die nächtliche Situation vergessen scheint, 1841): Heroischer Glanz auf der einen Seite und feiges Versteckspiel auf der anderen. Diesmal versucht Volker noch vergeblich, die Gegner zu zwingen, aus ihrer Verborgenheit herauszutreten: „*sô lât doch daz doch geschehen,/ daz wir si bringen innen daz ich si habe gesehen*" („'laßt doch zu, daß wir sie merken lassen, daß ich sie gesehen habe'", 1845,1f.). Auch die offenen Provokationen des Kirchgangs, des Buhurt, beim Festmahl werden noch vertuscht und hingenommen. Was offensichtlich Lüge (Hagens Erklärung für den martialischen Auftritt vor der Kirche), was offensichtlich Gewalt (Volkers Ermordung eines Hunnen), was offene verbale Aggression ist (Hagens Bemerkung über die Zukunft des Hunnenprinzen), ruft vorläufig nur feindselige Blicke hervor (1864,2), Beschwichtigung (1896,3f.) und stummen Vorwurf (1919,1).

Mit Dankwarts Auftritt beim Festmahl kehrt das Epos zur Transparenz des heroischen Schauspiels zurück: *man sach den Hagenen bruoder ze hove hêrlîchen gân* („wie einen Held sah man Hagens Bruder zum Hof schreiten", 1947,4). Er meldet mit lauter Stimme (*vil lûte*, 1952,1), was geschehen ist. Endlich kommt, was verborgen war, ans Licht. Der Preis ist beispiellose Brutalität und totale Vernichtung. Das Morden hört erst auf, wenn fast alle tot sind. Der Blick Kriemhilds, von der gerühmt wurde, wieviele Helden sie 'vor sich sah', hatte schon vorher kein Ziel mehr: „*nû sehet al umbe, Kriemhilt, wem ir nu gebieten welt*" („'jetzt blickt euch einmal um, Kriemhild, wem ihr jetzt noch Befehle erteilen wollt'", 2231,3). Das Ende bedeutet auch eine Auslöschung des Blicks. Hagen wird nach seiner Niederlage den Blicken entzogen; man bringt ihn *dâ in niemen sach* („wo ihn niemand sah", 2356,1f.). König Gunther und sein Mann haben sich aus den Augen verloren: *daz ir sît dewedere den andern nie gesach* („so daß keiner von beiden den anderen je wiedersah", 2366,1-3). Wenn Hagen noch einmal in Fesseln zu einem letzten Kräftemessen auf die Bühne kommt, zwingt Kriemhild ihm den Anblick seines toten Herrn (2370,1) auf. Am Ende ist alles, was den Wert dieser Erzählwelt ausmachte, zerstört: *Diu vil michel êre was dâ gelegen tôt* („Die glanzvolle Ritterschaft lag da erschlagen", 2378,1): *êre* als Metonymie der Träger von Etzels und Gunthers Macht, der höfischen Ordnung, der heroischen Kraft ihrer Repräsentanten. Wenn alle Verstellung beseitigt ist und alles, was die Sicht verstellen könnte, aus dem Weg geräumt, gibt es nichts mehr zu sehen: *wan ritter unde vrouwen weinen man dâ sach* („nur noch weinen sah man Ritter und Damen", 2379,2).[19] Die den Blicken von Mit- und Nachwelt sich darbietende Pracht ist dahin.

---

[19] Curschmann (2001).

## Mythische Dimensionen

**Anderweltliches**

Anders als die romantische Nibelungenforschung glaubte, sind mythische Züge der Nibelungensage im Epos allenfalls verwischt zu erkennen. Das *Nibelungenlied* spielt überwiegend in der feudal geprägten gewöhnlichen Welt. Doch gibt es Räume, die außerhalb liegen, und Vorgänge und Sachverhalte, die sich deren Gesetzen entziehen.[1] Dazu gehören das Nibelungenland und auch Isenstein, damit Siegfrieds Jugendabenteuer, die Werbung um Brünhild, das Nibelungenheer und der Hort. Das Spannungsverhältnis zwischen der bekannten und der fremden Welt wird zum ersten Mal scharf markiert, wenn der Erzähler Siegfrieds höfische Jugend mit seiner heroischen Vorgeschichte konfrontiert, indem er ohne zureichende zeitliche Relationierung die eine auf die andere folgen läßt.[2] Verteilt sind die beiden Versionen auf zwei verschiedene Erzählinstanzen, vom höfischen Xanten erfährt man aus dem Mund des Epikers, von Horterwerb und Drachenkampf aus dem Mund Hagens. Das Sagenwissen vom Drachentöter, und damit die mythische Dimension des Heros, wird zunächst suspendiert, bis sie von Hagen nachholend in Erinnerung gerufen wird. Damit wird jedoch nicht einfach die vom Erzähler aufgebaute höfische Welt beiseitegeschoben, sondern sie bleibt als Widerpart des Siegfried der Sage präsent.

Die Geschichte vom Drachentöter konnte nicht einfach weggelassen werden.[3] Aber sie wird ausdrücklich als 'Sage' erzählt, d.h. als das, was einer, der es wissen muß, 'zu sagen hat'. Die Stimme des allwissenden Erzählers konkurriert mit der des mündlich erzählenden Hagen.[4] Die beiden Versionen von Siegfrieds Jugendgeschichte repräsentieren unterschiedliche Weisen des Erzählens.[5] Die eine steht dem sorgfältiger dimensionierenden eines schriftsprachlichen Buchepos näher, die andere repräsentiert in ihrer Sprung- und Lückenhaftigkeit, ihren Andeutungen oder symbolischen Verdichtungen eher den Stil mündlicher Epik. Hagen ist Sprachrohr eines kollektiven Wissens, gegen das der Erzähler in der 2. Aventiure

---

[1] Das Problem des Mythos ist grundsätzlich anders als in der älteren Forschung anzugehen, die dem *Nibelungenlied* einen mythischen Ursprung in einer 'germanischen' Sagenwelt unterstellen wollte (zur Kritik Heinzle [1994], S. 24); es geht dagegen um latent mythische Strukturen der im Epos erzählten Welt.
[2] Haug (1974/1989), S. 297; Seitter (1987), S. 81f.
[3] Curschmann (1992), S. 68.
[4] Mertens (1996), S. 62.
[5] Müller (1998), S. 125-130.

anzuerzählen scheint. Dieses Wissen berührt eine Sphäre, die aus der voll ausgeleuchteten Welt des Hofes ausgegrenzt ist. Die Spaltung der Erzählerrolle erlaubt, zwei zunächst inkompatible Aspekte des Heros vorzustellen. Dabei läßt sich Hagens Rede nicht 'perspektivisch' dem Individuum Hagen zurechnen; sie erzählt, was 'man' weiß.

Hagens Bericht von Siegfrieds Jugend ist nicht schlechter erzählt, sondern anders. Er ordnet das, was er zu erzählen hat, weder räumlich noch zeitlich dem bisher Erzählten irgend zu. Unklar sind die räumlichen Dispositionen: Wo liegt das Land Nibelungs (das Epos ist reich an geographischen Angaben)? Wie kommt man dorthin (Siegfried ist plötzlich 'da')? Die Umgebung ist rudimentär skizziert: 'vor einem Berg' (88,2), 'aus einem hohlen Berg' (89,2), 'an den Berg' (97,2) – ist es immer derselbe? Wenn Siegfried später dorthin zurückkehrt, bleibt der Erzähler ähnlich undeutlich ('eine' Insel, 'ein' Berg, 'eine' Burg, 485,1-3). Solche räumliche Unbestimmtheit ist nicht ungewöhnlich in Heldenepik, auch nicht im *Nibelungenlied*. Hagens Erzählung ist im Vergleich mit anderen Stellen nur besonders karg, und das scheint mit dem Raum, von dem er erzählt, zusammenzuhängen.

Nicht weniger unbestimmt sind die zeitlichen Relationen, während das Epos sonst mit Zeitangaben nicht spart. Siegfried bringt Neuigkeiten (*niuwemære*) nach Worms, doch wie 'neu' sind sie oder wie lang liegen sie zurück? Was Hagen erzählt, ist nicht auf den Fixpunkt irgendeines Jetzt bezogen: Zwischen Siegfrieds herausragender Tat 'damals' und seiner Ankunft 'heute' liegen weitere heroische Taten, die in Raum, Zeit und Umständen noch weniger bestimmbar sind: *er frumte starkiu wunder mit sîner grôzen krefte sint* („wunderbare Heldentaten vollbrachte er seither [später?] mit seiner riesigen Stärke", 87,4). Nach der Geschichte vom Horterwerb erwähnt Hagen noch den Drachenkampf. Wie das eine mit dem anderen zusammenhängt, bleibt ebenso offen wie der Zeitpunkt von allem, was folgt. Als Zeitadverb steht überwiegend das unspezifische *sît* zur Verfügung, das zwar einen 'späteren' Vorgang von einem 'früheren' abhebt, jedoch kein eindeutiges Verlaufsgefüge zu rekonstruieren erlaubt (94,3; 96,2; 97,3). In dieser Welt des Zugleich hat auch der Held, der sich in ihr bewegt, – anders als der Xantener Königssohn – keine Geschichte. Siegfried 'ist', wenn er in Worms erscheint, 'der, der den Drachen getötet und den Schatz erobert hat'. Und sogar schon vor diesen Taten heißt er 'der starke Siegfried' (90,3), als derjenige, dem sein Sagenruhm vorauseilt, mag er als Person auch allen 'fremd' sein. Wie er wurde, was er ist, wird nicht gesagt.

Das Nibelungenland ist eine Anderwelt. Hier gibt es keine eindeutige raumzeitliche Ordnung und keine in klarer Kausalität miteinander verknüpfte Geschehensfolgen. Unklar sind Anlaß und Verlauf des Streits um den Hort: Wieso wird Siegfried als Schiedsrichter selbst in die Auseinandersetzung verwickelt? Woher taucht Alberich plötzlich auf? Wann und wie bemächtigt sich Siegfried des Landes? Wann erschlägt Siegfried die Könige? Ursache und Folge, Werden und Sein, Vorher und Nachher, Hier und Anderswo, Entferntes und Benachbartes verschwimmen. Indem sie nicht eindeutig geschieden sind, erweist sich diese Welt als mythisch.[6] Hagen zitiert einen Erzählgestus, von dem sich das *Nibelungenlied* sonst bereits weit entfernt hat. Auch im weiteren Verlauf gibt es immer wieder solche „Felder veränderter Gesetzlichkeiten und Bedeutungen",[7] in Isenstein, bei der Jagd vor Siegfrieds Ermordung, bei der Begegnung mit den Wasserfrauen: ein immer wieder verwischtes mythisches Substrat.

**Depotenzierung der mythischen Welt**

Der Heros Siegfried hat trotz seiner höfischen Erziehung teil an dieser Welt; seine riesenhafte Stärke kann sich nur dort problemlos bewähren. Sie bleibt ihm auch später zugänglich, wenn er etwa nach dem Sieg über Brünhild dorthin zurückkehrt. Was ihm dort begegnet, hat aber nur selten – und dann keine guten – Auswirkungen auf die höfische Welt, in der er sich sonst bewegt. In der Anderwelt gibt es mythische Wesen: Riesen, Zwerge, Drachen und Zauberdinge wie den unerschöpflichen Schatz, den Tarnmantel oder die Rute, die die Weltherrschaft sichert. Trotz ihrer Fremdheit scheinen diese Wesen und Requisiten schon auf das Maß einer feudalen Kriegerwelt bezogen: Riesen und Zwerge zeichnen sich durch besonders große Kampfkraft aus und sind deshalb gefährliche Gegner, doch verfügen sie nicht über magische Fähigkeiten. Auch bleiben sie in die Anderwelt eingeschlossen. Nach Worms bringt Siegfried nur ein starkes militärisches Gefolge mit, das die gesichtslose Masse der Wormser Krieger vergrößert, ohne sich durch irgendetwas auszuzeichnen. Das Drachenblut garantiert ihm Unverwundbarkeit, doch nach Art eines Panzers, der an einer Stelle ein Loch haben kann. Die Zauberrute bleibt ungenutzt und die Weltherrschaft durch Magie, die sie verschaffen soll, uneingelöste Potentialität. Einzig die übernatürlichen Kräfte der *tarnhût* werden handlungswirksam; sie dient zweimal in extremer Situation der Steigerung der Kampfkraft, ist aber vor allem Mittel zum Betrug. So ist Siegfrieds 'mythische' Ausstattung höchst ambivalent.

Isenstein ist mit der nibelungischen Anderwelt 'verwandt'; dies wird mittels des mythischen Prinzips der Kontiguität ausgedrückt: Isenstein 'liegt in der Nähe' des Nibelungenlandes (484,1). Seine Herrscherin verfügt, wenn auch in geringerem Maß, über mythische Kräfte, die an ihre Jungfräulichkeit gebunden sind. Sie herrscht über ein Reich von Frauen. Auch hier aber wird der Mythos depotenziert. Brünhild ist vor allem stärker als die meisten gewöhnlichen Helden. Nach ihrer Niederlage entpuppt sich ihr Reich als gewöhnlicher Feudalverband mit dynastischer Erbfolge und Mitwirkungsrechten der Vasallen. Einmal Gunthers Gemahlin, ist sie eine Frau wie alle anderen.

---

[6] Cassirer (1994), S. 32f.
[7] Schmitz (2002), S. 136.

Der Übergang in die gewöhnliche Welt ist freilich konfliktuös: Siegfrieds Stärke wird in der dritten Aventiure als Bedrohung der Wormser Herrschaft inszeniert. Zwar ordnet er sich ein, stellt sich ihr sogar in Sachsenkrieg und Brautwerbung zur Verfügung, doch gelingt das im letzten Fall nur mittels eines Betrugs, an dem das burgundische Königreich zugrundegehen wird. Auch die amazonenhafte Brünhild stört den Frieden im höfischen Worms. Dort ist ihre heroische Kraft erratisch; sie kippt ins Groteske, wenn Brünhild Gunther im Bett besiegt und an einem Nagel aufhängt. Die Groteske ist ein Mittel hoch- und spätmittelalterlicher Heldenepik, monströse Züge einer heroischen Vorzeit zu distanzieren, so wie anderwärts durch Dämonisierung einzelner Figuren oder ihre Übersteigerung ins Übermenschlich-Riesenhafte.[8] Als Problem gestaltet ist das Mißverhältnis nur im *Nibelungenlied*.

Die mythischen Elemente, Brünhilds und Siegfrieds Stärke, die *tarnhût*, das Nibelungenreich, der Hort, entfalten nämlich, einmal in die gewöhnliche Welt geschafft, ihr zerstörerisches Potential. Gleichzeitig wird die mythische Potenz Schritt für Schritt liquidiert. Brünhild verliert mit ihrer Jungfräulichkeit nicht nur ihre übermenschliche Stärke (682,1), sondern fügt sich der Wormser Ordnung ein, bis sie schließlich so von ihr absorbiert ist, daß sie sang- und klanglos verschwindet. Die *tarnhût* wird vergessen, wenn sie nicht mehr gebraucht wird. Siegfried wird beseitigt.

Das Nibelungenland rückt in die Reichweite der bekannten Welt. Anfangs ist es in einem unerreichbaren Irgendwo; von Isenstein aus gelangt Siegfried nur dank seinen übermenschlichen Kräften in rasendem Tempo, mit dem er die offenbar beträchtliche Distanz überwindet, dorthin; doch dann ist es schon zu Siegfrieds Zeiten zwar fern, doch, mit Norwegen identifiziert, Gunthers Boten zugänglich, scheint also eins von Siegfrieds Kronländern zu sein. Wenn nach dem Kontiguitätsprinzip Verwandtschaft sich in Nachbarschaft ausdrückt, dann ist es jetzt immer noch zwar ein Vorposten der bekannten Welt, doch dieser zugehörig. Nach Siegfrieds Tod rückt es noch näher: Gernot und Giselher können dort Wormser Rechtsansprüche zur Geltung bringen, ohne daß das mythische Wesen Alberich dagegen etwas ausrichten könnte (1118-1120). Die Depotenzierung Siegfrieds ist auch die seines Landes. Der Hort, Inbegriff nibelungischer Macht, kann mit 8000 Kriegern abgeholt werden. Er wird verladen und, obwohl angeblich unerschöpflich, mit einer zwar großen, doch endlichen Zahl von Fuhren abtransportiert. Seine mythischen Möglichkeiten, materialisiert in der Zauberrute (1124,1), bleiben unerkannt und ungenutzt.

Die Entmythisierung der nibelungischen Welt geht mit dem Hort weiter. Weil er ihn als Machtfaktor fürchtet, versenkt Hagen ihn im Rhein; seine einstmals unermeßliche Größe muß inzwischen handlicher geworden sein. Nur ein

---

[8] So in der sog. aventiurehaften Dietrichepik, in sog. Spielmannsepen oder – parodistisch – in Wittenwilers *Ring*.

Rest bleibt übrig, soviel immerhin, daß hundert Pferde ihn nicht tragen können (1271,3). Dieser Rest kann schon mit dem Schatz Etzels verglichen werden, und siehe da, der neue, in der raumzeitlich fixierten Welt des Hunnenreichs angesammelte Schatz ist größer als der mythische Hort. Sein Rest ist bezifferbar. Von 30.000 Mark ist die Rede, die Kriemhild verteilen will (1277,3), und von zwölf Kisten voll Gold, die sie mitführt (1280,1). Das ist viel, aber vorstellbar. Das Nibelungenland und sein Hort erfahren das gleiche Schicksal wie ihr Herr.

## Das Wuchern des Nibelungenlandes

Siegfried ist im *Nibelungenlied* nicht, wie in anderen Fassungen der Sage, der nomadisierende Fremde, der 'von draußen' kommt. Er ist an einen Hof gebunden; trotzdem bleibt er der übermächtige Repräsentant einer 'wilden' heroischen Welt. Als einziger weiß er sich dort zurechtzufinden (Isenstein, Nibelungenland). Damit ist er bedrohlich, obwohl der Erzähler alles tut, jede konkrete Bedrohung zu bestreiten. So wird er beseitigt, doch ist der Preis dafür, daß durch den Verrat das Herrschaftsgefüge sich zu zersetzen beginnt. Die Beseitigung des Heros gelingt nur scheinbar. Die Ambivalenzen der Eingemeindung einer mythischen Gegenwelt gelangt im Untergang an Etzels Hof auf den Höhepunkt. Nachdem nämlich mit dem Raub des Hortes der letzte Rest seiner mythischen Macht verschwunden scheint, passiert etwas Erstaunliches: Das Nibelungenland beginnt zu wuchern,[9] und die fremde Welt fängt an, die bekannte zu verwandeln. Der Name *Nibelunge* ist nicht mit einem bestimmten (fernen) Raum verbunden, sondern meint eine Gruppe von Menschen. Zuerst hießen *Nibelunge* die Könige der fernen Sagenwelt (92,3; 94,4), nach ihnen meist auch ihre Gefolgsleute (89,3; 98,3) und was sie besaßen. Der Gebrauch schwankt zwischen Eigen- und Gentilname. Deshalb kann der Name auf Siegfried und sein Gefolge übergehen. Siegfried residiert als Herr im *Nibelunge lant*, verfügt über den *hort der Nibelunge* (774,3) und kommt aus *Nibelunges bürge* (739,2) zum Fest nach Worms (778,3). Zwar werden er und sein Gefolge manchmal auch die *von Niderlant* genannt, doch überwiegt – auch noch nach seiner Ermordung – der andere Name.[10] Dies entspricht der üblichen Namengebung nach Herrschaftstiteln oder -sitzen.

Doch der Name haftet nicht an Siegfried und den Xanternern, und deshalb verschwindet er auch nicht mit Siegmund, wenn dieser Siegfrieds Gefolge dorthin zurückführt.[11] Er begegnet wieder, wenn sich das Begehren der Burgun-

---

[9] Vgl. Seitter (1990), S. 23f.; Müller (1998), S. 337-343.
[10] 888,3; 934,2; 1018,4 gegen 1003,3; 1011,4; 1015,2; 1027,1; 1071,3; 1030,2; 1058,4.
[11] Siegmund führt Siegfrieds Gefolge ins *Nibelunge lant* (1083,3; C 1094,3: *heim in Niderlant*); auch Kriemhild spricht von *Nibelunge lant* (1085,3); dann ziehen Siegfrieds Leute *zuo Sigemundes lande* (1090,3) bzw. *heim ze Niderlant* (1098,3); nur noch ein einmal ist von *der küenen Nibelunge hant* (1095,4) die Rede.

den auf *daz Nibelunge golt* (1107,3) richtet und der Hort *von Nibelunges lande* (1116,3) nach Worms kommt oder wenn Kriemhild später das *gold von Nibelunge lant* (1271,1) mit zu Etzel nehmen will. Doch schwankt der Gebrauch. Kriemhild erinnert sich mal an ihren Reichtum *in Niderlande* (1368,1), mal an die *êren von Nibelunge lant* (1392,1). Dietrich nennt Siegfried den *helt von Nibelunge lant* (1724,4), die Hunnen *von Niderlande Sîfrid* (1733,2).

Doch löst sich der Name vom ehemaligen Herrscher. Beim Aufbruch der Burgunden zu Etzel nämlich tauchen plötzlich, gegen jede handlungslogische Wahrscheinlichkeit, die Krieger Nibelungs (*die Nibelunges helde*) wieder auf (1523,1), 1000 an der Zahl, die mit den Burgunden reiten: in Worms gebliebene Gefolgsleute Siegfrieds? Anfangs werden die Burgunden noch von ihnen unterschieden. Aber dann wird wenig später der Name offenbar für den Zug insgesamt verwendet, indem Hagen als Stütze und Hilfe der Nibelungen bezeichnet wird (*den Nibelungen ein helflîcher trôst*, 1526,1f.). Von jetzt an werden die Burgunden häufig *Nibelunge* genannt, mit einem Namen, der nicht mehr eine Dynastie bezeichnet, sondern die Träger einer *gens* aus der Heroenwelt. Man hat dies als sagengeschichtlichen Atavismus erklärt und aus ihm geschlossen, daß in Vorstufen des *Nibelungenliedes*, also vor allem in der hypothetischen *Älteren Not* die burgundischen Könige (wie in der *Thidrekssaga*) *Nibelunge* hießen und dieser Name im *Nibelungenlied* übernommen wurde.[12] Das ist denkbar, erklärt aber nicht, warum die Übertragung des Namens erst beim Zug zu Etzel erfolgt, warum die Gentilbezeichnungen alternieren und warum zwar in einzelnen Fällen, keineswegs konsequent, der eine Name gegen den anderen ausgetauscht wird.

Dabei fügt sich der Namenstausch vorzüglich ein in den ambivalenten Prozeß einer Tilgung der mythischen Heroenwelt bei gleichzeitiger Internalisierung ihres destruktiven Potentials: Die sagenhafte 'Fremde' wurde zunächst zur 'Nachbarschaft' und schließlich eingemeindet. Mit der unrechtmäßigen Aneignung ihres Machtpotentials im Hort schien auch der Personenverband der *Nibelunge* sich den Siegern zu assoziieren. Bei der Fahrt zu Etzel aber wird aus Nähe Identität. So tritt der unvertraute Raum der Sage, wie ihn Hagens Erzählung zu Anfang beschrieb, wie ihn die Wormser in Isenstein erfuhren und wie ihn Siegfried in der 8. Aventiure noch einmal souverän meisterte, zwar auf der Handlungsoberfläche immer weiter in den Hintergrund. Die mythische Entdifferenzierung, die ihn kennzeichnete, bemächtigt sich jedoch der Welt der Sieger. Was aus diesem Raum stammt, zieht die burgundische wie die hunnische Herrschaft ins Verderben.

Der Übergang ist kaum merklich. Der Name Burgunden verschwindet keineswegs völlig. Die Bezeichnungen wechseln auf engem Raum, variieren auch zwischen den Handschriften. Als Herkunftsbezeichnung findet sich *Burgonden* in deren eigenen Reden oder dort, wo sie die Gäste Etzels und Verwandte der

---

[12] Heusler (1920), S. 54.

Königin sind oder der Erzähler neutral an ihre dynastische Herkunft erinnert.[13] Wenn Kriemhild am Ende den besiegten, auf den Status des wehrlosen Opfers reduzierten König Gunther begrüßt, nennt sie ihn „Gunther aus dem Land der Burgunden" (2362,4). Spricht man dagegen von den Gegnern im Kampf, überwiegt *Nibelunge*. Dietrich warnt Hagen als Stütze (*trôst*) der *Nibelunge* (1726,4); für Kriemhild sind die Ankömmlinge nicht mehr Mitglieder ihrer eigenen *gens*, sondern *die Nibelunge* (1737,2); und wenn der blutige Kampf ausbricht, heißen sie die *küenen Nibelungen* (1870,4; vgl. 1900,2; 2175,2). Indem die Burgunden 'zu Nibelungen werden', geht auf sie die zerstörerische Gewalt, die 'von außen kommt', über. Die höfischen Ritter werden zu einer mit berserkerhafter Wut kämpfenden Rotte. War im ersten Teil die Bedrohung der Wormser Ordnung 'von außen' – durch Siegfried und die Nibelungen – noch abzuwenden gewesen, so gerät der burgundische Herrschaftsverband im zweiten selbst außer Kontrolle und reißt den amelungischen ebenso mit sich wie Etzels Reich. Der abgekapselte Raum der Sage hat die bekannte Welt der Königreiche und Gefolgschaftsverbände infiziert und vernichtet sie, und zwar nicht nur physisch, sondern durch Zersetzung und Entdifferenzierung ihrer inneren Ordnungen in einem wilden Blutrausch.

**Der Rausch der Vernichtung**

Der Blutrausch breitet sich aus wie eine Epidemie, die auch diejenigen schließlich ergreift, die sich vom Ansteckungsherd fernhalten wollten. Mit 'Ansteckung' ist die Irrationalität des Geschehens benannt, zu dem immer wieder Alternativen möglich scheinen und das doch gnadenlos bis zum blutigen Ende abläuft. Allmählich baut sich Spannung auf, doch lange bleibt der Eklat aus. Hinter den verschiedenen Zwischenfällen an Etzels Hof steht anfangs noch Kriemhilds zweckorientiertes, auf Rache gerichtetes Handeln, dem Hagens und Volkers ebenso zielgerichtetes Bemühen, den Konflikt eskalieren zu lassen, antwortet. Das ändert sich, wenn Kriemhild Bloedelin anstiftet, den Troß zu überfallen. Von da an gerät das Handeln außer Kontrolle. Schon daß Ortlieb zum Mahl getragen wird, kann strenggenommen nicht mehr als Kalkül von Zweck und Mitteln einsichtig gemacht werden (womit kann Kriemhild eigentlich rechnen, wenn sie so handelt?), und trotzdem hat es Erfolg.

Eine ungeheuerliche, aggressive Energie hat sich aufgestaut. Ortlieb wirkt wie ein Katalysator, der bewirkt, daß die Energie sich entlädt. Wenn Dankwart mit der Nachricht, daß der Troß ermordet wurde, ins Festmahl hineinplatzt, haben Überlegung (*sinne*) und Schlichtungsversuche keinen Platz mehr (1967,3).

---

[13] 1989,2; 2012,4; 2201,4 bzw. 1735,1; 1736,4; 1873,3; 1880,3; 1884,4; 1931,3; 1940,4; 2070,4; 2077,4; 2188,1; 2215,3; 2228,4; 2242,4; 2244,4; 2317,4.

Die bis dahin Unbeteiligten werden in den folgenden Szenen nach und nach in den Kampf hineingezogen, Iring noch willentlich, seine Leute und Verbündeten schon gegen seinen ausdrücklichen Rat. Von jetzt an werden Passivkonstruktionen häufig: Eine anonyme Macht bemächtigt sich aller: *dô muost' ez an ein strîten von den von Tenemarke gân* („da mußte ein Kampf durch die aus Dänemark losgehen", 2069,4). Besinnung und Wille spielen eine immer geringere Rolle. So versucht Rüdeger zwar, sich dem Kampf fernzuhalten oder ihn zu schlichten, und kämpft unter Protest, dann aber rasend. Am spektakulärsten erliegen die Amelungen der Epidemie der Gewalt. Dietrich will jede Provokation vermeiden, hält den hitzigen Wolfhart zurück und will eine friedliche Delegation zu den Burgunden entsenden. Doch dann legt Hildebrand, statt, wie vorgesehen, unbewaffnet zu gehen, Waffen an, und ehe er sichs versieht (*ê daz ers innen wurde*, 2250,2), steht er an der Spitze einer bewaffneten Schar. Der Disput um den Leichnam des toten Rüdeger gerät außer Kontrolle, Wolfhart und Volker reden sich in Kampfwut hinein, Wolfhart reißt sich los, und alle anderen werden von ihm mitgerissen: *im wart ein gæhez volgen von sînen vriunden getân* („da geschah ein übereiltes Ihm-hinterher-Stürzen von seinen Kampfgefährten", 2273,4). Die umständlich-substantivische Konstruktion zeigt an, daß der Furor des Kampfes von den Akteuren Besitz ergreift und es kein bewußtes Handeln mehr gibt. Auch Dietrich 'hat jetzt zum Kampf keine Alternative' (2336,1). Sein Plan, den Konflikt auf dem Rechtsweg durch Geiselnahme zu lösen, wird von Hagens Kampfwillen hinweggespült (2347,4), und seine Bitte an Kriemhild, sie möge die Landfremden (*ellenden*) mit dem Leben davonkommen lassen (2364,4; vgl. 2355), wird überrollt, wenn die Hauptkontrahenten aufeinanderprallen und sich gegenseitig provozieren. Wenn Hildebrand *mit zorne* dem Gemetzel ein Ende macht, indem er Kriemhild in Stücke schlägt, dann wieder ohne alle Rücksicht auf Bedenken der Folgen (2375). Einer nach dem anderen wird vom Morden angesteckt, bis am Ende fast alle tot sind.

Die Katastrophe beginnt, wenn das höfische Fest in Gewalt umschlägt. Das ist seit langem angelegt in der stetigen Aushöhlung friedlicher Interaktionsformen. Der Ausbruch von Gewalt wird als grotesk-schaurige Verkehrung eines höfischen Festes erzählt. 'Es passiert', wenn eigentlich nichts passieren dürfte, beim Mahl der Könige. Dorthin bringt Dankwart die Nachricht vom Anschlag auf den Troß, ironisch als 'höfische Geschichte' (*hovemære*) betitelt (1959,4). Er bahnt sich blutverschmiert den Weg in den Festsaal, indem er die Choreographie höfischer Bedienung durcheinanderbringt und Speisen und Getränke verschüttet werden (1948,2f.). Jetzt wolle er den 'Kämmerer' spielen, der so gut sein Amt versieht, daß keiner lebend davonkommt. Die Tischgemeinschaft löst sich auf. Die Gewalt richtet sich zunächst gegen einen Schwachen, den kleinen Königssohn. Als nächstes ist der Spielmann an der Reihe, dem Hagen 'auf der Fiedel' (1963,3) die rechte Hand – wie die eines Eidbrüchigen – abschlägt. Er verstümmelt den, der als Musiker für die Verschönerung des höfischen Festes zu sorgen hat. Jetzt wird auf andere Weise 'gefiedelt'. Volker ist der neue 'Spielmann', der mit seinem 'Fiedelbogen'-Schwert wild drauflosmetzelt: „*ez ist ein rôter anstrich, den er zem videlbogen hât*" („'es ist blutig, wie er den Fiedelbogen streicht'", 2004,4). Gar nicht genug bekommt der Erzähler von dem Witz, daß das wahre Fest erst jetzt richtig losgeht, endlich mit besserer Musik. Das ist mehr als eine fachmännisch auserzählte Metapher: Die Blutmusik des 'wahren' 'Spielmannes' bringt die höfische Tanzmusik zum Schweigen. Der Kampf im Saal ist eine wilde Klangorgie.[14]

Gemeinsam Wein trinken war Zeichen des Friedens (126,4 u.ö.). Schon in der 16. Aventiure, die Siegfrieds Tod erzählt, trat der untergründige Zusammenhang zwischen dem Verrat der Trinkgemeinschaft und dem Mord ans Licht.[15] Statt daß man gemeinsam trinkt, spritzt das Blut (981,2f.) und besudelt Hagen; und von da an zieht sich eine immer breitere Blutspur durch die Erzählung, zuerst von Siegfrieds Blut, dessen Wunden, als sich die Mörder dem Leichnam nähern, wieder zu bluten beginnen (1044,3; 1045,1).[16] Das wird verdrängt, bis die Burgunden zu Etzel aufbrechen. Das Schiff des Fährmanns, den Hagen erschlagen hat, 'raucht von Blut' (1566,2). Blutig ist der Kampf mit den Leuten des Fährmanns (1619,4; vgl. 1617,3). In Bechelaren gibt es noch einmal statt Blut Wein (1668,3) wie auch beim Empfang durch Etzel (1812,2-4; 1817,2). Dann aber tritt Blut an die Stelle von Wein, zunächst bei Bloedelins Überfall auf den Troß (1932,4; 1938,4; 1947,1; 1951,3). Mit Dankwart erreicht der Blutrausch das Festmahl der Könige (1955,1; 1956,1f.), was Hagen veranlaßt, einen Trinkspruch in ein Todesurteil für den Hunnenprinzen umzufunktionieren: „*nu trinken wir die minne und gelten 's küneges wîn*" („'nun wollen wir Minne trinken und uns für den Wein des Königs erkenntlich zeigen'", 1960,3); so deutet er die Trinkgemeinschaft in zynisch parodiertem Minnegedenken zur Totenfeier für Siegfried und für Etzels Sohn um,[17] dem er den Kopf abschlägt, *daz im gegen der hende ame swerte vlôz daz bluot* („so daß ihm [Hagen] das Blut am Schwert auf die Hand floß", 1961,2) und der Kopf in Kriemhilds Schoß springt (1961,1-3).

Jetzt ist Hagen Schenk: „*hie schenket Hagene daz aller wirseste tranc*" („'hier schenkt Hagen den übelsten Trank aus'", 1981,4). Man sieht die Feinde ins Blut fallen (1971,4), Blut spritzt von den Schwertern (1986,4), der Blutrausch steigert sich zur Raserei. Bei der ersten Attacke Irings fließt anfangs noch kein Blut (2042,3) – vier namenlose Burgunden zählen nicht weiter (2044,2) –; dann wird Iring ins Blut niedergestreckt (2046,1), doch kann er unverletzt – in heroischer Wut (*tobelîche*) – *ûz dem bluote* aufspringen (2050,1), sogar Hagen verwunden (2057,1), muß aber vor seinen Schlägen, unter denen die Funken sprühen (2053,4), fliehen. Im folgenden Kampf wird der Blutrausch zur Feuersbrunst (*daz iz lougen began/*

---

[14] Schwab (1991); vgl. 1970,2; 1972,4; 1974,2; 1978,3; 2001,1-2002,2; 2004,2-4; 2007,3.
[15] Müller (1998), S. 431.
[16] 988,2; 998,1; 1006,1; 1011,3; dann Kriemhilds Reaktion: 1010,2.
[17] Schwab (1990), S. 75; 77-83; 86f.; 91-93.

*von fiwerrôten winden*, „daß es zu lohen anfing vor dem feurigen Sturm", 2062,1f.). Sie kostet Iring das Leben und zieht seine Leute in den Tod, bis zuletzt *daz bluot allenthalben durch diu löcher vlôz* („das Blut durch alle Ritzen drang", 2078,2). Kriemhilds Brandanschlag auf den Saal, in dem die Burgunden sich verschanzen, bringt eine weitere Engführung von Blut und Feuer. Hagen rät den vom Brand erschöpften, durstigen Kriegern, Blut zu trinken: „*daz ist in solher hitze noch bezzer danne wîn*" („'das ist bei dieser Hitze besser als Wein'", 2114,2f.). Die magische Praktik, das Blut der Feinde zu trinken,[18] scheint zur Überlebensstrategie für die vom Rauch gequälten Burgunden rationalisiert. Doch klingt die ursprüngliche Bedeutung noch an: *dâ von gewan vil krefte ir eteslîches lîp* („dadurch gewannen viele von ihnen große Stärke", 2117,3). Solch ein Trank widerruft das höfische Gelage: „*mir ist noch vil selten geschenket bezzer wîn*" („'nie hat man mir besseren Wein eingeschenkt'", 2116,3). Die Vertauschung kann als blasphemisches Ritual gelesen werden. Gegenüber Hagens Minne-Trinken auf Etzels Fest sind die religiösen Konnotationen schwächer, doch die Provokation gesteigert. Der eucharistische Gehalt scheint wenigstens anspielungshaft präsent zu sein in einer schwarzen, einer Blutmesse.[19] Gegen Schluß versinkt das Epos in Strömen von Blut: Die Kämpfer sind blutüberströmt. Blut rinnt aus den Rüstungen, tropft aus den Helmen.[20] Um sich auszuruhen, setzen sich die Burgunden auf Leichen, ins Blut (*ûf die wunden, die vor in in daz bluot/ wâren zuo dem tôde von ir handen komen*, „auf die Verwundeten, die vor ihnen in das Blut gefallen waren, von ihnen erschlagen", 2082,2f.). Das Blut, in dem Wolfhart watet, spritzt ihm *al über daz houbet* („weit über den Kopf", 2294,4); sterbend blickt er *ûz dem bluote* („aus der Blutlache" oder auch „blutverschmiert", 2300,3). Man kämpft im Blut, fällt ins Blut,[21] löscht Brände mit Blut (2113-2117). Man trinkt nicht mehr Blut, sondern ertrinkt darin (vgl. C 2280,3f.). Höhe- und Schlußpunkt ist Kriemhilds Zerstückelung durch Hildebrand.

Heldenepen sind meist blutrünstig, der Blutpegel manchmal, etwa im *Buch von Bern*, noch höher. Doch zieht sich im *Nibelungenlied* die Blutspur durch eine Geschichte, die zunächst ganz anders angelegt gewesen war. Die höfische Ordnung geht nicht einfach zu Bruch, ihr Untergang wird als blutiges Gegenfest gefeiert, und dieses Gegenfest entartet bis in die gräßliche Schlußszene hinein immer mehr. Es entsteht ein epidemischer Sog, der sich jeder Kontrolle entzieht und, trotz allen Ablenkungsversuchen, alles verschlingt.

---

[18] Schwab (1990), S. 73f.
[19] Schwab (1990), S. 93; vgl. Hoffmann (1974), S. 91.
[20] 1938,4; 1947,1; 1951,3; 1956,1; 1961,2; 1986,4; 2020,4; 2055,3; 2078,2; 2219,3; 2279,4; 2284,2f.; 2288,4; 2296,2; 2308,3; 2309,3; 2310,1f.; 2360,2.
[21] 2299,3; vgl. 1971,4; 2016,2; 2046,1; 2050,1; 2082,2f.; 2266,3; 2283,3; 2212,3; C 2359,3f.; wo in 2299,3 (nach A und B) Wolfhart ins Blut fällt, erzählt C 2358,3, daß Gunther und Hagen *in dem blûte tief unz an div knie* waten.

Im Rasen des Kampfes werden die Helden immer wieder mit Animalischem assoziiert. Das 'Tier-Werden'[22] scheint anfangs nicht mehr als Kampfmetaphorik, ist dann aber immer buchstäblicher zu verstehen, bis hin zum Trinken des Bluts der Feinde. Von Siegfried und Alberich hieß es im Nibelungenland, sie kämpften 'wie wilde Löwen' (97,2). Animalische Kraft zeichnet vor allem Siegfried aus. Er ist nicht nur der beste Jäger mit der reichsten Beute, sondern teilt und überbietet die Eigenschaften der gejagten Tiere an Stärke und Schnelligkeit. Er hat den schnellsten Hund und das schnellste Pferd (934,1; 3; 937,3); im Lauf holt er einen Bären ein (949), hetzt ihn durch das Lager, ist der einzige, der ihn wieder einfangen und töten kann (962,3). Doch wird er dem gejagten Tier immer ähnlicher und schließlich selbst zur Beute. Im Wettlauf mit Gunther stürmen die beiden 'wie zwei wilde Panther' los (976,3). Schon von Hagens Speer getroffen, sucht er 'tobend' (983,1) wie ein waidwundes Tier sich zu rächen (982,2-986,4). In Siegfrieds animalischer Kraft wird anschaubar, welcher Gefahr sich die Burgunden entledigt haben.

Im Schlußkampf werden sie selbst zu Tieren. Im Getümmel der Schlacht kämpft Dankwart wie 'ein Eber im Wald gegen die Hundemeute' (1946,3f.), auch Volker 'wie ein wilder Eber' (2001,3); 'hauend' (2290,4; 2292,2) wie Wildschweine bewegen sich die Helden durchs Kampfgetümmel. Unter den höhnischen Reden Volkers wird Wolfhart zum Raubtier, das man gewaltsam anketten muß: „*Lât abe den lewen, meister*" („'Laßt den Löwen los, Meister'", 2272,1). Als er sich losgemacht hat, stürzt er sich 'wie ein wilder Löwe' (2273,3) auf die Gegner. Im 'Tier-Werden' sind die heroischen Kräfte entfesselt, die lange Zeit durch eine höfische Ethik im Zaum gehalten wurden.

In der Abfolge der unheilverkündenden Träume wird diese Dehumanisierung gespiegelt. Kriemhilds Falkentraum (13) blieb im Horizont höfischer Minnemetaphorik: der Falke als Bild des Geliebten; der schwächere Raubvogel wurde durch die stärkeren Adler erlegt. Der zweite Traum, den Kriemhild vor Siegfrieds Ermordung träumt, stellt Täter und Opfer schon nicht mehr auf eine Stufe und verkehrt die Rollenverteilung von Mensch und Tier bei der Jagd: Der Jäger wird Opfer der Beutetiere. Die Wildschweine, die Siegfried töten und für Gunther und Hagen stehen, repräsentieren untermenschliche Gewalt (921,2f.). Im dritten Traum kommt es Kriemhild vor, „*wie ob dir zetal/ vielen zwêne berge*" („'als würden zwei Berge dich [= Siegfried] unter sich begraben'", 924,2f.). Hier ist vollends das menschliche Opfer einer rohen Naturgewalt anheimgefallen. Utes warnender Traum, bevor die Burgunden zu Etzel aufbrechen, hat überhaupt keinen Agenten mehr, nicht einmal mehr einen tierischen: „*mir ist getroumet hînte von angestlîcher nôt,/ wie allez daz gefügele in disem lande wære tôt*" („'ich habe letzte Nacht einen unheilverkündenden Traum gehabt, daß alle Vögel im Land tot wären'", 1509,3f.) – eine Seuche, die, man weiß nicht wie, Leben

---

[22] Vgl. künftig Friedrich (ersch. 2006).

dahinrafft, kein Vorgang mehr, sondern nur noch das schreckliche Resultat. In den Kämpfen gegen Schluß verschwinden die Akteure hinter einer blinden Kraft, die sie mit sich reißt. Schon auf dem Weg zu Etzel werden sie als eine aus allen gesellschaftlichen Ordnungen herausgefallene Kampfmeute geschildert.[23] Ihre allmähliche Entmenschlichung ist von einer Be-schleunigung der Bewegungen begleitet, die sich zur Raserei (*tobelîche*, 2050,1; 2206,2) steigert.[24] Vor allem gegen Schluß, im Wortwechsel zwischen Burgunden und Amelungen, bricht ein Wüten und Toben aus (2280,4; 2282,1), das bis in den letzten Kampf andauert (2358,2); noch Hildebrands Tat ist wilde Bewegung (2376,1).

Die erste Aventiure baut eine komplexe Welt in Analogie zur zeitgenössischen Feudalordnung auf, hierarchisch strukturiert, durch Tradition abgesichert und durch eine ständisch exklusive Lebensform ausgezeichnet. Diese Welt ist befriedet, und noch ihre Bedrohung in Kriemhilds Falkentraum ist in den Kategorien höfischer Ordnung ausgelegt. In der 3. Aventiure wird diese Welt erstmals – in schroffer narrativer Inszenierung – mit der anderen Welt der Heldensage konfrontiert. Von der Besänftigung des jungen Siegfried (3. Aventiure), seiner Integration und der Instrumentalisierung seiner Kraft für die legitime Herrschaft (4./5. Aventiure) über die Eroberung und Domestizierung Brünhilds (6.-10. Aventiure) bis zur Festigung der Königsherrschaft von Gunther und Siegfried (11./12. Aventiure) scheint der Ausgleich zu gelingen. Doch ist seit dem Betrug an Brünhild die höfische Welt kontaminiert (13./14. Aventiure); sie entledigt sich des Störenfrieds von außen (15.-18. Aventiure), dann seiner mythischen Macht (19. Aventiure). Nur scheinbar können die Verletzungen, die das zur Folge hat, geheilt werden (20.-22. Aventiure). Von der 23. Aventiure an bricht sich die niedergedrückte Gewalt – assoziiert mit dem *vâlant* – in Kriemhilds Rache Bahn und reißt alles nieder, was zuvor aufgebaut worden war. In der Entstellung wird die Welt jener mythischen Fremde ähnlich, die sie zunächst mit Erfolg ausgeschlossen hatte.

---

[23] Müller (1998), S. 445f.
[24] Müller (1998), S. 386f.

# Die *Klage*

## Die Irritation durch das Epos

Das *Nibelungenlied* ist um 1200 nicht ohne die Nibelungen-*Klage* denkbar. Bekanntlich hat, soweit wir sehen, bis ins 15. Jahrhundert keiner von denen, die das Epos abschrieben, sich mit seinem Schluß zufriedengegeben, sondern nahezu ausnahmslos alle haben ihm die *Klage* angehängt. Es bedarf keiner Frage, daß die *Klage* zur Wahrnehmung und Perspektivierung der Nibelungensage im Hochmittelalter gehört. So ist die Editionspraxis seit der Romantik, die das *Nibelungenlied* (= Epos) ohne die angehängte Reimpaardichtung darbietet, unhistorisch[1]. Doch entbindet der überlieferungsgeschichtliche Befund nicht von der Aufgabe, nach dem ästhetischen und konzeptionellen Zusammenhang von Epos und *Klage* zu fragen. Und da erweist sich die *Klage*, weit über die einzelnen Unstimmigkeiten und Widersprüche hinaus, die die ältere Nibelungenphilologie zusammentrug, als einem Konzept verpflichtet, das erheblich von dem des Epos abweicht. Wenn einiges davon mit Tendenzen der *C-Bearbeitung zusammenstimmt, dann zeigt das nur, wie 'anstößig' der Stoff für die Welt um 1200 gewesen sein muß, so daß es immer wieder neue Anläufe zu seiner Bewältigung und Retuschierung, immer wieder nachträgliche Deutungsversuche[2] gab.

Das Epos läßt eine Anzahl beunruhigender Fragen offen, die die *Klage* mit einiger Geschwätzigkeit zu beantworten sucht. Anders als die Chansons de geste in Frankreich und überhaupt häufig heroische Überlieferung, spinnt sie nicht die Taten der Helden unendlich fort,[3] sondern bringt die Geschichte, die das Epos erzählt hat, über den Nullpunkt allgemeiner Vernichtung hinaus und öffnet sie auf die Zukunft. Sie zeigt, daß früh ein Bedürfnis nach Korrektur des Epengeschehens bestand und nach seiner Einbettung in allgemein akzeptierte Wertungshorizonte. Für das 13. und 14. Jahrhundert scheint jedenfalls die eine Dichtung nicht ohne die andere denkbar gewesen zu sein.

Schon der erste Vers der *Klage* dementiert das absolute Ende, das der Epiker gesetzt hatte: *hie hât daz mære ein ende: daz ist der Nibelunge nôt.* („hier

---

[1] Wie dem mittelalterlichen Rezipienten der Text begegnete, ist jetzt auf der CD-Rom der St. Galler Nibelungen-Handschrift (2003) dokumentiert.
[2] Henkel (1999), S. 98 spricht von der *Klage* als einer Anleitung zum Verständnis der Sage.
[3] Adler (1975).

ist die Geschichte zuende; sie heißt 'Nibelungennot'", 2379,4).[4] Die *Klage* dagegen setzt ein: *Hie hevet sich ein mære* („hier fängt eine Geschichte an", Kl 1). Der Erzähler faßt in einigen hundert Versen[5] zunächst das im Epos berichtete Geschehen zusammen – sehr knapp nur den ersten Teil –, bevor er darangeht, die Trümmer, die es hinterlassen hat, aufzuräumen. Wie läßt sich die Entstehung der *Klage* denken? Daß eine auf nahezu allen Ebenen so konträre Dichtung auf denselben Verfasser wie das Epos zurückging, „ist eher unwahrscheinlich".[6] Wo sie so holprig ans Epos anschließt, läßt sich die *Klage* doch allenfalls in dem Sinne als „Ergänzung"[7] des *Nibelungenliedes* auffassen, daß zwei grundsätzlich selbständige Dichtungen miteinander kombiniert wurden, wobei man vermutlich einige Anpassungen vornahm.[8] Zu diesen Anpassungen scheint gehört zu haben, daß man das graphische Erscheinungsbild der beiden Texte in den alten Handschriften anglich, in Hs. B sogar die Strophengliederung des Epos am Beginn der *Klage* nachgeahmt hat, so daß der Einschnitt noch weiter verwischt ist.[9] Wenn es also plausibel ist, daß die Überlieferungseinheit auf eine 'Werkstatt' zurückging,[10] so ist es eher unwahrscheinlich, daß beide Dichtungen originär aus dieser Werkstatt stammen. Die *Klage* könnte dort als frühe Reaktion auf das Epos gedichtet oder dem dort redigierten Epos eine bereits vorhandene andere Nibelungendichtung angehängt worden sein.

Die *Klage* rückt die Nibelungensage in den Kontext zeitgenössischer Memorialkultur, indem sie die Entstehung von Nibelungendichtungen aus dem Interesse an der Sicherung adliger Hausüberlieferung begründet, sie in den vertrauten Kontext von 'Herkommen' stellt und in den Klagereden auf die Toten selbst Memorialfunktionen erfüllt.[11] Damit stellt sie die Kontinuität feudaler Geschichtserinnerung wieder her, die mit dem Ende des Epos so brutal unterbrochen schien.

Formal (der Normaltypus des Erzählverses – Reimpaare statt Strophen), inhaltlich (es wird fortgesetzt, was der Erzähler für beendet erklärt hat), konzeptionell (eine christliche Deutungsperspektive mit unmißverständlichen moralischen Schuldzuweisungen) und vom Gesellschaftsmodell her (Tendenz zur Individu-

---

[4] C 2439 setzt ebenso einen Schlußpunkt, ersetzt nur *nôt* durch *liet*; n schließt noch eine die Handlung insgesamt resümierende Strophe an, die beginnt mit: *[H]ye hat ein ende fraw Cremhylten hochtzit* (n 794,1); es folgt eine Schreibernotiz. Die *Klage* fehlt in n.
[5] Zum unterschiedlichen Umfang Bumke (1996a). In Kl J ist das störende Resümee weggelassen (S. 289).
[6] Bumke (1996a), S. 237.
[7] Bumke (1996a), S. 593.
[8] Solche Anpassungen mögen von einem Redaktor des Epos vorgenommen worden sein; vgl. Bumke (1996a), S. 592f.
[9] Bumke (1996a), S. 237; vgl. S. 239-243 (C); 243-248, insbes. 246 (B); 249-253 (A).
[10] Bumke (1996a), S. 592-594.
[11] Hierzu Heinzle (1999b) und Graf (1993).

alisierung) weicht die *Klage* klar vom Epos ab.[12] Durch den in Erzählungen um 1200 üblichen Reimpaarvers gibt sie sich eindeutig als Buchepos zu erkennen. Vom Erinnerungsraum der Sage ist die Fortsetzung scharf unterschieden. Mit buchhalterischer Genauigkeit registriert sie die Totenklagen und die Bestattung der Helden und die wenig spektakulären Begebenheiten danach. Erzählt wird eben doch, *waz sider dâ geschach* („was danach dort geschah", 2379,1), wovon der Epiker nichts mehr zu berichten wußte. Heroisch-Erinnerungswürdiges ist das nicht; es werden nur viele abgerissene Fäden wiederaufgenommen: Auf ihrem Zug zu Etzel hatten Gunther und sein Gefolge die Höfe von Worms, Passau und Bechelaren zurückgelassen, die nacheinander in Kenntnis zu setzen sind, und auch ein Reich wie das Etzels kann nicht völlig zerstört sein: ein unheroisches Nichts an Folgehandlung. Zuletzt wird der Ausgangspunkt Worms wieder erreicht und die Geschichte der Bewahrung der Sage in der gelehrten Schriftkultur berichtet.

In jedem Fall ist die *Klage* Zeugnis einer Irritation, eines Trauma, das unablässig neues Reden produziert. Sie steht unter Besprechungszwang. Ihren größten Teil machen Reden der Überlebenden über das im Epos erzählte Geschehen aus: Beklagen der Toten, Kommentare über Vermeidbarkeit oder Unvermeidbarkeit der Katastrophe, Erzählen von deren Hergang für die, die nicht dabei waren. Hier kommt die „konsolatorische" Funktion einer christlich erneuerten Heroik zu ihrem Recht; die „in der heroischen Dichtung sedierten Normen der Krieger- und Adelsgesellschaft" werden auch hier in ihrem „normsetzenden Charakter" von ihrer Zweideutigkeit befreit,[13] die Figuren werden in beflissenen Erläuterungen des Erzählers, wer gen Himmel, wer zur Hölle fuhr, moralisch in Gute und Böse sortiert. Erörtert wird, wer Täter, wer Opfer war und welchen Platz jeder in heldenepischem Gedenken einzunehmen hat. Die leere Zeit nach dem absoluten Ende ist zu füllen, mit wortreichen Klagereden – wo Kriemhild einfach schwieg –, mit ausufernden Begräbniszeremonien – wo das Epos die Figuren im Schmerz erstarren ließ –, mit banalen Fortsetzungen durch Figuren des zweiten Glieds – wo es keine Fortsetzung gibt, nachdem die Helden tot sind.

### Anschluß an die gewöhnliche Ordnung

Die *Klage* stellt den geschichtlichen Zusammenhang her, indem sie die Geschicke der Überlebenden berichtet, zu Dietrichs Rückkehrabenteuern überleitet und den heldenepischen Raum in die gewöhnliche Feudalgeschichte öffnet, die

---

[12] Die Bewertung berührt sich mit Umakzentuierungen der *C-Fassung, ist aber weit konsequenter, da der Erzähler keine Rücksicht auf einen vorliegenden Text nehmen muß. Wie immer man das Verhältnis von *C und 'Klage' auffaßt, die Differenzen sind erheblich.

[13] Haubrichs (1994), S. 44; vgl. S. 36; Knapp (1987).

sie sogar bis zum Thronwechsel in Worms weiterführt.[14] Gunthers Sohn erhält seine Chance, und dem burgundischen Reich scheint der Aderlaß trotz Strömen von Tränen nichts auszumachen. Insofern wird der Untergang der Protagonisten in einem Netz dynastischer Beziehungen aufgefangen. Vor allem aber werden Alternativen zum katastrophischen Ausgang erwogen: Wäre nur Etzel rechtzeitig informiert worden, denn dann hätte er doch ... (Kl 283-285).[15] Wären sich Siegfried und Kriemhild nur nie begegnet, ... (Kl 546-549). Hätte Kriemhild nicht Bloedelin zum Anschlag auf Hagens Bruder veranlaßt, ... (Kl 1305-1308). Damit entfernt sich die *Klage* noch weiter von der unerbittlichen Notwendigkeit, wie sie das *Nibelungenlied* voraussetzt und vergeblich abzulenken sucht. Wo sich im Epos letztlich der Nexus der Untergangssage gegen alle Ablenkungen durchgesetzt hatte, wird jetzt auch die unscheinbarste Möglichkeit eines anderen Verlaufs geprüft. Der Eindruck einer unausweichlichen Fatalität, wie ihn nicht zuletzt die Vorausdeutungen förderten, wird getilgt.

Nachdenken über Alternativen, so banal es auch sein mag, setzt ein durchgängig verändertes Erzählkonzept voraus. Jedes Ereignis steht in enger Beziehung zu anderen Ereignissen, wirkt auf sie und ist umgekehrt von ihnen beeinflußt. Es gibt immer auch eine andere Möglichkeit. Zeit ist ein Kontinuum, in dem es keine leeren Phasen des Stillstandes gibt. Die *Klage* muß als ein Werk der Schriftkultur nicht ökonomisch mit Erinnerungskapazitäten umgehen, sondern kann alles, was vorfällt, protokollieren. Sie kennt den absoluten Anfang so wenig wie das totale Ende. Sie kommentiert[16] und korrigiert kommentierend – nicht nur, was das Epos erzählte, sondern widerruft den Typus von Geschichte, der erzählt wurde.

Auch im Detail wird die Erzählung 'in Ordnung' gebracht. Das beginnt mit der Vorstellung des handelnden Personals. Wo das Epos unkonventionell mit Kriemhild einsetzte, dann zu ihren königlichen Brüdern überging und dann deren Geschlecht erwähnte, hält die *Klage* die richtige, d.h. die dynastische Ordnung ein: zuerst das Geschlecht (vertreten durch den alten König Dankrat), dann seine heldenmäßigen Söhne und die Königin Ute, die mit ihm die Krone trägt, und dann erst die *swester*, die doch die Hauptperson ist.[17] Und solche Gewissenhaftigkeit setzt sich fort.

Die heroische Welt ist fremder geworden: Noch im Tod erscheinen Hagen, die Könige oder Wolfhart als monströs, in der Größe ihrer heroischen Körper, in ihrem Gewicht, ihrem im Tod erstarrten Furor: Eine Bresche muß man in die Mauer schlagen, um den Leichnam aus dem Saal tragen zu können, und Wolfhart kann man kaum das Schwert aus der im Tod verkrampften Hand lösen. Die für

---

[14] Müller (1985), S. 75-77; McConnell (1986).
[15] Ähnlich Kl 912f., 944f., 1115-1117, 1214f., 1248, 1256-1259.
[16] Vgl. Gillespie (1972), S. 154.
[17] Kl *C hat wieder eine andere Ordnung, doch auch sie ist regelgerechter: die Könige, ihr Land, ihr Geschlecht, Dancrat und Uote, dann (noch einmal) deren drei Söhne, dann erst die Tochter.

das Spätmittelalter typische Verzerrung der Heroenwelt ins Riesenhafte deutet sich an.

Die mythischen Elemente aus den Randzonen der nibelungischen Welt treten völlig in den Hintergrund, erst recht wo sie Figuren des Epos (Siegfried, Brünhild) betreffen. Die Grenze zwischen der gewöhnlichen feudalen Ordnung und einem gefährlichen Draußen verläuft an der Linie Christentum – Heidentum. Etzel, der im Epos völlig in die gewöhnliche Feudalwelt integriert war, wird jetzt zu einer Außenseiterfigur jenseits des christlichen Kosmos. Der Heide (und nicht etwa ein Abkömmling mythischer Gewalt wie Siegfried) hat in der christlichen Welt der *Klage* keinen Platz. Was mit ihm weiter passierte, behauptet der Erzähler nicht zu wissen (Kl 4326f.). Etzel verschwindet so spurlos aus der Geschichte wie die Xantener im *Nibelungenlied*. Im Epos traten Figuren kommentarlos von der Bühne ab, wenn sie als Helden nicht mehr gebraucht wurden. Die *Klage* dagegen versucht im allgemeinen, sich Rechenschaft auch über Lücken geben. Etzels weiteres Schicksal wäre solch eine Lücke, doch hier setzt die Erklärung aus. Die unwirschen Worte des Erzählers über Etzels Zukunft spielen die Überschaubarkeit einer (klerikal geprägten) Schriftkultur gegen die wilde Welt der Sage aus. Im Gewirr der Sage ist zwischen *lüge* und *wârheit* nicht zu entscheiden (Kl 4331f.), denn die eine Autorität, die vom *tihtœre* verantwortete Schrift, schweigt sich dazu aus, so gerne der Erzähler auch angeblich mehr über Etzel berichtet hätte (Kl 4349-4354). Der Erzähler im *Nibelungenlied* wußte nicht mehr weiter, weil es nach der Katastrophe nichts Erinnerungswürdiges mehr zu erzählen gab. Derjenige der *Klage* verstummt, weil er, was Etzels Ende angeht, keine Quelle hat, denn die Gewährsleute, die Vertrauen verdienen, wissen nichts.

Was er dann als mehr oder minder absurde Alternativen für Etzels Ende anbietet, ist solch wirre Sage, bei der niemand etwas Rechtes weiß und jeder etwas anderes behauptet, die einen dies, die anderen das (*sümelîche jehent [...]: sô sprechent sümelîche nein*, Kl 4328f.). Anfänglich werden noch Versionen von Etzels Ende erwogen, die dem heroischen Geschehen gemäß sind (manche sagen, er wurde erschlagen; andere meinen, daß nicht), doch dann bringt der Erzähler zunehmend aberwitzige Dinge vor: Vielleicht fuhr er gen Himmel, vielleicht zur Hölle, vielleicht auch aus der Haut, vielleicht verkroch er sich in der Erde. Das ist der wegwerfende Gestus eines gelehrten Klerikers gegenüber dem, was man sich so erzählt: „Das sind (fast ironische) Rationalisierungen eines Literaten, der sich eben nicht die Mühe macht, gattungsgemäß zu literarisieren".[18] Dem einzigen, der nicht in die beruhigenden Bahnen feudaler Normalität zurückkehrt, verwehrt der Erzähler den Weg in die schriftliterarische *memoria* (und die steht notwendig in der Obhut der *clerici*). Der Heide Etzel bleibt da, wo er hingehört, im albernen Stimmengewirr der Sage. An dieser Stelle ist am deutlichsten ein

---

[18] Curschmann (1992), S. 65.

neues literarisches Bewußtsein greifbar, das die Heldensage hinter sich läßt. Die Grenzen der Welt fallen mit den Grenzen der Christenheit zusammen.

Die *Klage* verbraucht viele Worte, um die zerstörte Ordnung wiederherzustellen, und sie tut das nicht wie das Epos als Feier heroischer Gewalt, sondern im Sinne einer herrschaftlichen Ordnung. Protagonisten sind Etzel und Dietrich, von denen der eine seine Herrschaft durch übermäßige Trauer verspielt, der andere sie anderswo neu gründet. Die eigentliche Fortsetzung aber findet die Geschichte an einem weit entfernten Schauplatz und durch Figuren, die das Epos der Lächerlichkeit preisgegeben hatte, am Wormser Hof. Das Klagen über den Verlust dauert dort nicht lange, dann wird der junge Nachfolger Gunthers inthronisiert. Der Hof, wie er zu Beginn des Epos bestand, wird wieder aufgebaut, ein Hof, der auf Recht und Tradition beruht und nicht auf der Stärke dessen, der an der Spitze steht. Helden werden dafür nicht gebraucht. Wohl sind an der Wiedererrichtung der burgundischen Herrschaft durch die Versammlung der Herrschaftsträger (*lantschaft*, Kl 3723; *des landes êre*, Kl 3728) die überlebenden Inhaber von Hofämtern, der vergessene Schenk Sindold und der verhöhnte Küchenmeister Rumold führend beteiligt (Kl 3747-3764; 4074-4081). Rumold ist nicht mehr der lächerliche Koch, sondern ein kluger Politiker, der sich in seinem Urteil bestätigt sieht, daß es ein Fehler war, Hagens *übermuot* (Kl 4031) statt seinem, Rumolds, Rat zu folgen (Kl 4076f.). Als Reichsverweser sorgt er für den Fortbestand der Wormser Herrschaft (Kl 4074f.), und *des künges schenke Sindolt* mahnt, zu höfischer *vuoge* zurückzukehren und das übertriebene Jammern (*der klage diu ungefüege kraft*, Kl 3752) zu mäßigen. Den Schlußpunkt der Geschichte in Worms setzt eine *grôziu hôhgezît* (Kl 4089), das Krönungsfest des jungen Königs:

> *der hof unt daz gesinde*
> *wârn ein teil in freude komen* (Kl 4098f.).

(„Hof und Gefolgschaft kehrten in Maßen [im angemessenen Rahmen] zur Freude zurück").

Beschädigt zwar, wird doch am Ende der Zustand höfischer Festesfreude wiederhergestellt, von der die Zerstörung ihren Ausgang genommen hatte. Dieses Ziel des höfischen Romans, allegorisiert in der 'Joie de la curt' des *Erec*, war mit den Zentralgestalten des heroischen Epos nicht zu erreichen, und so verlagert die *Klage* das Gewicht auf Randfiguren. Die Spitze des wieder bestätigten burgundischen Reichs ist so schwach wie möglich besetzt, durch ein *kindelîn* (Kl 3758; 4012), das der legitime Erbe ist, und durch eine Frau (Kl 3754-3757). Die Herrschaft beeinträchtigt das nicht. Auch anderwärts verschwindet mit Ausnahme Dietrichs der Typus des Herrscher-Heros. Übrig bleiben jene Herrschaftsträger, die im heroischen Rausch Chargen geblieben waren: der geistliche Fürst von Passau, die Markgräfinnen und jene überraschend auftauchende Wiener Herzogin, die einen Namen aus dem höfischen Roman trägt: Isolde.

Das *Nibelungenlied* ist, zumal in der Verklammerung mit der *Klage* nicht mehr ohne weiteres ein Epos im Sinne der klassischen Epentheorie. Es wiederholt nicht nur, sondern reflektiert die Konstellationen, Habitus, Handlungsmuster und Normen einer Welt, die abgekürzt 'heroisch' heißen mag und die uns vornehmlich durch (heroische) Epen und Lieder überliefert ist, es reflektiert das Ende seiner Welt, ohne ihre Überschreitung gestalten zu können. Solche Reflexion ist etwas Spätzeitliches, doch ist sie noch nicht 'romanhaft'.[19] Es bleibt bei den Mechanismen heroischer Epik, auch wenn sie nicht mehr fraglos gelten. Die Irritation über den Ausgang hat die *Klage* nicht dauerhaft beseitigen können. Für die mittelalterlichen Rezipienten scheint sie jedoch, obwohl von der modernen Philologie wenig geliebt, Voraussetzung der Tradierbarkeit des Epengeschehens gewesen zu sein. Sie garantierte, daß das Monströse anschließbar bleibt an das, was gewöhnlich als richtig und gewöhnlich zu gelten hat. Das entwertet nicht die Erkenntnis der Nibelungenforschung, daß die Normalität, die die *Klage* wiederherstellt, von Anfang an dem Epengeschehen fremd gegenübersteht. Wo das Epos abbricht (2379), da redet die *Klage* weiter und versucht, was im Verstummen als Bruch inszeniert ist, über den Bruch hinweg ans Bekannte anzuschließen, eine Diskrepanz, die kein Hinweis auf die mittelalterliche Rezeptionsgewohnheit hinwegdisputieren kann. Inzwischen ist jene Normalität selbst fremd geworden und nicht mehr unproblematisierte Voraussetzung eines durchschnittlichen Weltverständnisses, das sich auch das Monströseste noch assimilieren kann. Möglicherweise war dieses Veralten der *Klage* schon im 15. Jahrhundert wahrnehmbar; jedenfalls hat man darin eine Erklärung dafür gesucht, daß sie in Hs. n und in *Lienhard Scheubls Heldenbuch* (k) fehlt.[20]

Auf die Dissonanz der Wertordnungen, die nicht nur Epos und *Klage*, sondern schon die Fassungen des *Nibelungenliedes* selbst erkennen lassen, haben die neuzeitlichen Interpreten meist mit Selektion, mit der Entscheidung für die eine oder andere Seite reagiert: das *Nibelungenlied* als Feier germanischen Heldentums (das Höfische als bloße Übermalung), als Geschichte vom *herzen jâmer* einer Frau (die blutigen Vernichtungskämpfe als ungewollte Folgen), als hohes Lied der *triuwe* (der Verrat als deren Schatten, der sie umso heller strahlen läßt) oder als *mundus perversus* (das Rühmen heroischer Tat als bloßer Übermut). Das Epos verweigert die Aussage darüber, wie die beiden Pole zueinander in Beziehung gesetzt werden und welche Perspektive der Prozeß hat: kritisch? affirmativ? Und die *Klage* zeigt vor allem an, daß auch die Hörer um 1200 diese Frage beunruhigte. Die alternative Antwort, die freilich zum Epos nicht paßt, war das Klischee der *übelen Kriemhilt* und *Kriemhilden hôchgezît*, das den Untergang der Nibelungen als heimtückisches Verbrechen stempelte und keinen Raum für eine Reflexion von Anlaß und Folge, Schuld und Unschuld, Absicht und Ergebnis ließ.

---

[19] Anders Schröder (1968); dagegen Müller (1987), S. 256.
[20] Göhler (1995).

Versuche, moralisch zwischen gut und böse, politisch zwischen zweckmäßig und unzweckmäßig oder psychologisch zwischen legitim und illegitim zu unterscheiden, scheint das Epos von Anfang an provoziert zu haben, doch mußten sie am Text scheitern, weil antagonistische Geltungsansprüche einfach miteinander konfrontiert werden. Die Resignation vieler Interpreten vor den Widersprüchen und die Flucht in die heile Welt hypothetischer Sagengeschichte ist eine verständliche Reaktion auf diese aporetische Struktur. Das Epos hat Eindeutigkeit verweigert, und zwar nicht nur in dem Sinne, daß es weder bruchlos als heroische Kritik an höfischem Optimismus noch als höfische Kritik an heroischem Gemetzel verstanden werden kann. Es stellt Antagonismen und Ambivalenzen der nibelungischen Welt aus, ohne die Geltung ihrer Ordnungen je ausdrücklich in Frage zu stellen.

Anfänglich wird eine Welt aufgebaut, die Schlüssigkeit ihrer Regeln expliziert und ihr Funktionieren gezeigt. Schon früh – von der dritten Aventiure an – zeichnen sich in dieser Welt Widersprüche ab, die zuerst noch bewältigt werden können, doch nur um einen immer höheren Preis. Diese Widersprüche sind unaufhebbar: zwischen heroischem Selbstgefühl und institutionalisierter Herrschaft, zwischen Erkenntnis und Durchsetzung von Recht, zwischen absichtsloser Demonstration und interessegeleiteter Instrumentalisierung von Adelsqualitäten, zwischen beherrschter Form und Form als Herrschaftsinstrument, zwischen Virtualisierung von Machtkonkurrenzen und verdeckter Intrige, zwischen Ritualen als Mittel der Ordnung und ritualisierter Unordnung, zwischen Unzulänglichkeit kollektiver Normen und Negativität von Individualität. Die höfische Form kann Aggression ablenken und integrieren, aber ihr Als-ob kann auch bis zu Verstellung und Lüge gehen. Die *triuwe* gegenüber den *vriunden* ist höchster Bewunderung wert, doch öffnet sie die Chance für Verrat und Zerstörung aller sozialen Beziehungen. In Kriemhilds Bindung an den *holden vriedel* bewährt sich vorbildhafte *stæte*, doch ist ihr Preis Unversöhnlichkeit, der zuliebe alle anderen *triuwe*-Bindungen gekappt werden. Eine scheinhafte Hierarchie bricht zusammen, doch das Ergebnis sind nicht nur neue Solidaritäten, sondern Chaos. Heroischer Behauptungswille zerreißt das Geflecht von Heimtücke und Intrige, doch äußert er sich in blutiger Vernichtung. *Heldes muot* schiebt den Scheinwert des *gemach* beiseite, doch heißt das, Blut zu saufen statt Wein. So bleibt die Irritation durch die *alten mæren* auch im Epos, eine Irritation, deren erstes Zeugnis die angehängte *Klage* ist.

# Literaturverzeichnis

## Texte

*Heldenbuch* nach dem ältesten Druck in Abbildung, hg. v. Joachim Heinzle, 2 Bde. (Litterae 75/1+2), Göppingen 1987.

*Diu Klage.* Mit den Lesarten sämtlicher Handschriften, hg. v. Karl Bartsch, Leipzig 1875 (Repr. Darmstadt 1964) [Kl].

*Die Nibelungenklage.* Synoptische Ausgabe aller vier Fassungen, hg. v. Joachim Bumke, Berlin/New York 1999.

*Die Nibelungenklage.* Mittelhochdeutscher Text nach der Ausgabe von Karl Bartsch. Einführung, neuhochdeutsche Übersetzung und Kommentar von Elisabeth Lienert, Paderborn u.a. 2000 (Schöninghs mediävistische Editionen 5).

*Das Nibelungenlied.* Nach der Ausgabe von Karl Bartsch, hg. v. Helmut de Boor, 22. revidierte und von Roswitha Wisnewski ergänzte Auflage, Nachdruck (Deutsche Klassiker des Mittelalters), Wiesbaden 1996.

*Das Nibelungenlied.* Paralleldruck der Handschriften A, B und C nebst Lesarten der übrigen Handschriften, hg. v. Michael S. Batts, Tübingen 1971.

*Das Nibelungenlied* nach der Handschrift C, hg. v. Ursula Hennig (ATB 83), Tübingen 1979.

Der Nibelunge nôt mit den Abweichungen von der Nibelunge liet, den Lesarten sämmtlicher Handschriften und einem Wörterbuche, hg. v. Karl Bartsch, 2 Bände, Leipzig 1870/1880.

Eine spätmittelalterliche Fassung des *Nibelungenliedes.* Die Handschrift 4257 der Hessischen Landes- und Hochschulbibliothek Darmstadt, hg. u. eingeleitet von Peter Göhler, Wien 1999.

*Das Nibelungenlied* nach der Piaristenhandschrift, hg. v. Adelbert von Keller (BLV 142), Stuttgart 1879 [k].

St. Galler Nibelungen-Handschrift (Cod Sang. 857). Parzival, Nibelungenlied, Klage, Karl der Große, Willehalm, hg. v. d. Stiftsbibliothek St. Gallen, Konzept und Einführung Michael Stolz, St. Gallen 2003.

*Thidrekssaga af Bern*, 2 Bde., hg. v. Henrik Bertelsen, Kopenhagen 1908-1911.

Die Geschichte Thidreks von Bern [*Thidrekssaga*]. Übertragen von Fine Erichsen. Neuausgabe mit einem Nachwort von Helmut Voigt (Thule. Altnordische Dichtung und Prosa 22), Darmstadt 1967.

## Forschungsliteratur

Adler, Alfred: Epische Spekulanten. Versuch einer synchronen Geschichte des altfranzösischen Epos (Theorie und Geschichte der Literatur und der schönen Künste 33), München 1975.
Althoff, Gerd: Verwandte, Freunde und Getreue. Zum politischen Stellenwert der Gruppenbindungen im früheren Mittelalter, Darmstadt 1990.
Ders.: Spielregeln der Politik im Mittelalter. Kommunikation in Frieden und Fehde, Darmstadt 1997.
Andersson, Theodore M.: Why does Siegfried die? (1978), In: Germanic Studies in Honor of Otto Springer, hg. v, Stephen J. Kaplowitt, Pittsburgh 1978, S. 29-39.
Ders.: A Preface to the *Nibelungenlied*, Stanford 1987.
Assmann, Jan: Das kulturelle Gedächtnis. Schrift, Erinnerung und politische Identität in frühen Hochkulturen, München 1992.
'Aufführung' und 'Schrift' in Mittelalter und Früher Neuzeit. DFG-Symposion 1994, hg. v. Jan-Dirk Müller, Stuttgart/Weimar 1996.
Bäuml, Franz H.: Medieval Literacy and Illiteracy: An Essay toward the Construction of a Model, in: Germanic Studies in Honor of Otto Springer, hg. v. Stephen J. Kaplowitt, Pittsburgh 1978, S. 41-54.
Ders.: Varieties and Consequences of Medieval Literacy and Illiteracy, Speculum 55 (1980), S. 237-265.
Ders.: Medieval Texts and the Two Theories of Oral-Formulaic Composition: A Proposal for a Third Theory, New Literary History 16 (1984/85), S. 31-49.
Ders.: The Oral Tradition and Middle High German Literature, Oral tradition 1 (1986), S. 398-445.
Beck, Heinrich: Zu Otto Höflers Siegfried-Arminius-Untersuchungen, PBB 107 (1985), S. 92-107.
Ders.: Eddaliedforschung heute: Bemerkungen zur Heldenlied-Diskussion, in: Helden und Heldensage. Fs Otto Gschwantler, hg. v. Hermann Reichert u. Günter Zimmermann (Philologica Germanica 11), Wien 1990, S. 1-23.
Bender, Karl-Heinz: König und Vasall. Untersuchungen zur Chanson de geste des XII. Jahrhunderts (Studia Romanica 13), Heidelberg 1967.
Bennewitz, Ingrid: Das *Nibelungenlied* – ein *Puech von Chrimhilt*? Ein geschlechtergeschichtlicher Versuch zum 'Nibelungenlied' und seiner Rezeption, in: 3. Pöchlarner Heldenliedgespräch (1995), S. 33-52.
Beyschlag, Siegfried: Das Motiv der Macht bei Siegfrieds Tod (1952), in: Zur germanisch-deutschen Heldensage (1961), S. 195-213.
Bleumer, Hartmut: Narrative Historizität und historische Narration. Überlegungen am Gattungsproblem der Dietrichepik. Mit einer Interpretation des Eckenliedes. ZfdA 129 (2000), S. 125-153.
Blütezeit. Fs. Peter Johnson zum 70. Geburtstag, hg. v. Marc Chinca, Joachim Heinzle u. Christopher Young, Tübingen 2000.
Boor, Helmut de: Hat Siegfried gelebt?, PBB 63 (1939), S. 250-271.

Ders.: Die Bearbeitung m des *Nibelungenliedes* (Darmstädter Aventiurenverzeichnis), PBB 81 (1959), S. 176-195.

Brackert, Helmuth: Beiträge zur Handschriftenkritik des *Nibelungenliedes* (Quellen und Forschungen zur Sprach- und Kulturgeschichte der germanischen Völker NF 135), Berlin 1963.

Braune, Wilhelm: Die Handschriftenverhältnisse des *Nibelungenliedes*, PBB 25 (1900), S. 1-222.

Bumke, Joachim: Sigfrids Fahrt ins Nibelungenland. Zur achten Aventiure des Nibelungenliedes, PBB 80 (Tüb. 1958), S. 253-268.

Ders.: Mäzene im Mittelalter. Die Gönner und Auftraggeber der höfischen Literatur in Deutschland 1150-1300, München 1979.

Ders.: Höfische Kultur. Literatur und Gesellschaft im hohen Mittelalter (dtv 4442), 2 Bde., München 1986.

Ders: Epenhandschriften. Vorüberlegungen und Informationen zur Überlieferungsgeschichte der höfischen Epik im 12. und 13. Jahrhundert, in: Philologie als Kulturwissenschaft. Studien zur Literatur und Geschichte des Mittelalters. Fs Karl Stackmann, hg. v. Ludger Grenzmann, Göttingen 1987, S. 45-59.

Ders.: Untersuchungen zur Überlieferungsgeschichte der höfischen Epik im 13. Jahrhundert. Die Herbort-Fragmente aus Skokloster, ZfdA 120 (1991), S. 257-304.

Ders.: Die vier Fassungen der *Nibelungenklage*. Untersuchungen zur Überlieferungsgeschichte und Textkritik der höfischen Epik im 13. Jahrhundert, (Quellen und Forschungen zur Literatur- und Kulturgeschichte 8), Berlin 1996 [1996a].

Ders.: Der unfeste Text. Überlegungen zur Überlieferungsgeschichte und Textstruktur der höfischen Epik im 13. Jahrhundert, in: 'Aufführung' und 'Schrift', S. 118-129 [1996b].

Ders.: Die Blutstropfen im Schnee. Über Wahrnehmung und Erkenntnis im *Parzival* Wolframs von Eschenbach, (Hermaea NF 94), Tübingen 2001.

Carruthers, Mary J.: The Book of Memory in Medieval Culture, Cambridge u.a. 1990.

Cassirer, Ernst: Philosophie der symbolischen Formen. Zweiter Teil. Das mythische Denken, Darmstadt $^9$1994.

A Companion to the Nibelungenlied, hg. v. Winder McConnell, Columbia 1998.

Curschmann, Michael: The Concept of the Oral Formula as Impediment of our Understanding of Medieval Oral Poetry, Mediaevalia et Humanistica 8 (1977), S. 63-76.

Ders.: *Nibelungenlied* und *Nibelungenklage*. Über Mündlichkeit und Schriftlichkeit im Prozeß der Episierung, in: Deutsche Literatur im Mittelalter. Kontakte und Perspektiven. Hugo Kuhn zum Gedenken, hg. v. Christoph Cormeau, Stuttgart 1979, S. 85-119.

Ders.: The Prologue of *Thidreks Saga*. Thirteenth Century Reflections on Oral Traditional Literature, Scandinavian Studies 56 (1984), S. 140-151.
Ders.: *Nibelungenlied* und *Klage*, in: ²VL 6 (1985/1987), Sp. 926-969.
Ders.: Zur Wechselwirkung von Literatur und Sage. Das *Buch von Kriemhild und Dietrich von Bern*, PBB 111 (1989), S. 380-410.
Ders.: Dichter *alter maere*. Zur Prologstrophe des *Nibelungenliedes* im Spannungsfeld von mündlicher Erzähltradition und laikaler Schriftkultur, in: Grundlagen des Verstehens mittelalterlicher Literatur. Literarische Texte und ihr historischer Erkenntniswert, hg. v. Gerhard Hahn u. Hedda Ragotzky, Stuttgart 1992, S. 55-71.
Ders.: Rezension zu Müller (1998), PBB 123 (2001), S. 306-318.
Czerwinski, Peter: Das *Nibelungenlied*. Widersprüche höfischer Gewaltreglementierung, in: Winfried Frey, Walter Raitz u. Dieter Seitz: Einführung in die deutsche Literatur des 12. bis 16. Jahrhunderts, Bd. 1: Adel und Hof, 12./13. Jahrhundert (Grundkurs Literaturgeschichte), Opladen 1979, S. 49-87.
Ders.: Der Glanz der Abstraktion. Frühe Formen von Reflexivität im Mittelalter. Exempel einer Geschichte der Wahrnehmung, Frankfurt/New York 1989.
Deck, Monika: Die *Nibelungenklage* in der Forschung. Bericht und Kritik (EHS 1/1564), Frankfurt u.a. 1996.
Deutsche Heldenepik in Tirol. König Laurin und Dietrich von Bern in der Dichtung des Mittelalters. Beiträge der Neustifter Tagung 1977 des Südtiroler Kulturinstitutes (Schriftenreihe des Südtiroler Kulturinstituts 7), hg. v. Egon Kühebacher, Bozen 1979.
Dinkelacker, Wolfgang: Nibelungendichtung außerhalb des *Nibelungenliedes*. Zum Verstehen aus der Tradition, in: *Ja muz ich sunder riuwe sin*. Fs Karl Stackmann, hg. von Wolfgang Dinkelacker, Göttingen 1990, S. 83-96.
Dodds, Eric Robertson: Die Griechen und das Irrationale, Darmstadt ²1991.
Ebenbauer, Alfred: Improvisation oder memoriale Konzeption? Überlegungen zur Frühzeit germanischer Heldendichtungen, in: Varieties and Consequences of Literacy and Orality. Formen und Folgen von Schriftlichkeit und Mündlichkeit, Fs. Franz H. Bäuml, hg. v. Ursula Schaefer u. Edda Spielmann, Tübingen 2001, S. 5 - 31.
Ehrismann, Otfrid: *Nibelungenlied*. Epoche – Werk – Wirkung (Arbeitsbücher zur Literaturgeschichte), München ²2002.
Eifler, Günter: Siegfried zwischen Xanten und Worms, in: Sprache, Literatur, Kultur. Studien zu ihrer Geschichte im deutschen Süden und Westen. Fs Wolfgang Kleiber, hg. v. Albrecht Greule u. Uwe Ruberg, Stuttgart 1989, S. 277-290.
Ertzdorff, Xenja von: *Linhart Scheubels Heldenbuch*, in: Fs Siegfried Gutenbrunner, hg. v. Oskar Bandle u.a., Heidelberg 1972, S. 33-46.
Frakes, Jerold C.: Brides and Doom. Gender, Property, and Power in Medieval German Women's Epic (Middle Ages Series), Philadelphia 1994.

Freche, Katharina: *Von zweier frouwen bâgen wart vil manic helt verloren.* Untersuchungen zur Geschlechterkonstruktion in der mittelalterlichen Nibelungendichtung, Trier 1999 (LIT 23).

Fried, Johannes: Der Schleier der Erinnerung. Grundzüge einer historischen Mnemonik, München 2004.

Friedrich, Udo: Menschentier und Tiermensch. Grenzziehungsdiskurse und Überschreitungsphantasmen im 12. und 13. Jahrhundert, ersch. 2006.

Fromm, Hans: Der oder die Dichter des *Nibelungenliedes*, in: Colloquio italo-germanico sul tema: I Nibelunghi (Accademia nazionale dei lincei. Atti dei Convegni Lincei 1), Rom 1974, S. 63-74.

Ders.: Das *Nibelungenlied* und seine literarische Umwelt, in: Pöchlarner Heldenliedgespräch (1990), S. 3-19.

Gentry, Francis G.: *Triuwe* and *vriunt* in the *Nibelungenlied*, Amsterdam 1975.

Zur germanisch-deutschen Heldensage. Sechzehn Aufsätze zum neuen Forschungsstand, hg. v. Karl Hauck (WdF 14), Darmstadt 1961.

Gillespie, George T.: *Die Klage* as a Commentary on *Das Nibelungenlied*, in: Probleme mittelhochdeutscher Erzählformen. Marburger Colloquium 1969, hg. v. Peter F. Ganz u. Werner Schröder, Berlin 1972, S. 153-177.

Glaßner, Christine: Ein Fragment einer neuen Handschrift des *Nibelungenliedes* in Melk, PBB 120 (1998), S. 376-394.

Göhler, Peter: *Das Nibelungenlied.* Erzählweise, Figuren, Weltanschauung, literaturgeschichtliches Umfeld, Berlin 1989.

Ders.: Bemerkungen zur Überlieferung des *Nibelungenliedes*, in: 3. Pöchlarner Heldenliedgespräch (1995), S. 67-79.

Graf, Klaus: Heroisches Herkommen. Überlegungen zum Begriff der 'historischen Überlieferung' am Beispiel heroischer Traditionen, in: Das Bild der Welt in der Volkserzählung, hg. v. Leander Petzoldt u.a. (Beiträge zur europäischen Ethnologie und Folklore B 4), Frankfurt u.a. 1993, S. 45-64.

Grimm, Wilhelm: Die Deutsche Heldensage. Vierte Auflage. Unter Hinzufügung der Nachträge von Karl Müllenhoff und Oskar Jänicke aus der Zeitschrift für Deutsches Altertum (= Unveränderter fotomechanischer Nachdruck der von Reinhold Steig 1889 besorgten 3. Auflage und der Nachträge aus der ZfdA 12 [1865] u. 15 [1872]), Darmstadt 1957.

Haferland, Harald: Der auswendige Vortrag. Überlegungen zur Mündlichkeit des Nibelungenliedes, in: Situationen des Erzählens. Aspekte narrativer Praxis im Mittelalter, hg. v. Ludger Lieb u. Stephan Müller, Berlin/New York 2002 (QuF NF 20), S. 245-282.

Ders.: Das Gedächtnis des Sängers. Zur Entstehung der Fassung *C des Nibelungenliedes, in: Kunst und Erinnerung. Memoriale Konzepte in der Erzählliteratur des Mittelalters, hg. v. Ulrich Ernst u. Klaus Ridder, Köln u. a. 2003, S. 87-135.

Ders.: Mündlichkeit, Gedächtnis und Medialität. Heldendichtung im deutschen Mittelalter, Göttingen 2004.

Hasebrink, Burkhard: Aporie, Dialog, Destruktion. Eine textanalytische Studie zur 37. Aventiure des *Nibelungenliedes*, in: Dialoge. Sprachliche Kommunikation in und zwischen Texten im deutschen Mittelalter. Hamburger Kolloquium 1999, hg. v. Nikolaus Henkel u. a., Tübingen 2003, S. 7-20.

Haubrichs, Wolfgang: *Labor sanctorum* und *labor heroum*. Zur konsolatorischen Funktion von Legende und Heldenlied, in: Die Funktion außer- und innerliterarischer Faktoren für die Entstehung deutscher Literatur des Mittelalters und der frühen Neuzeit, hg. v. Christa Baufeld (GAG 603), Göppingen 1994, S. 27-49.

Ders.: *Sigi*-Namen und Nibelungensage, in: Blütezeit (2000), S. 175-205.

Hauck, Karl: Haus- und sippengebundene Literatur mittelalterlicher Adelsgeschlechter von Adelssatiren des 11. und 12. Jahrhunderts her erläutert, in: Geschichtsdenken und Geschichtsbild im Mittelalter. Ausgewählte Aufsätze und Arbeiten aus den Jahren 1933-1954, hg. v. Walther Lammers (WdF 21), Darmstadt 1961, S. 165-199.

Haug, Walter: Höfische Idealität und heroische Tradition im *Nibelungenlied* [1974], in: W. H.: Strukturen als Schlüssel zur Welt (1989), S. 293-307.

Ders.: Andreas Heuslers Heldensagenmodell. Prämissen, Kritik und Gegenentwurf [1975], in: W. H.: Strukturen als Schlüssel zur Welt (1989), S. 277-292.

Ders.: Hyperbolik und Zeremonialität. Zu Struktur und Welt in *Dietrichs Flucht* und *Rabenschlacht* [1979], in: W. H.: Strukturen als Schlüssel zur Welt (1989), S. 364-376.

Ders.: Normatives Modell oder hermeneutisches Experiment: Überlegungen zu einer grundsätzlichen Revision des Heuslerschen Nibelungen-Modells [1981], in: W. H.: Strukturen als Schlüssel zur Welt (1989), S. 308-325.

Ders.: Literaturtheorie im deutschen Mittelalter von den Anfängen bis zum Ende des 13. Jhs., Darmstadt $^2$1992.

Ders.: Montage und Individualität im *Nibelungenlied* [1987], in: W. H.: Strukturen als Schlüssel zur Welt (1989), S. 326-338.

Ders.: Strukturen als Schlüssel zur Welt. Kleine Schriften zur Erzählliteratur des Mittelalters, Tübingen 1989.

Ders.: Mündlichkeit, Schriftlichkeit und Fiktionalität, in: Modernes Mittelalter (1994), S. 376-397.

Ders.: Die Verwandlungen des Körpers zwischen Aufführung und Schrift, in: 'Aufführung' und 'Schrift' (1996), S. 190-204.

Haustein, Jens: Siegfrieds Schuld, ZfdA 122 (1993), S. 373-387.

Haymes, Edward R.: Das mündliche Epos. Eine Einführung in die 'Oral Poetry'-Forschung (Slg. Metzler 151), Stuttgart 1977.

Ders.: Das *Nibelungenlied*. Geschichte und Interpretation (UTB 2070), München 1999.

Ders.: Die Nibelungen im Spätmittelalter. Die Handschrift n und ihre Umgebung, in: Vom Mittelalter zur Neuzeit. Fs Horst Brunner, hg. v. Dorothea Klein u.a., Wiesbaden 2000, S. 447-461.

Heinzle, Joachim: Gnade für Hagen? Die epische Struktur des *Nibelungenliedes* und das Dilemma der Interpreten, in: *Nibelungenlied* und *Klage* (1987), S. 257-276 [1987].

Ders.: *heldes muot.* Zur Rolle Dietrichs von Bern im *Nibelungenlied*, in: *bickelwort* und *wildiu mære*. Fs. Eberhard Nellmann, hg. v. Dorothee Lindemann u.a. (GAG 618), Göppingen 1995, S. 225-236.

Ders.: Das Nibelungenlied. Eine Einführung. Überarbeitete Neuausgabe, Frankfurt 1994.

Ders.: The Manuscripts of the *Nibelungenlied*, in: A Companion (1998), S. 105-126.

Ders.: Einführung in die mittelhochdeutsche Dietrichepik, Berlin/New York 1999 [1999a].

Ders.: Zur Funktionsanalyse heroischer Überlieferung: das Beispiel der Nibelungensage, in: New Methods in the Research of Epic – Neue Methoden der Epenforschung, hg. v. Hildegard L. C. Tristram, Tübingen 1999, S. 201-221 [1999b].

Ders.: Mißerfolg oder Vulgata. Zur Bedeutung der *C-Version in der Überlieferung des *Nibelungenliedes*, in: Blütezeit (2000), S. 207-220.

Ders.: Nibelungensage und Nibelungenlied im späten Mittelalter, in: Forschungen zur deutschen Literatur des Spätmittelalters. Fs. Johannes Janota, hg. v. Horst Brunner u. Werner Williams-Krapp, Tübingen 2003, S. 15-30.

Ders.: Unsterblicher Heldengesang. Die Nibelungen als nationaler Mythos der Deutschen, in: Mythos und Mythologie, hg. v. Reinhard Brandt u. Steffen Schmidt, Berlin 2004, S. 185-202.

Hellgardt, Ernst: Dietrich von Bern in der deutschen Kaiserchronik, in: Deutsche Literatur und Sprache von 1050-1200. Fs. Ursula Hennig, hg. v. Annegret Fiebig u. Hans-Jochen Schiewer, Berlin 1995, S. 93-110.

Hempel, Wolfgang: *Übermuot diu alte ...* Der Superbia-Gedanke und seine Rolle in der deutschen Literatur des Mittelalters (Studien zur Germanistik, Anglistik und Komparatistik 1), Bonn 1970.

Henkel, Nikolaus: Nibelungenlied und Klage. Überlegungen zum Nibelungenverständnis um 1200, in: Mittelalterliche Literatur im Spannungsfeld von Hof und Kloster, hg. v. Nigel F. Palmer u. Hans-Jochen Schiewer, Tübingen 1999, S. 73-98.

Hennig, Ursula: Herr und Mann. Zur Ständegliederung im *Nibelungenlied*, in: Hohenemser Studien (1981), S. 175-185.

Dies.: Hinterlistige Einladungen in Geschichte und Heldensage, in: *Nibelungenlied* und *Klage* (1987), S. 61-77.

Heusler, Andreas: Nibelungensage und *Nibelungenlied*. Die Stoffgeschichte des deutschen Heldenepos [1920]. Unveränderter reprographischer Nachdruck der 6. Auflage 1965, Darmstadt 1982.

Höfler, Otto: Die Anonymität des *Nibelungenliedes* [1955], in: Zur germanischdeutschen Heldensage (1961), S. 330-392.

Ders.: Siegfried, Arminius und die Symbolik. Mit einem historischen Anhang über die Varusschlacht, Heidelberg 1961.
Hoffmann, Werner: Mittelhochdeutsche Heldendichtung (Grundlagen der Germanistik 14), Berlin 1974.
Ders.: Die Fassung *C des *Nibelungenliedes* und die *Klage*, in: Fs Gottfried Weber, hg. v. Heinz Otto Burger u. Klaus von See, Bad Homburg u.a. 1967, S. 109-143.
Ders.: Das *Nibelungenlied*. 5., überarbeitete und erweiterte Auflage des Bandes *Nibelungenlied* von Gottfried Weber und Werner Hoffmann (Slg. Metzler 7), Stuttgart 1982.
Hohenemser Studien zum *Nibelungenlied*. Unter Mitarbeit von Irmtraud Albrecht hg. v. Achim Masser, Dornbirn 1981 (= Montfort, Heft 3/4 1980).
Ihlenburg, Karl-Heinz: Das *Nibelungenlied*. Problem und Gehalt, Berlin 1969.
Jaeger, C. Stephen: The Nibelungen Poet and the Clerical Rebellion against Courtesy, in: Spectrum Medii Aevi. Essays in Early German Literature in Honor of George Fenwick Jones, hg. v. William C. MacDonald (GAG 362), Göppingen 1983, S. 177-205.
Ders.: The Origins of Courtliness. Civilizing Trends and the Formation of Courtly Ideals 939-1210, Philadelphia 1985 (deutsch 2001).
Knapp, Fritz Peter: *Tragoedia* und *Planctus*. Der Eintritt des *Nibelungenliedes* in die Welt der *litterati*. in: *Nibelungenlied* und *Klage* (1987), S. 152-170.
Ders.: Nibelungentreue wider Babenberg?, PBB 107 (1985), S. 174-189.
Kolk, Rainer: Berlin oder Leipzig? Eine Studie zur sozialen Organisation der Germanistik im „Nibelungenstreit" (Studien u. Texte zur Sozialgeschichte der Literatur 30), Tübingen 1990.
Krogmann, Willy/Pretzel, Ulrich: Bibliographie zum *Nibelungenlied* und zur *Klage*. Vierte, stark erweiterte Auflage unter redaktioneller Mitarbeit von Herta Haas u. Wolfgang Bachofer (Bibliographien zur deutschen Literatur des Mittelalters 1), Berlin 1966.
Kuhn, Hans: Kriemhilds Hort und Rache, in: Fs Paul Kluckhohn u. Hermann Schneider, hg. v. ihren Tübinger Schülern, Tübingen 1948, S. 84-100.
Ders.: Der Teufel im *Nibelungenlied*. Zu Gunthers und Kriemhilds Tod, ZfdA 94 (1965), S. 280-306.
Kuhn, Hugo: Über nordische und deutsche Szenenregie in der Nibelungendichtung (1952), in: H.K.: Dichtung und Welt im Mittelalter, Stuttgart 1959, S. 196-219; 277-283.
Lienert, Elisabeth: Der Körper des Kriegers. Erzählen von Helden in der *Nibelungenklage*, ZfdA 130 (2001), S. 127-142.
Lord, Albert B.: Der Sänger erzählt. Wie ein Epos entsteht, München 1965.
Masser, Achim: Von Alternativstrophen und Vortragsvarianten im *Nibelungenlied*, in: Hohenemser Studien (1981), S. 125-137.
Maurer, Friedrich: Leid. Studien zur Bedeutungs- und Problemgeschichte. Besonders in den großen Epen der staufischen Zeit (Bibliotheca Germanica 1), Bern/München 1951.

McConnell, Winder: The problem of continuity in *Diu Klage*, Neophilologus 70 (1986), S. 248-255.

Mertens, Volker: Konstruktion und Dekonstruktion heldenepischen Erzählens. *Nibelungenlied - Klage - Titurel*, PBB 118 (1996), S. 358-387.

Ders.: Inszenierte Mündlichkeit und szenisches Erzählen. Überlegungen zu einer performativen Poetik des *Nibelungenliedes*, in: Les Nibelungen. Actes du Colloque [...] Amiens (12 et 13 Janvier 2001), hg. v. Danielle Buschinger u. Jean Francois Candoni, Amiens 2001, S. 85-110.

Meves, Uwe: Zur Rolle der Sieghardinger für die Adelsliteratur im Südosten des Reiches (10.-13. Jh.), in: Adelsherrschaft und Literatur, hg. v. Horst Wenzel (Beiträge zur älteren deutschen Literaturgeschichte 6), Bern u.a. 1980, S. 115-180.

Ders.: Bischof Wolfger von Passau, *sîn schrîber, meister Kuonrât* und die Nibelungenüberlieferung, in: Hohenemser Studien (1981), S. 72-89.

Mittelalterrezeption. Texte zur Aufnahme altdeutscher Literatur in der Romantik, hg. v. Gerhard Koziełek (Deutsche Texte 47), Tübingen 1977.

Modernes Mittelalter. Neue Bilder einer populären Epoche, hg. v. Joachim Heinzle, Frankfurt/Leipzig 1994.

Müller, Gernot: Zur sinnbildlichen Repräsentation der Siegfriedgestalt im *Nibelungenlied*, Studia neophilologica 47 (1975), S. 88-119.

Müller, Jan-Dirk: Sîvrit: *künec - man - eigenholt*. Zur sozialen Problematik des *Nibelungenliedes*. ABäG 7 (1974), S. 85-124.

Ders.: Wandel von Geschichtserfahrung in spätmittelalterlicher Heldenepik, in: Geschichtsbewußtsein in der deutschen Literatur des Mittelalters. Tübinger Colloquium 1983, hg. v. Christoph Gerhardt u.a., Tübingen 1985, S. 72-87.

Ders.: Motivationsstrukturen und personale Identität im *Nibelungenlied*. Zur Gattungsdiskussion um 'Epos' oder 'Roman', in: *Nibelungenlied* und *Klage* (1987), S. 221-256.

Ders.: *bei heldes zeiten*. Anmerkungen zum Beginn des *Nibelungenliedes* k, in: Verstehen durch Vernunft. Fs Werner Hoffmann, hg. v. Burkhardt Krause, Wien 1997, S. 271-278.

Ders.: Spielregeln für den Untergang. Die Welt des *Nibelungenliedes*, Tübingen 1998.

Ders.: *Nibelungenlied* und kulturelles Gedächtnis, in: Arbeiten zur Skandinavistik [...], hg. v. Annegret Heitmann, Bern u. a. 2001, S. 29-43 [2001a].

Ders.: Die Vulgatfassung des *Nibelungenliedes*, die Bearbeitung \*C und das Problem der Kontamination, in: Das Nibelungenlied. Actas do Simpósio Internacional 27 de Outubro de 2000, hg. v. John Greenfield, Porto 2001, S. 55-71 [2001b].

Ders.: Sage - Kultur - Gattung - Text. Zu einigen Voraussetzungen des Verständnisses mittelalterlicher Literatur am Beispiel des *Nibelungenliedes*. 6. Pöchlarner Heldenliedgespräch, S. 115-133 [2001c].

Ders.: Heroen zwischen Historismus und Fin de siècle, in: Das Imaginäre des Fin de siècle. Fs. Gerhard Neumann, hg. v. Christine Lubkoll, Freiburg/Br. 2002, S. 207-240.

Ders.: Visualität, Geste, Schrift. Zu einem neuen Untersuchungsfeld der Mediävistik, ZdPh 122 (2003), S. 118-132.

Ders.: Die Klage. Die Irritation durch das Epos, in: Der Mord und die Klage. Das Nibelungenlied und die Kulturen der Gewalt, [...] hg. v. Gerold Bönnen u. Volker Gallé, Worms 2003.

Nagel, Bert: Das *Nibelungenlied*. Stoff – Form – Ethos, Frankfurt 1965.

Naumann, Hans: Brünhilds Gürtel, ZfdA 70 (1933), S. 46-48.

Neumann, Friedrich: Das *Nibelungenlied* in seiner Zeit (Kl. Vandenhoeck-Reihe 253), Göttingen 1967.

Newman, Gail: The two Brunhilds?, ABäG 16 (1981), S. 69-78.

Die Nibelungen. Ein deutscher Wahn, ein deutscher Alptraum. Studien und Dokumente zur Rezeption des Nibelungenstoffs im 19. und 20. Jh., hg. v. Joachim Heinzle u. Anneliese Waldschmidt (stw 2110), Frankfurt 1991.

Die Nibelungen. Sage – Epos – Mythos, hg. v. Joachim Heinzle, Klaus Klein u. Ute Obhof, Wiesbaden 2003.

*Nibelungenlied* und *Klage*. Sage und Geschichte, Struktur und Gattung. Passauer Nibelungengespräche 1985, hg. v. Fritz Peter Knapp, Heidelberg 1987.

*Nibelungenlied* und *Kudrun*, hg. v. Heinz Rupp (WdF 54), Darmstadt 1976.

The Nibelungen Tradition. An Encyclopedia, hg. v. Francis G. Gentry u. a., New York 2002.

Oexle, Otto Gerhard: Memoria als Kultur, in: ders.: Memoria als Kultur (Veröffentlichungen des Max-Planck-Instituts für Geschichte 121), Göttingen 1995, S. 9-78.

Ohly, Friedrich: Der Tod des Verräters durch Zerreißung in der mittelalterlichen Literatur (1989), in: F.O.: Ausgewählte und neue Schriften zur Literaturgeschichte und zur Bedeutungsforschung, hg. v. Uwe Ruberg und Dietmar Peil, Stuttgart/Leipzig 1995, S. 423-435.

Ong, Walter J.: Orality and Literacy. The Technologizing of the Word, London/ New York 1982 (dt. Opladen 1987).

Panzer, Friedrich: Studien zum *Nibelungenliede*, Frankfurt 1945.

Ders.: Das *Nibelungenlied*. Entstehung und Gestalt, Stuttgart/Köln 1955.

Peeters, Joachim: Siegfried *von Niderlant* und die Wikinger am Niederrhein, ZfdA 115 (1986), S. 1-21.

Pérennec, René: La huitième aventure de la *Chanson des Nibelungen*, Études germaniques 30 (1975), S. 1-13.

Peters, Ursula: Familienhistorie als neues Paradigma der mittelalterlichen Literaturgeschichte?, in: Modernes Mittelalter (1994), S. 134-162.

Dies.: Dynastengeschichte und Verwandtschaftsbilder. Die Adelsfamilie in der volkssprachigen Literatur des Mittelalters (Hermaea NF 85), Tübingen 1999.

Pöchlarner Heldenliedgespräch. Das *Nibelungenlied* und der mittlere Donauraum, hg. v. Klaus Zatloukal (Philologica Germanica 12), Wien 1990.
3. Pöchlarner Heldenliedgespräch. Die Rezeption des *Nibelungenliedes*, hg. v. Klaus Zatloukal (Philologica Germanica 16), Wien 1995.
6. Pöchlarner Heldenliedgespräch. 800 Jahre Nibelungenlied. Rückblick – Einblick – Ausblick, hg. v. Klaus Zatloukal (Philologica Germanica 23), Wien 2001.
Quast, Bruno: Wissen und Herrschaft. Bemerkungen zur Rationalität des Erzählers im *Nibelungenlied*, Euphorion 96 (2002), S. 287-302.
Roesler, Wolfgang: Die Entdeckung der Fiktionalität in der Antike, Poetica 12 (1980), S. 382-319.
Rosenfeld, Hans-Friedrich: Ortliebs Tod. Mit einer Einleitung zur Überlieferung des *Nibelungenliedes*, in: *Uf der mâze pfat*. Fs. Werner Hoffmann, hg. v. Waltraud Fritsch-Rößler (GAG 555), Göppingen 1991, S. 71-91.
Ruh, Kurt: Verständnisperspektiven von Heldendichtung im Spätmittelalter und heute, in: Deutsche Heldenepik in Tirol (1979), S. 15-31.
Schaefer, Ursula: Vokalität. Altenglische Dichtung zwischen Mündlichkeit und Schriftlichkeit (ScriptOralia 39), Tübingen 1992.
Dies.: Zum Problem der Mündlichkeit, in: Modernes Mittelalter (1994), S. 357-375.
Der Schatz des Drachentödters. Materialien zur Wirkungsgeschichte des *Nibelungenliedes*, zusammengestellt u. kommentiert v. Werner Wunderlich (LGW 30), Stuttgart 1977.
Schmid-Cadalbert, Christian: Der *Ortnit* AW als Brautwerbungsdichtung. Ein Beitrag zum Verständnis mittelhochdeutscher Schemaliteratur (Bibliotheca Germanica 28), Bern 1985.
Schmidt-Wiegand, Ruth: Kriemhilds Rache. Zu Funktion und Wertung des Rechts im *Nibelungenlied*, in: Tradition als historische Kraft. Interdisziplinäre Forschungen zur Geschichte des früheren Mittelalters, unter Mitwirkung von Manfred Balzer hg. v. Norbert Kamp u. Joachim Wollasch, Berlin/New York 1982, S. 372-387.
Dies.: *Nibelungenlied*, Handbuch zur deutschen Rechtsgeschichte 3, Berlin 1984, Sp. 965-974.
Schmitz, Bernhard: Rollenfiguren und Bedeutungsfelder im literarischen Spiel. Überlegungen zu den Aporien im *Nibelungenlied*, AbäG 56 (2002), S. 123-154.
Schröder, Werner: Nibelungenliedstudien, Stuttgart 1968.
Ders.: Das *Nibelungenlied* in unserer Zeit, in: Hohenemser Studien (1981), S. 9-18.
Schulze, Ursula: Das *Nibelungenlied*. Stuttgart 1997 [1997a].
Dies.: *Gunther sî mîn herre, und ich sî sîn man*. Bedeutung und Deutung der Standeslüge und die Interpretierbarkeit des *Nibelungenliedes*, ZfdA 126 (1997), S. 32-52 [1997b].
Schwab, Ute: Mancherlei Totendienst im *Nibelungenlied: si dienten im nach tode also man lieben vriunden sol*, in: Fs Ingo Reiffenstein 1988, unter Mitwirkung von Renate Hausner hg. v. Peter K. Stein (GAG 478), Göppingen, S. 353-396.

Dies.: Weinverschütten und Minnetrinken. Verwendung und Umwandlung metaphorischer Hallentopik im *Nibelungenlied*, in: Pöchlarner Heldenliedgespräch (1990), S. 59-101.
Dies.: Tötende Töne. Zur Fiedelmetaphorik im *Nibelungenlied*, in: Geist und Zeit. Wirkungen des Mittelalters in Literatur und Sprache. Fs Roswitha Wisniewski, hg. v. Carola L. Gottzmann, Frankfurt u.a. 1991, S. 77-122.
See, Klaus von: Was ist Heldendichtung? [1978], in: K.v.S.: *Edda*, Saga, Skaldendichtung. Aufsätze zur skandinavischen Literatur des Mittelalters (Skandinavische Arbeiten 6), Heidelberg 1981, S. 154-193.
Ders.: Das *Nibelungenlied* – ein Nationalepos, in: Die Nibelungen (1991), S. 43-110.
Ders.: Held und Kollektiv, ZfdA 122 (1993), S. 1-35.
Seitter, Walter: Das politische Wissen im *Nibelungenlied*. Vorlesungen (Merve-Titel 141), Berlin 1987.
Ders.: Versprechen, Versagen. Frauenmacht und Frauenästhetik in der Kriemhild-Diskussion des 13. Jahrhunderts (Merve-Titel 154), Berlin 1990.
Ders.: Vom heimlichen Pazifismus im *Nibelungenlied*, in: Übertragung und Gesetz. Gründungsmythen, Kriegstheater und Unterwerfungstechniken von Institutionen, hg. v. Armin Adam und Martin Stingelin, Berlin 1995, S. 149-157.
Sonderegger, Stefan: Gesprochene Sprache im *Nibelungenlied*, in: S.S.: Germania Selecta. Ausgewählte Schriften zur germanischen und deutschen Philologie, [...] hg. v. Harald Burger u. Elvira Glaser, Tübingen/Basel 2002, S. 505-532.
Splett, Jochen: Rüdiger von Bechelaren. Studien zum zweiten Teil des *Nibelungenliedes* (Germanische Bibliothek Reihe 3), Heidelberg 1968.
Starkey, Kathryn: Brunhild's Smile. Emotion and the Politics of Gender in the *Nibelungenlied*, in: Codierungen von Emotionen im Mittelalter/Emotions and Sensibilities in the Middle Ages, hg. v. C. Stephen Jaeger u. Ingrid Kasten (Trends in Medieval Philology 1), Berlin/New York 2003, S. 159-173.
Störmer, Wilhelm: Nibelungentradition als Hausüberlieferung in frühmittelalterlichen Adelsfamilien? Beobachtungen zu Nibelungennamen im 8./9. Jahrhundert vornehmlich in Bayern, in: Nibelungenlied und Klage (1987), S. 1-20.
Strohschneider, Peter: Die Zeichen der Mediävistik. Ein Diskussionsbeitrag zum Mittelalter-Entwurf in Peter Czerwinskis „Gegenwärtigkeit", IASL 20 (1995), S. 173-191.
Ders.: Einfache Regeln – komplexe Strukturen. Ein strukturanalytisches Element zum *Nibelungenlied*, in: Mediävistische Komparatistik. Fs Franz Josef Worstbrock, hg. v. Wolfgang Harms u. Jan-Dirk Müller, Stuttgart/Leipzig 1997, S. 43-74.
Stutz, Elfriede: Über die Einheit und Einzigartigkeit der Siegfried-Gestalt, in: Helden und Heldensage. Fs Otto Gschwantler, hg. v. Hermann Reichert u. Günther Zimmermann (Philologica Germanica 11), Wien 1990, S. 411-430.

Suerbaum, Almuth: *Weinen si began*. Male and female tears in the *Nibelungenlied*, in: Vir ingenio mirandus. Fs. John L. Flood, hg. v. William J. Jones u. a., Göppingen 2003 (GAG 710,1), S. 24-37.

Tennant, Elaine C.: Prescriptives and Performatives in Imagined Cultures. Gender Dynamics in *Nibelungenlied's Aventuire* 11, in: Mittelalter. Neue Wege durch einen alten Kontinent, hg. v. Jan-Dirk Müller u. Horst Wenzel, Stuttgart 1999, S. 273-316.

Vollrath, Hanna: Das Mittelalter in der Typik oraler Gesellschaften, HZ 233 (1981), S. 571-594.

Voorwinden, Norbert: *Nibelungenklage* und *Nibelungenlied*, in: Hohenemser Studien (1981), S. 102-113.

Ders.: Die Markgrafen im 'Nibelungenlied': Gestalten des 10. Jahrhunderts?, in: *Nibelungenlied* und *Klage* (1987), S. 21-42.

Vorderstemann, Jürgen: Eine unbekannte Handschrift des *Nibelungenliedes* in der Hessischen Landes- und Hochschulbibliothek Darmstadt, ZfdA 105 (1976), S. 115-122.

Wachinger, Burghart: Studien zum *Nibelungenlied*. Vorausdeutungen, Aufbau, Motivierung, Tübingen 1960.

Ders.: Die *Klage* und das *Nibelungenlied*, in: Hohenemser Studien (1981), S. 90-101.

Wagner, Norbert: *Ich armer Dietrîch*. Die Wandlung von Theoderichs Eroberung zu Dietrichs Flucht, ZfdA 109 (1980), S. 209-228.

Wahl Armstrong, Marianne: Rolle und Charakter. Studien zur Menschendarstellung im *Nibelungenlied* (GAG 221), Göppingen 1979.

Wapnewski, Peter: Rüdigers Schild. Zur 37. Aventiure des *Nibelungenliedes*, Euphorion 54 (1960), S. 380-410.

Weber, Gottfried: Das *Nibelungenlied*. Problem und Idee, Stuttgart 1963.

Weddige, Hilkert: Heldensage und Stammessage. Iring und der Untergang des Thüringerreiches in Historiographie und heroischer Dichtung (Hermaea NF 61), Tübingen 1989.

Wehrli, Max: Die *Klage* und der Untergang der Nibelungen, in: Zeiten und Formen in Sprache und Dichtung. Fs Fritz Tschirch, hg. v. Karl-Heinz Schirmer u. Bernhard Sowinski, Köln/Wien 1972, S. 96-112.

Wenzel, Horst: *Ze hove* und *ze holze*. Zur Darstellung und Deutung des Unhöfischen in der höfischen Epik und im *Nibelungenlied*, in: Höfische Literatur – Hofgesellschaft – Höfische Lebensformen um 1200 [...], hg. v. Gert Kaiser u. Jan-Dirk Müller (Studia humaniora 6), Düsseldorf 1986, S. 277-300.

Ders.: Szene und Gebärde. Zur visuellen Imagination im *Nibelungenlied*, ZfdPh 111 (1992), S. 321-343.

Ders.: Hören und Sehen, Schrift und Bild. Kultur und Gedächtnis im Mittelalter, München 1995.

Willson, Bernard: Blood and Wine in the *Nibelungenlied*, PBB 85 (Tüb. 1963), S. 40-50.

Wolf, Alois: *Nibelungenlied* – Chanson de geste – höfischer Roman. Zur Problematik der Verschriftlichung der deutschen Nibelungensagen, in: *Nibelungenlied* und *Klage* (1987), S. 171-201.
Ders.: Heldensage und Epos. Zur Konstituierung einer mittelalterlichen volkssprachlichen Gattung im Spannungsfeld von Mündlichkeit und Schriftlichkeit (ScriptOralia 68), Tübingen 1995.
Worstbrock, Franz Josef: Wiedererzählen und Übersetzen, in: Mittelalter und frühe Neuzeit, hg. v. Walter Haug, Tübingen 1999 (Fortuna vitrea 16), S. 128-142.
Wynn, Marianne: Hagen's Defiance of Kriemhilt, in: Mediaeval German Studies Presented to Frederick Norman [o. Hg.], London 1965, S. 104-114.
Wyss, Ulrich: Zum letzten Mal: Die teutsche Ilias, in: Pöchlarner Heldenliedgespräch (1990), S. 157-179.